Días de fuego, años de humo

Días de fuego, años de humo
Ensayos sobre la Revolución cubana

Duanel Díaz Infante

CONSEJO EDITORIAL

Luisa Campuzano   Francisco Morán
Adriana Churampi Ramírez   Waldo Pérez Cino
Stephanie Decante   José Ramón Ruisánchez
Gabriel Giorgi   Nanne Timmer
Gustavo Guerrero

© Duanel Díaz Infante, 2014
© de esta edición: Almenara, 2014

www.almenarapress.com
info@almenarapress.com

ISBN 978-90-822404-1-2

Fotografía de cubierta: © Duanel Díaz Infante

All rights reserved. Without limiting the rights under copyright reserved above, no part of this book may be reproduced, stored in or introduced into a retrieval system, or transmitted, in any form or by any means (electronic, mechanical, photocopying, recording or otherwise) without the written permission of both the copyright owner and the author of the book.

ÍNDICE

Prólogo 7
Días de fuego, años de humo 11
La revolución congelada 21
País desaparecido..29
La memoria inconsolable 37
Indagación de la chusmería 45
Spleen y Revolución 57
La quinta, el monte y el hombre nuevo..............................65
«Moral burguesa» y revolución 77
Praga de los demonios 87
Martí, Guevara y el destino sudamericano 95
La razón en la caballería 107
Azúcar y Revolución (Réquiem) 119
El huerto de los pioneros 129
Los «felices» ochenta 135
Flâneur, Prometeo, ruinas 143
Las Furias, la «escualidez»… 153
LRC: una lección de anatomía 163
La pobreza irradiante 171
Todos nosotros 183
Los factores del país 193
Catedrales en el futuro..205
Arenas y Sarduy, facetas de la página en blanco..............213
Lydia Cabrera o la felicidad 225
La copa rota de la Revolución..233
Siestas del trópico, pesadilla 241
Bibliografía 251

Prólogo

A fines de 2005, poco después de salir al exilio, empecé a colaborar regularmente en *Encuentro en la red*. Algunos de aquellos artículos y reseñas eran polémicos, incendiarios incluso: quien disfruta por vez primera de libertad de expresión suele ser vehemente… En enero de 2007 decidí convertirme en mi propio editor; era la época del *boom* de los blogs de tema cubano y no me resistí a la tentación: creé uno al que llamé *Cuba: La memoria inconsolable*. Aunque sólo duró unos pocos meses, ese blog me sirvió como taller donde ir perfilando algunas ideas sobre la naturaleza del castrismo y los dilemas de la historia reciente de la isla (fueron los días de la llamada «guerrita de los emails»), mientras compartía con los lectores parte del archivo que había empezado a atesorar desde que, en La Habana, investigaba para los últimos capítulos de mi libro *Límites del origenismo*. Años después del cierre del blog, creé en *La Habana Elegante*, revista dirigida por Francisco Morán, el «Archivo de la Revolución Cubana», que he mantenido hasta hoy. Regresé a *Cubaencuentro* y luego, tras el cisma, pasé a *Diario de Cuba*.

Los escritos reunidos en este volumen son el resultado de ese trayecto de una década. He excluido las reseñas de libros y películas, así como las notas meramente polémicas o circunstanciales. Más o menos la mitad de estos ensayos se publicaron en *Diario de Cuba* entre 2011 y 2013; los he corregido y aumentado, añadiendo las fuentes de las citas. «Martí, Guevara y el destino sudamericano» salió en *La Habana Elegante* en el número de la primavera-verano de 2013. «Arenas y Sarduy, facetas de la página en blanco» en la revista *Potemkin*, a cargo de Pedro Marqués de Armas y Dolores Labarcena, en diciembre de 2013. «País desaparecido» acaba de publicarse en la *Revista de Occidente*, en el número de octubre de 2014. «La revolución congelada» presenta algunas tesis centrales de mi libro homónimo; imposible no repetir algunas ideas, frases y hasta citas. Hay un buen número de ensayos inéditos, aunque casi siempre he aprovechado en ellos partes de artículos y notas ya publicados, de modo que, en rigor, lo son sólo parcialmente. En algún caso he rescatado lo que nunca llegó a publicarse, permaneciendo «en remojo» durante años. Espero que el resultado se beneficie de esa perspectiva que sólo da el tiempo y que la inmediación propia de los blogs tiende a impedir.

Se trata de un grupo de ensayos autónomos, pero solidarios, en tanto comparten una serie de temas recurrentes: las aporías de la violencia revolucionaria, la crisis y resurgimiento de la idea de lo cubano, esas dos fundamentales mitologías del castrismo que son el hombre nuevo y la pobreza irradiante, la memoria, la ruina... Como buena parte de la cultura cubana contemporánea, muchos de estos escritos están teñidos de melancolía. «Melancolía ante las víctimas a las que ya no se le puede ofrecer reparación alguna, una melancolía que nos pone bajo una obligación», que decía Habermas (2007: 103) a propósito de los dilemas del nazismo, pero también, sobre todo, melancolía que suscita la irreparable demolición de la República a manos de la Revolución. Por ello, primero pensé retomar el nombre de mi semiabandonada bitácora; esa «memoria inconsolable» que en *Hiroshima, mon amour* se refiere a la guerra mundial y a la bomba atómica, y más allá al peso de la civilización que cargaban los europeos mientras los cubanos, para estupefacción del protagonista de *Memorias del subdesarrollo*, lo olvidaban todo, sería aquí memoria de los desastres que siguieron a la revolución de 1959, esa Hecatombe nuestra que dura ya casi tanto como la propia República.

Pero luego me pareció un título incompleto, porque no se trata sólo de recordar. Creo, como la gran ensayista argentina Beatriz Sarlo, que el testimonio no es suficiente: hay que comprender, hay que interpretar. El archivo ha de ir de la mano con el análisis, el documento con la reflexión. Una época toca a su fin, y es preciso seguir interrogándose por los orígenes del castrismo, pensar esa «cuestión cubana» que desde la Revolución remite a la República y a lo que, tomando prestada una frase de Octavio Paz, cabría llamar «nuestra terrible fábula histórica». Todo sin perder de vista el lugar del castrismo entre los totalitarismos de izquierda del siglo XX, pues si por un lado la Revolución de 1959 viene a culminar en alguna medida la excepcionalidad histórica de Cuba, por el otro nos acerca a esa experiencia fundamental de un siglo donde el propósito de renovar a la humanidad condujo una y otra vez a los campos de concentración.

En ese doble contexto, el de los tiempos que vieron el ascenso y la caída del comunismo y el de la historia –social, cultural, intelectual, literaria– de

Cuba, aparece, a través de los ensayos aquí compilados, la Revolución misma. Aunque sea de refilón, como en el ensayo sobre Arenas y Sarduy, o *a contrario*, como en el ensayo sobre Lydia Cabrera. La Revolución con su doble siniestro –la interminable dictadura–, y con su anticristo –la añorada República–. Fases y facetas del castrismo a las que se llega por caminos muy diversos: un dibujo animado y una novela de contraespionaje sirven para ponderar todo el horror de los años setenta; un breve intercambio de presentaciones entre Néstor Díaz de Villegas y una desaparecida argentina, la irreductible diferencia entre aquella dictadura militar y la de Castro; un imaginario diálogo entre Guevara y el Diablo, en la Praga de 1965, para volver sobre la idea fabulosa del hombre nuevo; la palabra encendida de los dos grandes apologistas de la revolución del 68 algo revelará de la Revolución del 59; un apacible cuadro del siglo xix nos llevará de nuevo a la pesadilla que aún no termina…

Siempre la Revolución; su decurso fatal desde la fiesta nacionalista de los primeros días hasta la melancólica incertidumbre de los actuales. Su humo y su fuego.

Días de fuego, años de humo

En el principio, la revolución fue maravilla; «un espectáculo grandioso» la entrada de los libertadores en la ciudad. «Abundancia capilar, *condottieri*, César Borgia, Renacimiento...», escribía Piñera (1959a: 13), encantado de encontrar en las calles de La Habana escenas de la leyenda bíblica y la clásica pintura italiana. «Llevan los cabellos muy largos, tan largos que les caen sobre los hombros, el rostro encuadrado en espesas barbas negras, barbas de jóvenes. Parecen escapados del siglo XVII», apuntaba por su parte Nicolás Guillén (1975: 235). En un siglo donde los grandes capitanes ya no eran concebibles, los barbudos venían a recuperar cierta epicidad antigua. Piñera menciona un legendario episodio de la gesta napoleónica, la campaña de Italia; pudo haber recordado, igualmente, las hazañas de Garibaldi junto a los soldados harapientos de Bento Gonçalves. El estilo de la revolución era definitivamente romántico; «It was as if the ghost of Cortez [sic] had appeared in our century riding Zapata's white horse», señalaba Norman Mailer en su «Carta abierta a Fidel Castro» (1998: 391). Crónicas, reportajes, poemas, testimonios aumentan la lista de reminiscencias: Robin Hood, bucaneros de Lafitte, bárbaros conquistadores de Roma...

La estampa desarrapada de los rebeldes se identificaba, desde luego, más con estos últimos que con los atuendos de la República romana, tan del gusto de los revolucionarios franceses. No había tiempo que dedicarle al afeitado: nada testimoniaba mejor que las barbas esa vida en *prestissimo* que distinguía, para asombro de Sartre, a la Cuba de 1960. Las barbas y los uniformes verde oliva, cuya persistencia a esas alturas indicaba claramente la negativa del nuevo régimen a institucionalizarse. En unas fotos tomadas durante el sepelio de las víctimas de La Coubre, aparecen marchando hombro con hombro Dorticós, Fidel, Camilo, el Che y otros dirigentes del gobierno revolucionario, pero es aquel el único que va de traje y corbata, y el único afeitado. Se ve que el presidente de la República estaba fuera de lugar entre tanto joven rebelde; formaba parte, a pesar de su larga militancia comunista, de ese segundo plano –bares, ferreterías, un café llamado «El coladito»–, la ciudad tradicional que iría desvaneciéndose hasta sucumbir con el golpe de gracia de 1968.

En lugar de a una restauración de la democracia vulnerada por el gobierno de *facto* de Batista, Cuba asistía en el año 60 al surgimiento de otra cosa, mucho más fascinante que cualquier debate parlamentario. A la Revolución había que verla, y cuando se la veía, todo lo demás parecía menos brillante. Uniformado como siempre, Castro asistió junto a Sartre y Beauvoir a la preinauguración del Teatro Nacional con una puesta de *La ramera respetuosa*. En esa primera función en la Sala Cobarrubias, él atrajo la atención de los asistentes más que los propios actores sobre la escena. «El público –que había agotado las localidades– al reconocer a Fidel entre los espectadores rompió a aplaudir demorando el comienzo del espectáculo», se lee en un reportaje publicado en la revista *INRA* en abril de 1960. Francisco Morín, quien dirigió la puesta, cuenta en sus memorias que durante la cena que tras la función ofreció el Comandante a Sartre, Beauvoir, Carlos Franqui y Miriam Acevedo, el filósofo dijo en un momento, no se sabe si con ironía: «On ne peut pas discuter les qualités histrioniques du Commandant. Nul doute, il est un grand comédien» (Morín 1998: 252). La Acevedo, por su parte, reproduce en un curioso testimonio publicado en *Lunes* ciertas preguntas que Castro le hizo aquella noche: «–¿Qué siente un actor sobre el escenario? –me interrogaba. –¿Qué siente si el público no le responde? ¿Pudiera en este caso seguir representando su personaje? ¿Perdería en calidad su interpretación?» (Acevedo 1960: 20).

La ramera respetuosa había sido importante en la renovación del teatro cubano desde fines de la década del cuarenta. Junto con *A puerta cerrada* fue llevada a escena por la entonces recién fundada Academia de Artes Dramáticas en 1948 y, seis años después, el grupo Teatro Experimental de Arte la presentó en una pequeña sala del Vedado, con tanto éxito que se mantuvo durante cuatro meses en cartelera, lo que era todo un récord en Cuba. Pero en 1960 el contexto era muy diferente al de aquel «resurgimiento teatral» asociado al incipiente existencialismo de los años cincuenta. No se trata ya de salas pequeñas para un público vanguardista; lo que resurge teatralmente ahora es Cuba –«la Isla-Estrella con derecho a la representación de su drama en el vasto teatro universal» que decía Emma Pérez (1960: 49) en un artículo de *Bohemia*. La Revolución es, ahora, el gran teatro que opaca cualquier otra representación artística.

Así lo demuestra, también, ese encuentro entre el guerrillero argentino y el turista revolucionario que aparece, con pequeñas variaciones, en varios testimonios de intelectuales que visitaron Cuba en aquellos primeros años. Citemos a Claude Julien: «Es medianoche cuando se entreabre la maciza puerta y penetro en la guarida del diablo rojo. Él también prefiere ver a la gente de noche, porque así no lo molesta el teléfono. Su madriguera es el Banco Nacional, desde donde dirige prácticamente toda la economía cubana» (1961: 143). «El Che llevaba botas, uniforme de campaña y pistolas a la cintura. Su indumentaria desentonaba con el ambiente bancario de la oficina», contó en sus memorias Neruda (1979: 439), que también había sido citado a medianoche. En la insólita hora de la entrevista Sartre encontró, por su parte, otra evidencia del «culto a la energía» de los revolucionarios cubanos: «En aquel despacho no entra la noche: en aquellos hombres en plena vigilia, al mejor de ellos, dormir no les parece una necesidad sino una rutina de la cual se han librado más o menos» (1961: 182).

Tanto Julien como Sartre atribuyen la deshora de la cita a razones prácticas: que no hubiera interrupciones, que el Comandante había estado recibiendo gente el día entero, etc. Se trataba, sin embargo, de todo un golpe de efecto. Aquello no era, para decirlo en términos de Sartre, una simple «manifestación» de la energía, sino un calculado esfuerzo de significarla. La nocturnidad aumentaba el efecto de extrañamiento de la facha, iluminaba aquel cuadro fundacional de la mitología revolucionaria. Era parte, entonces, de un culto que no tenía nada de «discreto» y sí un obvio antecedente en la Italia de Mussolini. La abundante historiografía del fascismo documenta cómo la luz de la oficina del *duce* se dejaba encendida para hacer ver que éste no dormía, ocupado como estaba siempre en sus múltiples tareas. Así lo imaginaba, en el prólogo a los discursos reunidos en *Fascismo* (1934), José Antonio Primo de Rivera: de noche en su habitación vacía, trabajando incansablemente, a toda hora vigilante por su pueblo.

En uno de los ensayos de *El espectador*, Ortega y Gasset distingue el hombre verdaderamente ejemplar, que «no se propone nunca serlo», de aquel otro que «ambiciona el efecto social de la perfección –la ejemplaridad», que «quiere ser para los demás, en los ojos ajenos, la norma y el modelo» (1969: 97). Para Ortega, este «falso ejemplar» acababa «convirtiéndose, al modo de Narciso, en espectador de sí mismo». Mussolini encarna, desde luego, el encuentro entre este tipo humano y la vena a un tiempo vanguardista y populista del siglo XX. Guevara también, en cierto modo. Como los teatrales montajes de Mussolini, aquellas entrevistas suyas en el despacho del Banco Nacional eran obra de un dandi. En horas tan poco convencionales, el uniforme verde olivo tenía más que nunca algo de chaleco rojo; a Neruda, Sartre, Julien y tantos otros que recibió, el comandante no sólo les estaba concediendo una entrevista; los estaba impresionando. Eran filósofos, poetas, periodistas de renombre mundial, pero él era la Revolución; ellos el espejo donde la imagen deslumbrante de aquella se confirmaba.

En la performance de Guevara, la «juventud en el poder» equivalía al espectáculo revolucionario; se arribaba a ese punto de congelación donde el revolucionario devenía esteta, afectación la autenticidad. Ya no se trata de «Life as literature», como en el esteticismo nietzcheano, sino de «Life as revolution», pero pervive una cierta afirmación de la vida como permanente creación y triunfo de la voluntad, más allá de la mediocridad burguesa. Todo ello encarnado en una barba rala y en ese uniforme de batalla que Guevara y Castro ya no se quitarían nunca, buscando perpetuar *ad infinitum* aquel extrañamiento inicial donde Piñera encontró, como en un sueño, personajes de «Botticelli, Ticiano, Andrea del Sarto, Piero de la Francesca, Rembrandt y Durero...». No era ya, como querían los demócratas que habían luchado contra Batista, la revolución traicionada, sino la revolución congelada; la *energeia* trocada en *ergon*, en forma el contenido. La revolución convertida en espectáculo, no desvío suyo sino necesaria manifestación, Ella misma en su esplendor y su miseria. El espectáculo revolucionario –un ministro del Banco Nacional de Cuba en traje de campaña, a las tres de la mañana– es todavía la Revolución, o lo que es lo mismo, la Revolución es ya el espectáculo.

De ahí a escenas como las de la Batalla de Ideas, cuatro décadas después, parece como un abrir y cerrar de ojos. Entonces, a comienzos del nuevo siglo, tuvimos ocasión de presenciar la inmensa broma macabra de que habla Kundera: la vida convertida en un teatro de marionetas movidas por los hilos invisibles del Máximo Líder. Horror y risa causó ver a niños de cinco años recitando estentóreamente poemas patrióticos para después cumplir el «sueño de sus vidas»: darle un beso a «nuestro querido, e invicto, e intachable Comandante en Jefe». El afán de originalidad en medio del vértigo de la repetición hizo que se buscaran nuevas formas para los mismos contenidos. Se hicieron «poesías» en las que se habló del «pequeño capitán de la tristeza» (Elián González) y de la crueldad de la «loba feroz» (Ileana Ross-Lethinen), canciones en que se instó al niño balsero a rechazar «las lucecitas falsas» de la malvada sociedad de consumo. Se recordó que los cubanos vivimos en el paraíso y que nuestro deber es cantarlo, expresar nuestra alegría y nuestro agradecimiento.

Aunque el gobierno, siempre dispuesto a no escatimar recursos para fines propagandísticos, declaró que habría tribunas cada día mientras Elián no fuera devuelto a su país, llegó un momento en que la diaria movilización de grandes cantidades de personas resultó insostenible; se decidió entonces dejar las tribunas masivas para los fines de semana y realizar el resto de las jornadas la «tribuna abierta en mesa redonda», programa televisado en el que un selecto grupo de periodistas se dedicaban a comentar las propias tribunas abiertas y marchas populares efectuadas en el marco de la Batalla. Así es que el 14 de junio de 2001 pudimos ver una «mesa redonda» sobre el impacto de la marcha de niños realizada el día anterior bajo la consigna «Abajo el abuso, liberen a Elián». Se elogió allí la «profundidad de ideas de nuestros niños», su «espíritu combativo», su elocuencia, su espontaneidad. Se dijo, no sin razón, que en ningún país más que en Cuba se podría realizar una manifestación así, «donde el orgullo nacional se multiplicó». Se comentó la eficiencia de la transportación, del servicio prestado por los médicos de familia y los meteorólogos que previeron las condiciones del tiempo. Se destacó, sobre todo, el poder de convocatoria de «la amorosa carta del compañero Fidel».

Día tras día se hacía historia. Antes de efectuarse, ya la tribuna o la marcha era «histórica». No sólo ella, sino también su retrasmisión al día siguiente era noticia titular en el Noticiero Nacional de Televisión. Devuelto Elián, quedó la «tribuna abierta» con su curiosa modalidad en «mesa redonda» y apareció como por arte de magia una nueva causa: la de los espías de la red avispa, presos en Estados Unidos desde 1998. Con una calculada combinación de oratoria política y espectáculo artístico que muy vagamente recordaba a la Rumanía de Ceaucescu, las tribunas abiertas para «exigir la liberación de nuestros cinco héroes prisioneros del imperio» se fueron celebrando cada sábado en distintos municipios del país hasta que desparecieron imperceptiblemente, *not with a bang but with a whimper*, en algún momento de 2003 o 2004.

Esa llamada Batalla de Ideas fue un último intento de reavivar el fuego de los años sesenta. En el discurso pronunciado por Fidel Castro el 8 de marzo de 2005 se anunciaba, incluso, una suerte de nueva «ofensiva revolucionaria». Si el 13 de marzo de 1968, en la escalinata de la Universidad de La Habana, Castro había proclamado que «no haremos jamás una conciencia socialista, y mucho menos una conciencia comunista, con mentalidad de bodegueros», ahora afirmaba que «nos equivocamos» si creímos que con métodos capitalistas se construye el socialismo. Entonces declaró la guerra a los dueños de bares y de puestos de fritas; ahora a los «nuevos ricos». La «desburocratización» en 1968;

ahora la «lucha contra la corrupción». Entonces, la voluntad de erradicar el dinero; ahora, la determinación de desvalorizar el dólar frente al peso cubano, que tiene como horizonte eliminar a aquel. Entonces, el énfasis en la conciencia y los estímulos morales, ahora el llamado de Felipe Pérez Roque a la «austeridad moral» y el ejemplo de los dirigentes. Con su crítica del individualismo, la frivolidad y el consumismo que según él separaba a los jóvenes de la Revolución, el entonces Ministro de Relaciones Exteriores retomaba en su discurso del 26 de diciembre de 2005, después de tres lustros de comunismo «suave», el espíritu de aquella «ofensiva revolucionaria» que predicaba, en palabras del Comandante, que no «se forma un hombre comunista incitando la ambición del hombre, el individualismo del hombre, las apetencias individuales del hombre».

Detrás de todo estaba, obviamente, la llegada de Chávez al poder, que había venido a darle un poco de oxígeno al régimen castrista. El canon folclórico del «período especial», que incluye interminables apagones, puercos criados dentro de bañeras y leyendas urbanas sobre amañados panes con bisté, corresponde sobre todo a la primera mitad de la década de 1990. Ahora, fortalecido por la alianza con Venezuela, el gobierno cubano se proponía eliminar la relativa liberalización a la que había recurrido como último recurso de sobrevivencia ante la orfandad económica en que lo dejara la pérdida de los subsidios provenientes de la Unión Soviética. La política era clara: hacer la guerra a los cuentapropistas y a todos aquellos «nuevos ricos» que vivían al margen del estado, acabar con las ilegalidades y el mercado negro, reducir el poder adquisitivo de la moneda extranjera. Cerrar, en resumen, los pequeños espacios de iniciativa privada para regresar a la comunidad socialista de antes de 1990. Significativamente, aquel discurso del 8 de marzo de 2005 en el que Castro prometió a las mujeres cubanas la entrega de la olla arrocera fue celebrado por la prensa oficialista como la declaración del fin del «período especial»:

> Lo que hizo un discurso trascendental de aquellas cinco horas de amena conversación de Fidel con el pueblo, es saber que se cierra una dura etapa –económica, social y hasta sentimentalmente– y retomamos el sendero –nunca abandonado pero, sin dudas, escamoteado por el período especial– hacia una sociedad de cada vez mayor equidad. (Menéndez 2005: 3)

Y si retomamos el sendero que la caída del muro de Berlín nos escamoteó, es lógico que recobremos también su ideología rectora. Después de muchos años, al final de la comparecencia de Castro el 24 de marzo de 2005 en el Palacio de las Convenciones pudo oírse la letra y la música de «La Internacional». Frente al televisor, más de uno habrá sentido un escalofrío de horror, porque los «parias de la tierra», la «razón en marcha» y el «género humano», en semejante contexto, no significaban sino movilizaciones, parametraciones y guardias obreras... Ese mismo día, y en intervenciones posteriores, el Comandante afirmó la vigencia de las ideas de Marx, Engels y Lenin. Resulta que de nuevo éramos marxistas. Finiquitados los tiempos oscuros del período especial, esa suerte de «defensiva contrarrevolucionaria» desplegada por el régimen muy a su pesar, volvía el rojo. Y lo hacía con promesas de comida y electricidad, en la figura de unas ollas arroceras chinas cuya distribución Castro —Perón y Evita en uno— anunció como un regalo a las mujeres cubanas, y hasta explicó su funcionamiento.

Pero las promesas, una vez más, no se cumplieron. La olla arrocera se convirtió en motivo de chistes que rodaban de boca en boca. En su encuentro con Gianni Vattimo, Castro le mostró el artefacto; imposible no ver ahí una suerte de repetición involuntariamente cómica del encuentro con Sartre en aquel lejano 1960. Como no ver en la «Carta del compañero Fidel a sus compatriotas» (21 de octubre de 2004) la última expresión grotesca de ese «culto a la energía» que dijera el filósofo francés, fundacional en la mitología revolucionaria. Aun durante la imprevista cirugía, el Comandante no descansaba: «Nos pusimos a trabajar en el camino. [...] El paciente les solicitó a los médicos no le aplicaran ningún sedante, y utilizaron anestesia por vía raquídea. [...] Les explicó que dadas las circunstancias actuales era necesario evitar la anestesia general para estar en condiciones de atender numerosos asuntos importantes».

El poder, dice Foucault en alguna parte, es como un cuchillo: sirve para cortar si lo agarras por el mango, pero te cortas si lo agarras por el filo. Algo parecido ocurrió con la última fase de la Batalla de Ideas, que mostró abundantemente la decadencia física y mental de Fidel Castro. Mientras más comparecía en público, al anciano dictador se lo observaba con el morbo que provoca un monstruo de feria tan legendario como espantoso. El Comandante, antes mayestático con su perfil griego y su voz de trueno, iba perdiendo peso, potencia y raciocinio. ¿Qué tan demacrado luce en relación con la anterior aparición? ¿Qué tan delirante está? ¿Cuánta delgadez esconde el uniforme verde olivo? ¿Se desmayará hoy?

Fue así que el 1 de agosto de 2006, la noticia de su enfermedad le arrebataba la portada de los periódicos y telediarios al conflicto en El Líbano. Por primera vez en más de cuarenta años el dictador uniformado delegaba el poder. Después del interés inicial, a lo largo de la semana el asunto fue pasando a un segundo plano: el corresponsal de Televisión Española en La Habana salía diariamente para decir que la noticia era la falta de noticias y, *Granma* en mano, hacerse eco de alguna que otra declaración de funcionarios del régimen sobre la mejoría en la salud del Comandante y la tranquilidad reinante en la isla. En contraste con lo anodino de la cotidianidad habanera, las imágenes de la calle 8 mostraban el alboroto al otro lado del estrecho de la Florida: Miami entregada a una fiesta que era parte celebración por la supuesta muerte del tirano y parte conjuro para que esta finalmente se produjera. Este júbilo de los cubanos de Miami era, en los telediarios de todo el mundo, una nota pintoresca de alegría caribeña en medio de las ruinas de Beirut y de las otras ruinas, consecuencia de una destrucción más larga y menos espectacular, de la ciudad que una vez fue considerada «el París de los trópicos».

Castro salió de escena, pero nada colapsó. No se produjo el Evento. Empezó la era de Raúl. Frente a un castrismo que se caracteriza por la opción por lo simbólico sobre lo material, el raulismo aparece más concentrado en la *oikonomia*. «Fidel es la luz», decía Celia Hart en *Rebelión*, y añadía:

> No dudo que muchos de los que sustituyan a Fidel sabrán administrar mejor «la casa», pero con Fidel pudimos ser protagonistas del mundo. Sólo un por ciento ínfimo de la humanidad ha participado activamente como el pueblo de Cuba en la Historia reciente de la humanidad. Hemos sido actores de mil hazañas. Las historias de Girón, la Crisis de Octubre, la alfabetización, Angola... en todos esos casos estuvimos los cubanos por encima de la URSS y del socialismo establecido, de sus temores y sus conceptos. (2007: en línea)

El mito de la Revolución cubana, encarnado en la figura de Castro, se identifica, al cabo, con el mito de la excepcionalidad de Cuba.

Y es esto lo que se atenúa en el gobierno de Raúl Castro. El general carece de carisma y habla poco. Su discurso del 26 de julio de 2007, al reconocer que seguimos en «período especial», viene siendo la conclusión de la Batalla de Ideas, de la que ya no se habla. Es evidente que la retórica fidelista ha llegado a su fin. El discreto abandono del calendario revolucionario en 2007 vino a ser otro claro síntoma de ello. Si la Revolución Energética con que Castro dio nombre a 2006 no había sido más que un infructuoso intento de recobrar el espíritu de aquellos tiempos de la Educación (1960), la Industria (1962) y el Esfuerzo Decisivo (1969) en que se creyó que el desarrollo, como la felicidad, podrían conquistarse por decreto, 2007 marcó el abandono de los grandes proyectos en nombre de cierto sentido común. Viviendo años sin nombre, fuera ya del paradójico tiempo revolucionario, los cubanos comenzaban a ser contemporáneos de todos los hombres. Se empezaba a recuperar algo de aquella normalidad que el «minuto sagrado» que decía Piñera nos robó.

Confundido con un miliciano, en aquel día onírico Piñera hizo guardia durante veinte minutos en la esquina de San Rafael y Amistad. En su memorable crónica, apuntó: «Me vino a la mente los paseos que Hugo cuenta en su *Journal* con ocasión de la Comuna de París en 1871. Aquí también, en la ciudad de la Habana, en una isla del Caribe, salía a respirar, a pleno pulmón, el aire de la libertad, y por supuesto, el olor de la pólvora» (1959a: 15). Años después, condenado a una «muerte civil» infinitamente peor que habían padecido los escritores durante la República, acaso recordara aquella otra anotación de Victor Hugo en su diario, según la cual «Les révolutions, comme les volcans, ont leur journée de flamme et leurs journées de fumée» (2014: 61).

En Cuba, el humo ha durado demasiado. Pronto la Revolución habrá tenido la misma duración que la República; como si Estrada Palma aún hubiera estado en el poder en 1958. «Sea breve, que hemos perdido cincuenta años», decía un cartel que en los primeros meses de 1960 podía encontrarse en las oficinas cubanas. Lo mismo podrá decirse, con más razón, cuando por fin el castrismo haya terminado. Después de tanta humareda que ciega y ahoga, aquellos días luminosos son difíciles de imaginar, cuesta trabajo ponerse en los ojos de los otros, de aquellos que los vivieron como maravilla. Nos parecen, ya desde fuera, «tiempos mediocres en los que la estupidez se confundía con la inocencia y la desmesura con la imaginación». Son palabras de Arenas (2006: 234), en su relato «El cometa Halley», sobre la primera década de la República, pero que sirven muy bien para definir a los sesenta, esos años donde, tras los días de fuego, no se sabe ya cómo separar lo luminoso de la tiniebla.

Hace poco, hojeando un libro escrito por Luis María Buch Rodríguez, quien fue ministro de la Presidencia y secretario del Consejo de Ministros entre 1959 y 1962, descubrí un detalle revelador. Para la concentración popular que se celebró a raíz de la detención de Hubert Matos, Castro había mandado que se construyera un puente sobre la entrada del túnel de la Bahía, con el propósito de que la multitud reunida ocupara sin interrupciones desde la terraza norte del Palacio hasta el Malecón. Ello requirió los servicios de varias carpinterías de la ciudad, pero la idea de Castro iba un poco más allá. Cuenta Buch que

> En la madrugada del domingo 26 de octubre, [Fidel] visitó las obras en un *jeep*; interrogó sobre la posibilidad de retirar provisionalmente los árboles de la Avenida de las Misiones para lograr una completa visibilidad de la multitud, pero lo convencieron de que eso era muy difícil y pondría en peligro la vida de los árboles. (2009: 294)

Luis M. Buch pone esto en una nota al pie, como un detalle anecdótico, pero me parece sumamente significativo de ese *kitsch* revolucionario de 1959 donde la visión sublime de la masa concentrada y la sed de sangre de la «justicia revolucionaria» eran inseparables. Ese fue el acto donde Camilo Cienfuegos recitó los versos de Bonifacio Byrne y la masa pidió, una vez más, «Paredón».

Oponiéndose a la violencia preconizada por los seguidores de Babeuf, el socialista utópico Etienne Cabet escribió en su *Voyage en Icarie*: «Si je tenais une révolution dans ma main je la tiendrai fermée» (1948: 565). Tampoco yo abriría la mano.

La revolución congelada

«¿Cuáles son, o cuáles serán, las instituciones políticas de Cuba?», preguntó a Raúl Castro el periodista francés Claude Julien en enero de aquel año. «Nuestra institución política» –contestó aquel– «es el pueblo» (Julien 1961: 34). En aquel momento «humanista», la noción de «democracia directa» expresaba inequívocamente esa resistencia del régimen a institucionalizarse, pero la misma persistió tras la declaración del «carácter socialista» en 1961. No será hasta fines de los setenta que se promulgue una nueva constitución; en la segunda mitad de la década del sesenta, la idea de la «construcción simultánea del socialismo y el comunismo» constituyó también una forma de evitar el problema de cómo estructurar la participación democrática en la toma de decisiones, algo más propio del estadio socialista que se pretendía acortar lo más posible, que del momento propiamente comunista donde el estado mismo habría desaparecido. En sus años más «revolucionarios», la Revolución no tenía legalidad, sino más bien legitimidad.

Julien recuerda en su reportaje cómo, el 2 de septiembre, en protesta por la Declaración adoptada por la OEA en San José de Costa Rica, fue proclamada aquella «Declaración de La Habana» en cuya introducción se afirmaba que el «pueblo se ha constituido en Asamblea General Nacional». El documento expresaba «la convicción cubana de que la democracia no puede consistir sólo en el ejercicio de un voto electoral, que casi siempre es ficticio y está manejado por latifundistas y políticos profesionales, sino en el derecho de los ciudadanos a decidir, como ahora lo hace esta Asamblea General del Pueblo de Cuba, sus propios destinos». Los «derechos del hombre latinoamericano» que se proclaman allí están evidentemente asociados a esta crítica de la democracia representativa, en tanto esos derechos sociales, más allá de los meramente formales, serían la condición de posibilidad de una democracia real: «la democracia sólo existirá en América Latina cuando los pueblos sean realmente libres para escoger, cuando los humildes no estén reducidos –por el hambre, la desigualdad social, el analfabetismo y los sistemas políticos– a la más ominosa impotencia». Este argumento era, desde luego, una proyección de la situación cubana: allí no se habían efectuado elecciones porque sólo cuando se hubiera resuelto la «cuestión social» el pueblo sería libre de escoger; mientras tanto, hacerlas sería una pérdida de tiempo, retrasar la gran obra modernizadora acometida por el gobierno revolucionario: alfabetizar campesinos, desecar pantanos, higienizar barrios insalubres, construir escuelas y hospitales, etc. «Los cubanos tienen prisa por poseer cultivos de tomates y plantas siderúrgicas. Mucho menos prisa por darse instituciones» (1961: 163).

Hacia el final del documento se contraponía, nuevamente, la soberanía popular a la política burguesa: «En la lucha por esa América Latina liberada, frente a las voces obedientes de quienes usurpan su representación oficial, surge ahora, con potencia invencible, la voz genuina de los pueblos». En la Revolución cubana, esta voz es crucial: si, frente a los dictados del monarca absoluto, la Revolución francesa proclamaba un conjunto de principios recogidos por medio de la escritura –Declaración de los derechos del hombre y el ciudadano, constituciones de 1791 y 1793–, en la Cuba de 1960 la auténtica voz del pueblo se contrapone al orden de leyes escritas y libertades formales de una democracia burguesa donde al pueblo no se lo escucha.

Esta «voz genuina» no es una representación –como el parlamento burgués– sino una manifestación: es necesario que el pueblo se haga visible, desplegando su potencia en calles y plazas. «Aparecía en la historia de la Revolución cubana […] un personaje que se repetirá sistemáticamente: la masa», escribía Guevara en «El socialismo y el hombre en Cuba» (1985: 368), y utilizaba enseguida una metáfora procedente de la medicina: los líderes deben «auscultar» las reacciones de la masa. «Maestro en ello es Fidel, cuyo particular modo de integración con el pueblo sólo puede apreciarse viéndolo actuar. En las grandes concentraciones públicas se observa algo así como el diálogo de dos diapasones cuyas vibraciones provocan otras nuevas en el interlocutor. Fidel y la masa comienzan a vibrar en un diálogo de intensidad creciente hasta alcanzar el clímax en un final abrupto, coronado por nuestro grito de lucha y de victoria» (1985: 370).

Hay aquí, evidentemente, una imagen erótica; y es claro que en el acto quien lleva la voz cantante es Fidel; él es el macho, no la masa. El pueblo, nuevo soberano, a diferencia del monarca absoluto, es múltiple, incluso abstracto: la «voluntad general» ha de hablar con una sola voz, y esa voz es la de Castro. A propósito de la Primera Declaración de La Habana, escribía Ezequiel Martínez Estrada: «Por lo general, Fidel da forma, explica y detalla lo que el pueblo piensa y quiere expresar. Es la voz del pueblo, *vox Dei*» (1965: 33). He aquí la aporía fundamental de la soberanía democrática: el paso de las masas como sujeto (la democracia directa) a las masas como objeto de la política (la dictadura revolucionaria) equivale a «Fidel» mismo; «Fidel» es esa diferencia. «¡Con la Revolución y con Fidel hasta la muerte!», gritaba una de las manifestantes filmadas en el documental de Gutiérrez Alea.

Ciertamente, esta «asamblea general» no es ya el «minuto sagrado» que describía Piñera en su crónica «La inundación», cuando el pueblo fue por un instante dueño absoluto de la ciudad y la Revolución —esa suerte de «Diosa Razón» de la Cuba post-1959— no era aun objeto de culto. Si en ese momento de pura espontaneidad el pueblo se manifestó sobre todo por medio de actos violentos —destrucción de parquímetros, cajas contadoras, etc.–, este otro pueblo, más organizado (justo antes de comenzar a leer el texto, Castro menciona a las «Organizaciones Revolucionarias Integradas»), habla. O más bien, declara; la «voz genuina» de la «asamblea general nacional» no es desde luego la voz popular que captaron narradores «plebeyos» como Novás Calvo y Cabrera Infante, sino más bien eso que en su estudio de la Gran Revolución, François Furet ha llamado la «palabra maximalista».

Según la historia oficial, aquel día de 1960 más de un millón de personas aprobaron unánimemente la Declaración levantando su mano. ¿Quién es el autor del documento, el «pueblo de Cuba», como se indica en la versión publicada por el gobierno cubano, o Fidel Castro, quien le dio lectura en el acto multitudinario del cual el registro escrito no alcanza a dar completa cuenta? Desde la perspectiva revolucionaria, lo mismo da, toda vez que «Fidel» encarna la «democracia directa» en cuyo nombre se aplazaron las elecciones generales prometidas el 1 de enero de 1959, esa «voluntad popular» manifiesta en las grandes concentraciones de masas donde «el pueblo» reunido se miraba en el espejo de Castro, reconociéndose.

La preeminencia de la voz sobre la escritura es inseparable de la resistencia del régimen a la institucionalización, y también de la absoluta prioridad de la práctica revolucionaria sobre la teoría. Como queriendo atrapar su propia sombra, la Revolución iba tan a prisa que la teoría quedaba necesariamente a la saga. En una carta a Ernesto Sábato fechada el 12 de abril de 1960, Guevara escribía: «Así estamos ahora, hablando un lenguaje que es también nuevo, porque seguimos caminando mucho más rápido de lo que podemos pensar y estructurar nuestro pensamiento, estamos en un movimiento continuo y la teoría va caminando muy lentamente» (Sábato 1971: 90). La Revolución no era *ergon* sino *energeia*, puro movimiento o contenido que desafiaba toda forma o límite. «Aquellos jóvenes rinden a la energía, tan amada de Stendhal, un culto discreto. Pero no se crea que hablan de ella, que la convierten en una teoría. Viven la energía, la practican, quizá la inventan: se comprueba en sus efectos, pero no dicen una palabra de ello. Su energía se *manifiesta*», señalaba Sartre en *Huracán sobre el azúcar* (1961: 183).

Stendhal también aparece, por cierto, vinculado a la Revolución en la crónica autobiográfica de Régis Debray. Cuando este llegó a Cuba en 1960, inspirado por la lectura de *El siglo de las luces*, se creía Victor Hughes; antes –confiesa en *Les masques*, su primer libro de memorias– había querido ser Julien Sorel, y algo de esa fantasía adolescente cumplió con su peripecia por las guerrillas latinoamericanas. A diferencia del otro gran protagonista stendhaliano, Fabricio del Dongo, que teniéndolo todo dado –nobleza, inteligencia, riqueza, apostura– representa más bien la gracia, Sorel encarna la fuerza de la voluntad. Nacido en la pobreza, llegado a la adultez tras la clausura del ciclo revolucionario por la Restauración borbónica, el joven admirador de Napoleón ha de compensar esas faltas con su absoluta determinación.

No poco de compensación hay, ciertamente, en el voluntarismo revolucionario encarnado en Guevara y teorizado con más sofisticación por Debray. «El deber de todo revolucionario es hacer la revolución», reza la consigna medular de la Segunda Declaración de La Habana. Aquí, no se trata ya de la democracia directa como en la primera Declaración, sino de la revolución permanente, pero la resistencia a la institucionalización persiste: la revolución como mandato absoluto es otra forma del culto a la energía, de ese movimiento perpetuo cuya metáfora no podía ser otra que el fuego. «América Latina» –decía Raúl Castro, citado por Claude Julien– «es como una gran planicie de hierba seca, donde hay una fogata que se llama Cuba» (1961: 140).

«No hay circunstancias revolucionarias, hay una revolución que se alimenta de circunstancias», señala Furet (1978: 90) a propósito de la Revolución Francesa, y lo mismo vale para la cubana. La aporía del pueblo como sujeto y del pueblo como objeto da paso ahora a la aporía central del marxismo-leninismo: la de las condiciones objetivas y las condiciones subjetivas. Por un lado la Segunda Declaración de La Habana reconoce que la revolución es inevitable («la marcha ascendente de la humanidad no se detiene ni puede detenerse»), pero por el otro afirma que «no es de revolucionarios sentarse en la puerta de su casa para ver pasar el cadáver del imperialismo» (Castro 1962: en línea). En esa tensión entre determinismo y voluntarismo, estructura histórica y acción humana, la balanza se inclina decididamente hacia el segundo polo.

De ahí la preeminencia de la violencia revolucionaria. «La revolución es en la historia como el médico que asiste al nacimiento de una nueva vida», afirma el documento, parafraseando la conocida frase de *El capital* según la cual «la violencia es la partera de toda sociedad vieja preñada de una nueva[1]». Ahora bien, como agudamente señalara Hannah Arendt en su panfleto *On violence* (1970), escrito contra el radicalismo de la «nueva izquierda» de los sesenta –especialmente contra uno de sus libros de cabecera, *Los condenados de la tierra*, con incendiario prólogo de Sartre–, en Marx la violencia es auxiliar, no seminal; epifenómeno, nunca causa. La metáfora no deja lugar a dudas: las propias contradicciones del sistema capitalista, no la violencia en sí, habrían de generar lo que el filósofo llamaba «la revolución del siglo XIX», esa revolución proletaria que nunca llegó a producirse.

Ciertamente, la centralidad otorgada a la violencia en la Segunda Declaración de la Habana es inseparable de la crisis del proletariado como sujeto revolucionario. Si en el marxismo clásico este, en tanto «universal concreto», garantizaba el movimiento dialéctico de la historia, ahora el potencial revolucionario son los campesinos. En las primeras páginas de la Declaración, donde se ofrece una especie de didáctico resumen marxista de la historia universal, se afirma, como en el *Manifiesto comunista*, que «la burguesía desde su origen llevaba en sí misma su contrario», pero luego, cuando se discute la situación de América Latina:

> Y si bien es cierto que en los países subdesarrollados de América la clase obrera es en general relativamente pequeña, hay una clase social que por las condiciones subhumanas en que vive constituye una fuerza potencial que, dirigida por los obreros y los intelectuales revolucionarios, tiene importancia decisiva en la lucha por la liberación nacional: los campesinos. (Castro 1962: en línea)

Aquí el antecedente fundamental parece ser la segunda parte de *Los condenados de la tierra*, donde el recorrido del militante revolucionario de la ciudad al campo es descrito como un viaje iniciático en que el sujeto burgués se radicaliza, comprendiendo que el único camino es la lucha armada. «El

---

[1] El cambio de comadrona a médico refleja, por cierto, el énfasis desarrollista, ilustrado, de la revolución. Las parteras pertenecían, desde luego, a ese mundo tradicional al que se oponía el mundo de la ciencia y la técnica.

desarrollo de un foco guerrillero es la reunión en la práctica del campesino y de lo que se puede llamar el intelectual revolucionario, y esta unión da lugar a una chispa», sostenía Debray (1968a: 167) en una entrevista con los estudiantes de la Universidad de La Habana. En *La guerra de guerrillas* Guevara daba fe: los hombres que regresaban a la ciudad, luego de dos años de experiencia de combate y contacto con las masas campesinas, no eran ya los mismos. La guerrilla constituía una suerte de rito de pasaje fuera de la subjetividad burguesa, un espacio resplandeciente donde «la psicología pequeño-burguesa se derrite como la nieve al sol, minando las bases de la ideología del mismo nombre» (Debray 1968a: 285).

Debray no oculta su antiintelectualismo; la falta de táctica, dice, es «un vicio delicioso de los contemplativos, al cual también nosotros cedemos al escribir estas líneas. Razón de más para tener en la mente la inversión de que somos víctimas al leer obras teóricas» (1968a: 289). Este último señalamiento es significativo, pues cuestiona la propia autoridad del que escribe; aun cuando Debray se había involucrado en su objeto de estudio (la guerra de guerrillas) para dejar atrás el conocimiento libresco y las ideologías prefabricadas que atribuye a los intelectuales burgueses, lo cierto es que está haciendo una teoría del castrismo. Si la historia de la Revolución cubana había sido «una lenta ascensión de la táctica a la estrategia» (1968a: 290), y de esta a la teoría, ¿cómo convertirla en un modelo a seguir? Si el aporte del castrismo a la teoría era justo el desplazar su prioridad, ¿era posible convertir tal experiencia pragmática en una nueva teoría?

Como la piedra de Sísifo, la carrera de la revolución terminaba en el mismo sitio; la revolución hecha teoría, convertida en receta, culminaba fatalmente en un extremo voluntarismo. No importaba que no existieran condiciones objetivas, la Revolución las crearía; ella crearía, en primer lugar, a los propios revolucionarios. La afirmación según la cual «El deber de todo revolucionario es hacer la revolución» era entonces, en alguna medida, reversible: uno de los contenidos de la Revolución era hacer a los revolucionarios. «Cette alchimie planétaire, la Révolution, qui fait flamber le feu où se métamorphosent les êtres et les choses» (1976: 154), apuntaba Michel Leiris durante su visita a La Habana en 1967. Más que síntoma de la inevitable destrucción del *ancien régime*, la Revolución es la retorta del hombre nuevo, la semilla de la futura humanidad.

Es en este énfasis en la violencia como formadora de subjetividad donde hay acaso una diferencia fundamental entre el guevarismo y el leninismo: allí la vanguardia revolucionaria, que es el partido, está del todo radicalizada, mucho más que la propia clase obrera, pues posee la teoría; en la doctrina guevarista, en cambio, el partido está al final del camino, al igual que la teoría, en el origen la guerrilla y en el medio nada más que la violencia –no sólo como procedimiento para hacer la revolución, sino también como «escuela» donde adquirir la necesaria consciencia revolucionaria. A falta de providencia histórica, sólo queda la voluntad: esa decisión perentoria de «hacer la revolución». En «El socialismo y el hombre en Cuba», Guevara distingue claramente entre «las masas» y un «grupo de vanguardia» ideológicamente «más avanzado». «La primera receta para educar al pueblo [...]» –advertía Guevara en 1960– «es hacerlo entrar en revolución» (1985: 87). En esta frase, una de las más significativas de toda la oratoria revolucionaria cubana, el pueblo aparece, una vez más, como el objeto de la acción del liderazgo revolucionario; se ha pasado de la acción de las masas a la acción sobre las masas. Aunque el guevarismo afirma de entrada la noción del pueblo como agente, a un tiempo sujeto y objeto de la transformación revolucionaria, al final no puede sustraerse del todo a la concepción goebbelsiana del político como artista y las masas como la materia prima a la que aquel da forma.

La brecha entre la vanguardia iluminada y la masa rezagada no se puede salvar más que con la fuerza, mediante la «dictadura del proletariado», o en el mejor de los casos, con acciones ejemplares que habría que imitar. Si la aporía de la democracia directa equivale a «Fidel», la aporía de la revolución permanente desemboca en el llamado a «ser como el Che». La revolución es fuego; pero ese fuego, como en un cuadro de Arcimboldo, esbozaba un rostro: el de «Fidel», el del «Che». El puro contenido cristalizaba; el movimiento devenía fijeza. La revolución, en una palabra, se congelaba –exacto reverso de aquella imagen de Debray que citábamos arriba. Mucho antes de la institucionalización a la soviética, en el mediodía revolucionario fuego y hielo eran ya indistinguibles.

País desaparecido

Para Néstor Díaz de Villegas

También en la isla hay cadáveres. Hace poco María Werlaw, directora del archivo Cuba Verdad, revelaba que el número de víctimas documentadas –por fusilamientos o maltratos en las cárceles– ascendía a ocho mil, frente a sólo tres mil de la dictadura de Pinochet (*El Nuevo Herald*, 19 de diciembre de 2008). Esto sin contar a los balseros ahogados, «esos centenares y centenares de cubanos, en perenne éxodo» a quienes, como recordaba Arenas, «el mar se los ha tragado» (2001: 31). Pues «¿qué estadísticas –compiladas acaso por la UNESCO– podrán enumerar la cifra exacta de los cadáveres que yacen (o mejor dicho fluyen y se deshacen) en el fondo de esta corriente? ¿Diez mil?, ¿treinta mil?» (2001: 297)

Ahora bien, la diferencia no es meramente cuantitativa: que Cuba sea casi siempre excluida cuando se habla de las dictaduras latinoamericanas refleja, ciertamente, la imposibilidad de la izquierda para admitir el tamaño de su error (el modelo, eso por lo que tantos murieron, era, es *esto*), pero también la singularidad del régimen castrista, evidente desde los primeros momentos. Si el madrugonazo de Batista y la caída de Machado eran formas de un «destino sudamericano», Castro se alejaba rápidamente de él; se diría que lo superaba dialécticamente, diferenciando la nueva dictadura de las anteriores. El doctor que jamás se quitó su traje de guerrillero no ocupó nunca el Palacio Presidencial; primero se estableció en el hotel Havana Hilton –llamado Habana Libre tras su nacionalización–; luego haría de su residencia secreto de estado. Al Palacio lo convirtió en Museo de la Revolución, cuando había ya sentado las bases de otro poder que no podía tener sede, porque estaba en todas partes: en cada casa, en cada mente, en cada cuerpo.

Esa *pax castrista* que ha librado a Cuba de las convulsiones de otros países latinoamericanos entraña una violencia de otro tipo, fundada no ya en la represión del ejército sobre el pueblo, sino más bien en la militarización de este. Entonces símbolo de liberación, la conversión de los cuarteles en escuelas que en 1959 tanto impresionó a Cesare Savattini y a Jean-Paul Sartre –quienes desconocían, por cierto, que lo mismo se había realizado durante la primera intervención norteamericana–, debe ser comprendida, a la luz de la historia posterior, como un anuncio de esa superación de los límites tradicionales que distingue al poder autoritario del totalitario: la educación, como la cultura, quedaría, al cabo, integrada en un dispositivo policíaco que, como el estado, no tenía ya afuera.

Luego de los fusilamientos de los primeros años y de la «limpieza» de las bandas contrarrevolucionarias en el Escambray, el régimen no dejó espacio alguno para la oposición, ni siquiera para la escapatoria, pues el intento de salida del país fue por muchos años considerado delito. Y cuando la tensión acumulada estalló en 1980 en la crisis de la Embajada del Perú y la consiguiente estampida de Mariel, el castrismo no pudo más que enseñar su verdadera cara en los actos de repudio, retomados años después contra la oposición pacífica. ¿Dialéctica de la ilustración? ¿Cómo un pueblo tan culto cometiendo semejantes barbaridades? En todo caso, una violencia que poco tiene que ver con aquella reflejada en la literatura latinoamericana de las últimas décadas: escuadrones de la muerte en Centroamérica, sicariato en Colombia, torturas en el Cono Sur…

Incluso cuando se encuentran paralelos con las dictaduras militares, terminan saltando las diferencias. Recordemos, por ejemplo, el revelador testimonio de Néstor Díaz de Villegas:

> «¡Mucho gusto, soy una desaparecida!».
>
> Nos encontrábamos a la salida del teatro, y la mujer que me presentaban era una argentina de edad indeterminada, profesora universitaria, otra de las tantas –calculé– que abandonaron el sur para emigrar al norte a orbitar el sistema docente, gravitar tristemente hacia la academia y, una vez instaladas allí, publicar tesis y fundar cátedras que iniciaran al lego en los misterios sacros de las «desapariciones».
>
> Conversamos un minuto, sin entendernos, e intercambiamos las cortesías de rigor. Pero una idea no dejaba de rondarme la cabeza, algo que nunca antes se me había ocurrido: ¡yo también era un desaparecido! Entonces, ¿por qué no me presentaba como tal? ¿Por qué no «me salía» con la naturalidad que les sale a los argentinos, o a los chilenos? Lo dije, a boca de jarro: También yo soy un desapa-

recido. La mujer me miró horrorizada: ¡pero si no existen cubanos desaparecidos! (2007: 82)

A continuación el poeta narra los sucesos de su detención, interrogatorio y condena en octubre de 1974. Curiosamente, hay un vínculo entre la cuestión chilena y la «desaparición» de Díaz de Villegas. El poema que, a raíz de la delación de un compañero de clase, le incautara la Seguridad del Estado era una «Oda a Carlos III», donde se lamentaba el cambio de nombre de esa céntrica calle habanera, rebautizada como «Salvador Allende» tras el 11 de septiembre de 1973.

Que la desaparecida argentina no conciba desaparecidos cubanos, y que al desaparecido cubano hasta ese momento no se le hubiera ocurrido nunca identificarse así, evidencia desde luego esa poderosa mitología de la Revolución que, aunque algo erosionada, aun pervive en buena parte de la academia norteamericana y la izquierda latinoamericana. Pero me parece que revela también una irreductible diferencia, lo incomparable de esos mundos de que proceden el uno y la otra. El hecho de que un simple poema se haya considerado delito de «diversionismo ideológico», ¿no refleja ya la distancia entre una dictadura sangrienta pero tradicional como la de la Junta argentina o la de Pinochet y una menos sangrienta pero más absoluta como la de Castro? Si, según la conocida distinción del politólogo Juan Linz, en los autoritarismos hay una «doctrina de régimen» y en los totalitarismos existe una «ideología de estado», es justo esa positividad la que se expresa en la «política cultural» (el sistema de Educación y Cultura al que pertenecía el padre del poeta preso) y, en última instancia, en la adopción oficial de un método artístico como el realismo socialista.

En tanto límite de una relativa esfera de opinión (periódicos, editoriales, colegios privados), la censura no existe en la Cuba de los setenta justo porque la neutralidad misma está criminalizada. Si ese tipo de censura, encarnada en la figura más o menos institucionalizada del censor, es propiamente conservadora, en la isla lo que se impone es el «desenvolvimiento revolucionario», el mandato estalinista de mundo nuevo. Fue en nombre de ese futuro que el artista revolucionario debía descubrir *in nuce* en la maraña de los hechos presentes, que el documental *P.M.* fue censurado en 1961, y no, como ciertos pasajes de *Tres tristes tigres* en la España franquista, en nombre de la moral y las buenas costumbres.

Lo ocurrido con aquel cortometraje no marca el comienzo de una era de censura sino más bien lo contrario; que la ley usada para prohibir la exhibición de la película proviniera de los tiempos de Batista indica justamente la hibridez o indefinición de ese momento donde aun la «política cultural» no estaba definida. No habrá otro caso igual: en el umbral de una pretendida Edad de Oro socialista, el caso Padilla vendría a marcar el triunfo de la «política cultural» como pura afirmación: no es que no se puedan decir algunas cosas, es que *hay* que decir otras: al poeta, como en uno de los mejores poemas de *Fuera del juego*, le piden la «lengua», esto es, que se confunda con el discurso del estado, y luego que «eche a andar» (Padilla 1998: 13), pues ese discurso es, quiere ser, una marcha. Ya lo había advertido, con agudeza, Luis Aguilar León en 1960: «Así se llega a la unanimidad totalitaria. Y entonces ni los que han callado hallarán cobijo en su silencio. Porque la unanimidad totalitaria es peor que la censura. La censura nos obliga a callar nuestra verdad; la unanimidad nos fuerza a repetir la mentira de otros» (2003: 31).

A la censura corresponde, en el terreno social, la técnica de la desaparición, que es un borrar, un eliminar al subversivo. En el caso argentino, la reacción al «peligro rojo» alcanzó cotas de un delirio sádico, que puede ser leído, en clave marxista, como ese momento en que la burguesía se quita su máscara liberal para mostrar su verdadero rostro fascista. En este sentido, un relato como «El niño proletario» (1973) de Lamborghini sería una prefiguración literaria del terrorismo de estado practicado por la Junta Militar sólo unos años después. No obstante, en general en las dictaduras del Cono Sur faltó el elemento radical, revolucionario, del fascismo. Pudo haberse dado un caso como el que cuenta Roberto Bolaño en *Estrella distante*, pero ese tipo de estetización de la política caracteriza mucho más a la Alemania hitleriana que al régimen de Pinochet: Carlos Bieder está más cerca de Goebbels que del anodino general chileno que se erigió en Salvador de la Patria. La doctrina de las dictaduras militares se fundamenta en el mantenimiento del orden, no en ningún tipo de renovación espiritual. Esa falta las distingue claramente del tipo de «revolución conservadora» al estilo de un Jünger, y desde luego de la ideología comunista plenamente adoptada en Cuba.

Si la «pasión de lo real» que según Alain Badiou caracteriza al siglo XX conduce a la purga, procedimiento que el comunismo comparte con el arte de vanguardia, las desapariciones, por monstruosas que sean, corresponden más bien al universo del siglo XIX, de *Facundo* y *El matadero*; aún responden a la dicotomía de la civilización y la barbarie, como la Campaña del desierto o la destrucción de Canudos. La violencia de los militares no es renovadora, no produce cambio alguno en la subjetividad, no tiene nada de positiva, de creadora. En términos de Benjamin, se diría que es «violencia mítica», nunca «divina». Su escena fundamental, abundantemente recreada por la literatura y el cine argentino de las últimas décadas, es la transgresión del espacio doméstico: a la entrada del apartamento tenía un poster de Gardel, «lo hicieron mierda», dice la amiga de la protagonista en la sobrecogedora escena de *La historia oficial* en que ella cuenta su detención; luego, en la misma película, la desaparición aparece figurada en esa otra escena de la fiesta de cumpleaños de la hija adoptada, cuando los niños con ametralladoras de juguetes entran a la habitación donde la pequeña carga su muñeca, aterrorizándola sin querer.

Escribe, a propósito, León Rozitchner:

> Hay lugares íntimos que parecen seguros: el hogar lo llaman. Por fin estamos solos, los demás no existen, ya nadie nos mira, hacemos el amor o nos hacen la cama. Hacemos lo que nos da la real gana. Comemos, dormimos, vamos al baño donde nadie nos espía. Contamos secretos que otros no sospechan. Vivimos lo íntimo, lo más escondido, lo más vergonzoso. El hombre aislado puede por fin decirse la verdad a sí mismo. Estamos en casa.
>
> Pero la casa puede ser violada en cualquier momento: las violaciones de domicilio y los secuestros de la dictadura son un destino que siempre amenaza. Hay una intemperie en los interiores donde la represión se ha filtrado abriendo las puertas de nuestras propias casas. Cada uno al llegar a la suya hace un raconto interno de sus infracciones ciudadanas: si puede temer o no que la allanen. La casa está en orden si sus habitantes obedecen al orden. Ser un desaparecido no es una fantasía loca, total ni nos vemos: vivimos en ella como si nadie se diera cuenta de que existimos juntos. La ciudad disuelve al individuo en sus multitudes: el anonimato resguarda. Eso nos consuela. (2001: 101)

La casa puede ser violada, sí; pero esa violación presupone la distinción mínima entre el espacio privado y el afuera. Todo es distinto en Cuba socialista: el estado entró de forma subrepticia en los hogares, amenazando con colapsar la frontera: «Fidel, esta es tu casa», rezaba aquella consigna de 1959. Más que asaltadas por los militares, las casas fueron tomadas, literal y figuradamente, por las masas proletarias. Mientras la nueva ideología socialista invadía la intimidad del interior burgués, la ciudad como espacio donde perderse entre las multitudes desaparece. En la sociedad socialista crece inusitadamente la red de controles estatales, mientras que la caótica multitud se difumina: lo que aparece en su lugar son esas «organizaciones de masas» cuyos miembros están siempre ahí para informar a los policías.

No se dan, por tanto, las condiciones para una desaparición como la que describe Rozitchner. No es que haya sucedido con menos frecuencia que en Argentina; la diferencia no es sólo de grado: el trabajo negativo del régimen se ejerce en otro lugar menos específico, y es aquí donde la centralidad de la ruina urbana en el imaginario de la Cuba poscomunista podría verse como la variante cubana de la cuestión de la «memoria histórica», crucial en las literaturas de post-dictadura del Cono Sur. No es casualidad que sea justo Arenas, el escritor cubano que asumió de manera más intransigente la denuncia de la represión política, quien comience a señalar, en los artículos, conferencias y cartas escritos tras su salida de Cuba, la destrucción de la capital por obra de la Revolución. «La Habana Vieja en ruinas sucesivas, con sus balcones apuntalados, sus casas derrumbadas, sus mercados» (2001b: 308). Si Cabrera Infante recreó la Habana anterior a la Hecatombe, Arenas es acaso el primer narrador que da cuenta de la ruina profunda de la ciudad, esa «catástrofe inminente [que] nunca llega de golpe porque está transcurriendo siempre» (2002: 112).

No es la hora de los hornos sino la que viene después del incendio; ya no sopla el viento que arrastra al Ángel de la historia y este no mira al pasado con horror sino con ternura. Tras 1989, la nostalgia y la melancolía, expulsadas como gusanas de la ciudad socialista, regresan como erinias vengadoras. Es acaso en «Santa Cecilia» (1993), el magistral monólogo de Abilio Estévez, donde este tema central de los años noventa alcanza su definición mejor. Cecilia, una anciana centenaria, representa a Cuba; en su discurso la memoria nacional triunfa sobre los dictados revolucionarios:

> Entre ustedes hay alguien que se ríe de mí. Hay un muerto entre esos muertos que se burla porque hablo de la ciudad sepultada, la que no vale la pena mencionar. Como si dijéramos Pompeya, Atlántida, Utopía... ¿Por qué no se pone de pie y me dice, en mi cara, que estoy perdiendo el tiempo en recordar, que estoy vieja, enferma... que soy retrógrada, pesimista? [...] ¡El ciclón! ¡Otra vez! ¡El ciclón! ¡Hasta cuándo tendré que vivirlo! Siempre, detrás de la nostalgia, acecha el ciclón! ¡Las paredes se agrietan de nuevo! ¡Las calles vuelven a inundarse! ¡Árboles arrancados de raíz! ¡El mar, una furia, sobre nosotros! ¡Las casas destruidas! Alguien sopla sobre la ciudad que se desploma como si fuera de papel. ¡Síbaris, Sodoma, Nínive, La Habana, ciudades mortales, nacieron condenadas a morir! (2004: 43-44)

Significativamente, para aludir a la Revolución el personaje recurre a las mismas imágenes que usaran Piñera y Sartre en sus crónicas de 1959 y 1960, pero con una significativa diferencia: es el costado negativo de la inundación y del huracán lo que destaca Estévez. En el momento melancólico, el Evento revolucionario no aparece como un comienzo sino como un final, no es apertura sino cierre de una era que habría que recuperar.

La nostalgia por la Cuba prerrevolucionaria, el *boom* de las ruinas: todo ello refleja la irreductible diferencia de la dictadura cubana, donde el efecto de destrucción no está inscrito en el cuerpo físico de los opositores, esos militantes de izquierda brutalmente torturados o desaparecidos, sino en el propio cuerpo del país. Hay cadáveres, pero hay sobre todo un cadáver insepulto, y es ese el espectro que nos asedia, pero no por su dimensión de horror sino por lo que tiene de paraíso perdido. «*Roma quanta fuit / ipsa ruina docet*», escribió el pintor francés Robert Hubert, y de La Habana podría decirse otro tanto: las propias ruinas nos muestran cuán grande fue –en su escala, la de una isla caribeña con apenas algunas décadas de vida republicana–, Cuba. *Cuba quanta fuit / ipsa ruina docet.*

En busca de esa Cuba que no llegamos a perder porque nunca conocimos, se recurre a las viejas fotografías de la República. Fotos como las de Walter Evans y Pierre Verger, tomadas, casualmente, en las vísperas de las dos revoluciones –la de 1933 y la de 1959–, que jalonan la historia del país en el siglo xx. Miramos las fotos de Evans, realizadas con el propósito de ilustrar el reportaje de Carleton Beals *The Crime of Cuba*, que denunciaba la penetración norteamericana en la economía y la política de la isla. En medio de una de las peores crisis económicas que ha atravesado la isla, consecuencia de la repercusión del *crack* del 29 en Cuba, una foto de un espléndido puesto de frutas. Era distinta el hambre de entonces –mi abuela solía hablar de aquellos tiempos del machadato en que los pobres como ella sólo comían harina de maíz y boniatos–, a esta de ahora. En 1933, había cosas pero no dinero para comprarlas; en 1993 había dinero, pero nada que comprar. Frente al desierto creciente, la Cuba de ayer –la ominosa «seudorrepública», la «república neocolonial» de nuestros libros escolares de historia– se nos aparece como paraíso perdido.

Abro *Cuba*, de Pierre Verger, libro de fotos publicado por la Casa Belga en 1958. En la introducción, disponible en español, inglés y francés, Lydia Cabrera señala que las fértiles tierras cubanas, «además de la mejor caña de azúcar, producen las frutas más dulces y perfumadas del mundo. Bastará con nombrar el mamey de pulpa rosada como el fuego, el anón, la guanábana, los plátanos, nísperos, aguacates y cocos, «que dan de beber y comer en una misma pieza», la piña, según Oviedo coronada por la naturaleza para reinar sobre todas las demás frutas» (1958: 10). Luego hay un mapa de Cuba en que aparecen señalados los lugares retratados por Verger en su recorrido. Allí encuentro, para sorpresa mía, el pueblo donde nací, en el centro de lo que fuera provincia de Oriente. Paso rápidamente las páginas, hasta hallar una fotografía espléndida del central, uno de los más grandes del país.

De niño, pasaba parte de los veranos allí, en casa de mis abuelos maternos. San Germán –como se le seguía diciendo, a pesar de que el municipio se llamaba oficialmente «Urbano Noris», pues había sido rebautizado con el nombre de un «mártir de la Revolución»– era un típico pueblo de campo, atravesado por la línea del tren, con su parquecito y su iglesia en el centro, muchas casas de madera, tierra colorada y calles polvorientas por la falta de contenes. Recuerdo los *bungalows* de la «compañía», como aún se le llamaba en los ochenta al barrio que ocupaban los americanos que trabajaban «en la época del capitalismo» en el área administrativa del central. Mi madre, que tenía ocho años al triunfar la revolución, solía contar que en el parque había pavorreales. ¿Pavorreales en ese parque? ¿será que ahora me traiciona la memoria? ¿o sería un invento de ella? En todo caso, ahora veo en ese detalle un símbolo de la elegancia de aquella Cuba, de una cierta belleza que se perdió definitivamente. Después de todo, ¿por qué no, si los perfumes Guerlain llevaban escrito en la etiqueta «París-New York-La Habana»?

Mirando la foto de Pierre Verger, recuerdo el bagacillo –ceniza negra– que en tiempos de molienda caía de como del cielo. Entre los centrales desmantelados en 2003, está el de San Germán. Hoy el pueblo, cuya vida giraba en torno a la fábrica de azúcar, es un pueblo fantasma. Como lo es, en cierto modo, la isla entera, que una vez fue la azucarera del mundo y ahora importa buena parte del azúcar que consume. A pesar del bullicio insoportable de las calles habaneras, Cuba se ha convertido en Comala; son ellos, los fantasmas de la República, los «mudos testigos» de la lenta agonía que es hoy la Revolución cubana.

La memoria inconsolable

Poco antes de irme de Cuba, fui con mi madre al Mercado Único. Allí donde los mayores recuerdan jutías ahumadas y langostas vivas, medio siglo después no había sino mugre y miseria. En lugar de la abundancia de antaño, frutas esmirriadas a precios estratosféricos; en vez de animación y pregones, ruido y vulgaridad. Aquel legendario sitio habanero donde en marzo de 1960 Jean-Paul Sartre y Simone de Beauvoir habían tomado sopa china y arroz frito, no era sino otra de las estampas de la Hecatombe, como los viejos carros americanos que rodaban por las calles llenas de baches y los destartalados edificios que daban un toque pintoresco a la ciudad. «Corona de las frutas», aquel memorable artículo de Lezama publicado en *Lunes de Revolución*, ¿qué era sino otro documento de un mundo perdido? Habría que echar de menos –pensé– esa cornucopia frutal –«el mamey, que atolondra al extranjero, brindándole por el color un infierno cordialísimo»; la piña, de «perfección sutilísima»; el mango, «asombro de germen solar», la «derramada guanábana» (1981: 35)–, como Lezama la tradición de la cena familiar erosionada por el influjo del *american way of life*. Pero no ha sido el capitalismo el que ha destruido la fructuosidad del país, sino, paradójicamente, el intento de erradicarlo radicalmente.

«Hay mucha fruta, el mamey, el anón, la fruta-bomba, la piña, el plátano y a lo largo de los caminos, carretas de naranjas, ya peladas», escribía en 1959 el cineasta Cesare Zavattini en un periódico italiano (Guevara 2002: 207). «Si se me pidiera describir un paraíso, difícilmente encontraría algo más apropiado que Cuba, con su magnífico clima. Su tierra es tan maravillosa, que pueden gozar del paraíso en este mundo y no esperar a disfrutar de él en los cielos», declaraba por su parte Anastas Mikoyan durante su visita a Cuba en 1960. Refugiado del nazismo en la Habana de los cuarenta, Yvan Goll había escrito, con más inspiración, más o menos lo mismo que el canciller soviético: el poeta alsaciano quiso ver en las frutas cubanas signos de lo que llamó «una era de redención». A medio camino entre el ensayo testimonial y la prosa poética, «Cuba, canasta de las frutas» desarrolla el contraste entre la bondad natural de la isla y el despotismo político, un tópico tan antiguo como el «Himno del desterrado» de José María Heredia. Goll describía al país como una paradoja: Cuba era, sí, canasta de las frutas, pero estas «se pudren en la mano del hombre, porque la mano del hombre está maldita».

> Y, sin embargo, es la isla de las frutas mágicas. El Canistel, que tiene la forma de un huevo de pato, contiene una crema batida de yemas de huevo molidas con leche, azúcar y canela. El Anón, hecho de compartimentos de sorpresa como la granada, contiene un helado de vainilla más fresco que el de las neveras. Y he aquí las carnes: el Mamey, con la redondez oblonga y el olor de una teta de india, ofrece una carne color ladrillo, un bisté tártaro, comida para todo un día. Sin hablar de otras treinta variedades de plátanos, mangos, guayabas, guanábanas…
> Todo ese alimento madura libremente en los huertos, al borde de los caminos, a lo largo de las playas. Pero desde hace cuatro siglos, la población de Cuba muere de hambre, muere de enfermedad, muere de miseria. Desde hace cuatro siglos, los nuevos Tantálidas perecen de inanición ante la opulencia de su isla. (1976: 66)

En medio de ese cuadro infernal, los poetas «anuncian la proximidad de una era de redención» (1976: 68). «Del fondo de los pudrideros y los osarios, el ojo del poeta lanza sus rayos ultrazules de una nueva fe. Y los mangos madurarán bajo sus árboles», escribía Goll, percibiendo ese futuro luminoso como el recobro del mundo arcádico en que vivían los aborígenes antes de la conquista, imaginado por él, en la mejor tradición colombina, como «un paraíso cubierto de orquídeas, de bosques habitados por pájaros de fuego, de puertos ondulantes y sonrientes, de donde salían a pescar los peces maravillosos de nácar y de esmeraldas».

¿No recuerdan estas palabras a las de aquella otra refugiada célebre en La Habana de los cuarenta que fue María Zambrano? Como el poeta alsaciano, la pensadora andaluza encontró en Cuba una visión del paraíso. La isla –afirmó– era su «patria prenatal», su secreto. Y lo era no sólo para ella, sino también para los poetas cubanos. Si Goll, cercano a los comunistas, menciona a Nicolás Guillén y a los colaboradores de la *Órbita de la poesía afrocubana*, Zambrano comenta la antología *Diez poetas cubanos*, del grupo nucleado alrededor de Lezama y la revista *Orígenes*, viendo allí un anuncio de que la «isla dormida comienza a despertar como han despertado un día todas las tierras que han sido después historia» (2007: 93). Décadas después uno de esos poetas, Cintio

Vitier, ha querido ver en la Revolución el cumplimiento histórico de aquella profecía poética de la «Cuba secreta». Canonizado oficialmente como Poeta Nacional, Guillén no cesaría de celebrar al castrismo como reparación de todas las miserias de la historia. Si antes, en los treinta, en sus poemas de denuncia aseguraba que su patria era «dulce por fuera / y muy amarga por dentro», ahora finalmente la dimensión moral y la física equivalían. Lo que evidencia el Mercado Único, en cambio, es justo lo contrario: equivalieron, sí, pero no porque el paraíso comunista realizara al cabo el paraíso terrenal, sino porque con el nuevo despotismo la miseria secular logró llegar hasta el mundo físico. Los mangos no maduraron bajo los árboles, sino que se degradaron o extinguieron.

Así describió Carlos Franqui la intervención del Mercado Único:

> Frutas tropicales: naturalezas vivas. Mango, melón, coco, anón, chirimoya, guanábana, canistel, caimito, marañón, mamey Santo Domingo, colorado, guayaba, naranja, lima, toronja, roja o blanca, tamarindo, papaya, plátanos, manzanos, enanos, guineos, nísperos, aguacates.
>
> Piña, zapote.
>
> Cuadros vivos, color Gauguin, color Matisse, color Lam. En el mercado terminaba la noche. Fin del trabajo y de la fiesta.
>
> Folklore. Mulatas. Chinos. Rumba. Tambores.
>
> Nombraron interventor a Tomás García, un viejo dirigente comunista.
>
> Tomás tenía una cabecita roja y moscovita.
>
> La imagen de un mercado socialista. Planificado.
>
> «Haremos aquí el gran mercado rojo, como en Moscú».
>
> Intervino carretillas, chinos, casillas, pescaderías, graniceros, friteros, puestos, vendedores ambulantes. (1981: 298)

El Cordón de La Habana, unos años después, no haría sino profundizar esa «destrucción del Mercado» que celebrara un poeta de la época. El cinturón de la capital estaba ocupado por pequeños propietarios chinos que abastecían de verduras y hortalizas a la capital; luego del intento de sembrarlo de café caturra, hasta la lechuga se convirtió en un lujo para diplomáticos. Jorge Edwards hace el cuento del checo que, huyendo del comunismo, había llegado a la Cuba de Batista y finalmente huyó de la de Castro, dejándole a un amigo una lista de las yerbas cubanas con valor alimenticio. Un año después, la gran zafra de 1969-70 consumaba lo que en su clásico estudio *El ingenio* Manuel Moreno Fraginals llamara «la muerte del bosque». En alguno de los artículos publicados tras llegar al exilio en 1980, Arenas escribía:

Con ayuda de la técnica, las palmas vuelan ahora dinamitadas o buldoceadas... Recuerdo –en 1970, en los campos de Pinar del Río donde fui «situado» durante «La Zafra de los Diez Millones»– escuchar los estampidos de dinamita demoliendo palmares para incrementar la producción cañera». (2001: 39)

La modernización comunista de Cuba, que parecía retomar en otro nivel el proyecto decimonónico de la plantación azucarera, aparece cada vez más como catástrofe, en tanto ha erosionado esa fecundidad de la tierra que desde siempre había sido paliativo de los desastres de la historia.

En la memorable crónica de los avatares de la finca de su familia que publicara en 1948, Ramiro Guerra cuenta cómo a los desastres que trajeron la guerra del 95 y la Reconcentración de Weyler sólo habían sobrevivido, además de la «tierra fecunda» (1974: 218), los «mudos testigos» que dan título al libro. La casa de vivienda había sido destruida por el fuego, sus portales y alcobas invadidos por la vegetación, un pavoroso silencio reinaba en el lugar. «Todo era desolación y ruina. Sólo los viejos árboles de las dos guardarrayas, las dos grandes ceibas, algunas palmas y otros árboles cercanos al batey, se erguían entre las malezas» (1974: 217). En esos cuantos árboles frutales sembrados allí desde principios del siglo XIX, Guerra veía cifrado un vínculo espiritual con los fundadores, que no era otro que la tradición del trabajo honrado, materializada en el buen árbol que cobija y fructifica. Al prologar la obra para la reedición de 1974, Manuel Moreno Fraginals señalaba: «De los antiguos árboles, de los mudos testigos, sólo queda uno en pie. Y desde su sombra puede verse en el paisaje verde una de las más modernas y bellas escuelas cubanas, terminada hace un año. Es el nuevo fruto de la tierra» (Guerra 1974: 12).

Hoy, es posible que ni ese único árbol sobreviva, y la escuela, seguramente una de las tantas ESBECs que se construyeron en los setenta con el sistema de «prefabricado», ha de ser casi una ruina. Como Alamar, esa espantosa ciudad que en las afueras de La Habana replica mediocremente la arquitectura de los países del Este, la cual constituye a su vez una degeneración del estilo funcionalista del Bauhaus. Como San Andrés de Caiguanabo, aquel Pueblo Nuevo construido en 1967, en plena Cordillera de Guaniguanico, a modo de avanzadilla del futuro comunista[1]. Pescaderías azules de los setenta, ya abandonadas, su estructura metálica convertida en chatarra, postas médicas construidas en

---

[1] «San Andrés proper is a town built from scratch, so new that its little park –painted pink and white, with concrete benches– has tree that do not yet give shape. Nobody could want to sit there during the blistering day, and nobody does. The park along the main street,

los ochenta, prácticamente inhabitables: la ruina nueva –la de los tiempos de la «construcción del socialismo»– no propicia ni siquiera la melancolía de las viejas ruinas, que a su modo documentan el esplendor de La Habana anterior a 1959. «En el momento en que se desintegra, el imperio soviético ofrece el carácter excepcional de haber sido una superpotencia sin haber encarnado una civilización», apunta François Furet (1995: 12). Y esto lo comprobamos en Cuba; el comunismo no deja nada positivo: ni principios, ni instituciones, ni edificios, ni monumentos[2].

Poco queda de esas construcciones socialistas que Moreno Fraginals pretendía nuevos frutos de la tierra, y esta, dañada y desaprovechada, da cada vez menos frutos. Podría enfrentarse esta sola evidencia –pensé entonces, al ver en lo que se había convertido el Mercado Único– al anticapitalismo radical de Santiago Alba, cuyo libro *La ciudad intangible* había sido publicado en Cuba por la Editorial de Ciencias Sociales. En su provocativo ensayo, el filósofo español sostiene la tesis de que el capitalismo implica una definitiva ruptura con el neolítico, entendido como la edad humana en que la fundamental diferencia entre cosas de comer y cosas de mirar se mantuvo. Ya no nos comemos una manzana como antes, dice Alba, reaccionando apocalípticamente a la globalización de supermercados y cadenas de *fast food*.

Pero frente la miseria de lo que fuera nuestro Mercado Único, y su penoso contraste con cualquier mercado de México o España, todo aquello parecía especulaciones metafísicas de filósofo extraviado. Por mucho que, virtualizando lo real y artificializando lo natural, el capitalismo haya degradado ese espacio de tradición al que Alba llama «mundo», las manzanas siguen existiendo; en Cuba, en cambio, son vendidas por el estado a un precio que las vuelve un lujo para el cubano de a pie. Y ni hablar de las uvas y las peras. Como los turrones de Gijona, los mazapanes, los higos, las almendras y tantas cosas más, forman parte de un mundo perdido, suerte de Atlántida sensorial que las últimas

---

the only street; much of San Andrés feels like a nineteenth-century town of the Wild West. It is, in fact, a frontier of the Cuban dream» (Sutherland 1969: 29).

[2] A propósito, apunta Hugh Thomas: «Indudablemente, la corrupción y la frivolidad eran las características de la vieja Cuba, pero es una tontería condenar tan duramente las manifestaciones de la segunda como las de la primera; el castillo estilo Selva Negra perteneciente a los Abreu, situado en medio de los cañaverales de Matanzas, puede escandalizar a los puritanos, pero su aire absurdo también es un encanto. Estas locuras pueden condenar a las clases sociales que las construyen, pero a pesar de todo sobreviven para deleite incluso de aquellos que van a parar allí con una intención más seria» (1982: 334).

generaciones de cubanos de la isla sólo conocen por los relatos nostálgicos de sus padres y abuelos.

Santiago Alba cree que el hecho de haberse liberado de la devastadora «rueda del mercado, con su agresión icónica y su agresión lumínica», ha salvado a Cuba de la miseria no sólo espiritual sino también material que caracteriza al capitalismo tardío. Quien ha vivido en Cuba experimenta que la clausura del mercado es una verdadera catástrofe, no sólo porque implica una traumática ruptura con la tradición sino también porque determina una rigurosa contracción del mundo. El mundo de los cubanos de la isla es efectivamente más pobre que el de un mexicano o un español, pues de su horizonte real han desaparecido las peras y las uvas. Y ha desaparecido también ese espacio mínimo de libertad que sólo la democracia liberal ha sido históricamente capaz de garantizar. Si el mercado, como afirma Alba, destruye la «idea misma de un colectivo en el tiempo» y de un «colectivo en el espacio» –idea que, en última instancia, no es otra cosa que la *Gemeinschaft* que desde los tiempos de Tönnies, Chesterton y Pound centra la nostalgia reaccionaria de quienes consideran no ya injusto sino esencialmente inauténtico al mundo capitalista–, su defunción implica la muerte de la sociedad, en tanto espacio abierto e individualista, determinado por una «lógica de la participación» y no por una «lógica de la pertenencia», para decirlo en los términos de Fernando Savater.

Alba afirma que «existe una relación orgánica entre la fealdad cultural del capitalismo (el deslumbramiento por lo nuevo, el entusiasmo por el cachivache, el uniforme de la distinción) y su destructiva inmoralidad material; y, al contrario, entre la alegría austera de la sociedad cubana y su superioridad ética y democrática» (2005: en línea). Podríamos replicar, por nuestra parte, señalando una relación orgánica entre la decadencia del Mercado Único y la absoluta falta de libertades fundamentales de quienes allí compran; entre la ineficiencia económica del régimen de La Habana y el kitsch de las consignas revolucionarias; entre la mala calidad de los plátanos y los discursos de cinco horas de Fidel Castro. La cartilla de racionamiento, esa en la que Fernández Liria, otro de los colaboradores de *Cuba. Informe 2005*, ve la cifra del triunfo de Cuba como único baluarte de la Ilustración en el mundo de hoy, refleja justo lo contrario: una miseria que va más allá de la escasez material, alcanzando todos los estratos de una vida profundamente dañada. *Esto*, esta pobreza tan distinta de la que conocieron los abuelos, es la consecuencia de *aquellos* delirios agropecuarios; la desaparición de las frutas, de aquellos discursos kilométricos; la propia chusmería, de aquella «rebelión de las masas» que en nombre de la Revolución arrasó con la educación formal «burguesa».

Hoy (febrero de 2014) me entero, por un artículo de *Cubanet*, que el Mercado Único ha cerrado, pues pronto comenzará a ser restaurado por la Oficina del Historiador de la Ciudad. He aquí el punto final de una decadencia que comenzó en 1961, con la nacionalización. Escribía Lezama, en diciembre de 1959:

> Si tapásemos todos los espejos, por donde transita la muerte, las frutas de nuestro trópico, al volver a los comienzos, alcanzarían la plenitud de su diálogo en ese tiempo mitológico. Son un eco, no descifrable, de la dicha total interpretada. Preludian el árbol que acoge la transparencia del ángel, las conversaciones del *hylam-hylam* con el colibrí. (1981: 136)

Desde esta perspectiva, la desaparición de las frutas durante el castrismo no puede ser comprendida sino como la desaparición de todo un país. A diferencia de los escritores y letrados republicanos, donde la señalada decadencia era sobre todo moral («Seamos hoy como fuimos ayer», *La decadencia cubana*, por pensar sólo en Ortiz), en el «período especial» se da cuenta de una decadencia eminentemente física, anterior a todo deterioro moral. En la nostalgia, se ha producido una inversión de aquel progreso de lo físico a lo espiritual que Vitier rastreara en *Lo cubano en la poesía*. Ni Casal ni Heredia, sino Zequeira y Rubalcaba: la patria perdida se nos aparece sobre todo en su dimensión física. Los mangos ¡ay! los mangos deliciosos...

En su largo exilio en el odiado Miami, Lydia Cabrera se entregaba, como Proust, a la recuperación del tiempo pasado. «Desenterrar el pasado de las cenizas del olvido, revivirlo por momentos con intensa ilusión de realidad presente [...] ha sido mi consuelo y mi entretenimiento en la última etapa de este monótono camino, que de día, por un paisaje árido –un desierto de cemento– me va llevando a la muerte definitiva», escribe en sus espléndidos *Itinerarios del insomnio* (1977: 4), donde rememora sus viajes a Trinidad, esa curiosa ciudad colonial donde el tiempo se había quedado como detenido y privaba la amabilidad de las antiguas costumbres, la gracia de cuentos y pregones de otra época. Cuando triunfó la revolución de 1959, Lydia pensaba retirarse a Trinidad, donde había comprado una pequeña casa. Hoy esa casa es propiedad del estado, y por donde estuvo la espléndida quinta San José pasa una carretera. Para ella –«El pequeño paraíso, ahora nos damos cuenta que de veras fue Cuba», dice nostálgica, y no sin exageración– el recuerdo era un consuelo; es para nosotros, los que no conocimos ese país, que la memoria es realmente inconsolable.

Indagación de la chusmería

Al fondo, una multitud combativa. En primer plano, cuatro mujeres que también gesticulan y vociferan. Qué no podemos saber, pero lo suponemos: gritan consignas revolucionarias e insultos de todo tipo. Esta foto de EFE capta insuperablemente cierto estilo, una manera de expresión que identificamos como característica de la Cuba de las últimas décadas. Como si, tras campear a sus anchas en los años críticos del «período especial», triunfando en las canciones apolíticas de NG la Banda y la Charanga Habanera, la chusmería regresara a su origen revolucionario. «Bollo pelúo pa' Fidel», coreaba Belascoaín abajo una marcha de mujeres en 1959, y podríamos pensar que aquellas son

estas, intercambiarlas. Marcha revolucionaria y acto de repudio entregan, ciertamente, una clave fundamental del régimen castrista. Las calles eran, son, de los revolucionarios, y fue ahí, en territorio libre de formalidades «burguesas», donde cundió eso que conocemos como chusmería.

Tradicionalmente la cifra del carácter nacional había sido puesta en el choteo. «Es la desgracia criolla» (1987: 8), afirmaba Ortiz en 1907, definiéndolo como la tendencia a considerar como «boberías» los altos ideales que en otras tierras inspiran a los hombres a luchar y esforzarse. «Esta propensión a chotearse de todo, ha relajado los vínculos del respeto mutuo entre los ciudadanos y borrado las líneas de separación que en todos los países existen entre las diversas jerarquías sociales», señalaba por su parte Mario Guiral Moreno en 1914. Para este el choteo era, como para Ortiz, «una cualidad innata de nuestro pueblo» (1914: 123), pero su crítica a la tendencia niveladora del fenómeno transparentaba la repugnancia de los hombres de *Cuba Contemporánea* hacia el gobierno del general José Miguel Gómez, al que acusaban de haber aupado a las clases inferiores del país, sobre todo a los negros[1].

Con relación a Ortiz y a Guiral Moreno, la novedad de la *Indagación* de Mañach no consiste tanto en reconocerle al choteo un lado positivo (eso estaba ya en el *Manual del perfecto fulanista* de José Antonio Ramos), como en atribuirlo a factores históricos o coyunturales antes que a los naturales o hereditarios. Para Mañach, el choteo corresponde al período de «improvisación nacional», esas dos primeras décadas de vida independiente donde los ideales patrióticos naufragaron en el caciquismo, el peculado y la politiquería. Más que una cualidad innata del pueblo cubano, el choteo sería un fenómeno transitorio, y Mañach predice su mengua «con el advenimiento gradual de nuestra madurez, con la alteración paulatina de nuestro clima social» (1999: 81). A la altura de 1928, este reconocimiento refleja desde luego el optimismo

---

[1] «Hemos tenido gobiernos representativos de las capas más bajas de la sociedad, en absurdos encumbramientos de esos elementos». Contra José Miguel Gómez, José Sixto de Sola, otro de los directores de *Cuba Contemporánea*, reivindicaba el gobierno de Estrada Palma: «Durante esos cuatro años Cuba progresó en todos los órdenes de la actividad humana y en el camino de la civilización de manera maravillosa; pero ese gobierno estaba constituido por las clases superiores de Cuba, por los intelectuales, por las personas de arraigo y cultura. En aquella clase de república los bajos fondos seguían agitándose, pero conservando su lugar natural; la anarquía, es decir, el desgobierno de la muchedumbre ignara por medio de sus elementos más representativos, no llegaba; aquella "soberanía del pueblo" se ejercitaba por medio de los mejores, no era la soberanía de los andrajosos, de los insolventes» (*Cuba Contemporánea*, diciembre de 1913: 291).

de aquella generación que había tenido en la Protesta de los Trece su bautismo de fuego: «El choteo como libertinaje mental está a la defensiva».

A sólo días de la caída de Machado, desde la radio Mañach se ufanaba: «liquidamos una fase de improvisación» (1933: 600). En 1955, cuando reedita la *Indagación*, señala en una nota que «el proceso revolucionario del 30 al 40, tan tenso, tan angustioso, tan cruento a veces, llegó a dramatizar al cubano, al extremo de llevarlo en ocasiones a excesos trágicos. Ya el choteo no es, ni con mucho, el fenómeno casi ubicuo que fue antaño. Ya la trompetilla apenas se escucha» (1991: 83). Era justo suponer, entonces, que desaparecería del todo con la revolución del 59, por cuanto la misma encarnaba esos grandes ideales que el choteo criollo rebajaba sistemáticamente. Y así lo confirmaba el propio Mañach, cuando en su artículo «La revitalización de la fe en Cuba» (1959), apuntaba: «Nos hablamos con no sé qué entrañable efusión, que no es ya la superficial efervescencia del embullo criollo; con una alegría que en nada se parece a las expresiones relajadas del choteo. Damos la sensación de que por fin hemos tomado en serio todo lo que antaño nos parecía solemne extravagancia».

En este punto fundamental, el irreverente Piñera coincidía con el atildado doctor Mañach; «Piñera teatral», originalmente publicado en *Lunes de Revolución*, es, posiblemente, el documento más conocido de esa crisis general del choteo que provocó la Revolución de 1959. El cubano era cómico y trágico a la vez, pero la Revolución bien podía cambiar ese carácter, toda vez que «esa broma perpetua no es otra cosa que evasión ante una realidad, ante una circunstancia que no se puede afrontar. Frente a una frustración […] por más de cincuenta años nos hemos defendido con el chiste. Si no podíamos enfrentarnos con los expoliadores del patrimonio nacional, al menos los ridiculizábamos. […] Esta resistencia hizo que Fidel Castro encontrara intacto a su pueblo para la gran empresa de la Revolución» (Piñera 1960: 10). Si la realidad no era ya insoportable, no había por qué evadirla; chotearla carecía de sentido[2].

---

[2] En el periódico *Revolución* abundan las versiones de la misma idea. Semanas atrás de la publicación del artículo de Piñera y a raíz de una relectura de *La crisis de la alta cultura en Cuba*, Fausto Masó había reprochado al propio Mañach el «dar como característica principal del cubano el no tomar nada en serio». Según el joven periodista, ahí había error: el cubano no respetaba porque «no había nada digno de respeto», de modo que el choteo, en vez de negativo, resultaba positivo. Eso no estaba tan lejos de lo que había planteado el propio Mañach en 1928, pero en medio de la confusión generalizada de los nuevos tiempos, los disparates pasaban desapercibidos. Masó esgrime la memoria de la revolución del 30 y, desde luego, la evidencia de la revolución del 59, contra aquellos intelectuales que, como Mañach, «nunca creyeron en la capacidad del pueblo cubano» (Masó 1959: 10).

En respuesta a las burlas al doctor Castro por parte de la prensa independiente, escribía Jaime Sarusky: «Desde que la Revolución está en el poder, ya los chistes no son como antes. En otras épocas, el humor iba de abajo hacia arriba. La agudeza del cubano humilde "que se estaba comiendo un cable y que tenía que inventar para comer" fluía espontáneamente, francamente [...] Ahora los chistes salen desde temprano de los bares con aire acondicionado de los clubes elegantes. Y en cada barrio chic se chismea, se balbucea, se pierde el tiempo. Ahora los chistes nacen, se repiten y divulgan a partir de los barrios elegantes. Ahora la contrarrevolución se ha vuelto chistosa» (Sarusky 1960: 2). La idea era clara: el choteo había pasado del pueblo a sus enemigos; contar chistes no era ya una forma de resistencia, sino desperdiciar tiempo y energías que debían dedicarse exclusivamente a las ingentes empresas de la revolución. Si en un editorial de 1947 *Carteles* había denunciado «la sistematización del choteo» en la esfera oficial, ahora *Revolución* denunciaba lo contrario: en las antípodas de la esfera gubernamental, el choteo se aburguesaba.

Y es justo entonces, cuando el choteo tradicional se va retirando de la escena histórica, que vemos emerger a la chusmería, inseparable del populismo revolucionario. Carlos Franqui recuerda un discurso de Castro conocido como el de los 143 coños: «Fidel, para calentarse, para entrar en calor y ponerse bravo, en los grandes mítines, se apartaba del micrófono, y virando la cara decía bajito: carajo, coño. Hablaba. Se paraba. Cambiaba micrófonos. Se apartaba y una vez y más rápido: carajo, coño, carajo. Los decía bajito, pero el sensible micrófono los captaba» (1981: 405). Esas palabras obscenas, inconcebibles en el discurso de un político tradicional, eran, desde luego, parte de su *performance*: irrespetando deliberadamente las formas, Castro decía «coño», pero lo que significaba, lo que a su exaltada audiencia quería decir era: «soy uno de ustedes».

Entre tantas consignas de la época, recordemos aquellas donde la alineación cubana con los países socialistas, absolutamente imprevisible unos años atrás, era celebrada en estilo de barrio: «Pim, pam, pum / Mao Tse-tung». Primero, «Fidel, Khruschov / Estamos con los dos»; luego: «Nikita, mariquita / lo que se da no se quita». Y otra muy significativa, que acompañó en 1961 la creación de las Organizaciones Revolucionarias Integradas: «La ORI, la ORI / la ORI es la candela / No le diga ORI / dígale candela». Basta comparar esta conguita con el lema del Partido Auténtico para apreciar el cambio: «La cubanidad es amor» resulta fácilmente choteable –*Papaíto Mayarí*, la novela de Miguel de Marcos, abunda en ejemplos de ello. De «La cubanidad es amor» a «La ORI es la candela» hemos pasado del orden del choteo al orden de la chusmería. La diferencia no es meramente cuantitativa sino cualitativa; la chusmería no sería un grado del choteo, una exacerbación del mismo, sino más bien otra cosa, algo fundamentalmente nuevo.

Como si se tratara de dos especies: una «republicana»; la otra «revolucionaria». Producto de los tiempos de generales y doctores, los «bombines de mármol» que decía García Vega, el choteo es parte de una economía social que incluye el registro elevado así como su rebajamiento. A la solemnidad de los discursos senatoriales, la formalidad de los elogios académicos, la pompa de los homenajes martianos, correspondía la trompetilla, esa otra costumbre republicana que también fue trastocada por la revolución de 1959. Quintaesencia del choteo, la trompetilla es negativa, reactiva, se dirige siempre contra algo; la chusmería, en cambio, es más bien positiva: una cierta afirmación: «¡Somos socialistas pa'lante y pa'lante, y al que no le guste que tome purgante!»; «¡Pa' lo que sea Fidel, pa' lo que sea!». La chusmería carece de objeto: no es transitiva, sino intransitiva. Antes que acción, es modo, manera. La chusmería no intenta rebajar nada, ella *es* cuando todo ha sido rebajado –todo menos una cosa: la Revolución.

Ese doble movimiento, por un lado antijerárquico, liberador, por el otro imperativo, autoritario, se encuentra en muchas estampas de aquellos primeros años. En su reportaje *Cuba: ZDA*, Lisandro Otero anotaba, por ejemplo: «Las puertas del Rector Nicola nunca se cierran. La corriente de estudiantes fluye a través de ellas. Las barreras se han alzado comunicando estratos. En toda Cuba se han abierto las puertas. La resultante, como puede verse en este tubo de ensayos de la Universidad de Oriente, es un estruendo de energías. (100) Pero he aquí que mientras se subvierten todas las jerarquías, se constituye una sola autoridad; ese mismo rector entrevistado por el reportero de *Revolución* afirma, categórico: «Si la autonomía universitaria choca con la Revolución habrá que limitar la autonomía o dejaré de ser rector» (1960: 99).

La apertura de las puertas, el levantamiento de las barreras, son inseparables de la entronización de Ella, la Diosa Revolución, como alfa y omega de todas las cosas. La Revolución se situaba, claramente, más allá de toda legalidad, en tanto no constituía ya una representación del pueblo sino una manifestación directa del mismo. Si la República, que tenía constitución y estatua, era sobre todo forma, la Revolución era puro contenido, como un río de lava para el que no existía límite, continente alguno. Las puertas se habían abierto, las de los colegios privados, las de los clubes exclusivos, las de las lujosas residencias de Cubanacán abandonadas por sus dueños, las de todas las casas del país: hasta allí llegaba ahora, literal y figuradamente, el pueblo.

Si el choteo, aun cuando expresaba esa tendencia a la familiaridad que los psicológicos sociales habían señalado tradicionalmente en el carácter cubano, no superaba la diferencia entre élite y masas, la chusmería refleja la «rebelión de las masas» que siguió a la revolución de 1959, cuando los estratos sociales que antes estaban más o menos separados se mezclaron en esa «nueva escuela» que sería «cuna de nueva raza». La nivelación a la que, según los letrados republicanos, tendía espontáneamente el choteo fue decretada por un gobierno decidido a desplazar, y en última instancia a eliminar, la frontera entre la cultura de élite y la cultura popular.

Aquí, desde luego, un señalado antecedente es la Revolución Francesa. Ante la acusación de estar manipulando al pueblo, Robespierre respondió: «Je suis peuple moi-même». ¿Cómo podía estar engañando al pueblo, si él mismo era pueblo? La falta del artículo marca una diferencia importante: en la frase de Robespierre, «pueblo» no es un nombre, sino un atributo; el origen plebeyo se convertía, en el nuevo contexto revolucionario, en un valor. Si *ser el pueblo*, encarnar a ese multitudinario soberano que representó David en su célebre pintura del Juramento del Juego de Pelota es el deseo de la nueva política democrática, *ser pueblo* alienta los nuevos usos que la Revolución impone. Se sabe que la mayoría de los que tomaron la Bastilla usaban pantalones, y el término «sans-culottes» será reivindicado por ese sector más radical del tercer estado, frente al estilo ostentoso y decadente de la nobleza. «Les girondins son les gents comme il faut; nous sommes les sans-culottes et la canaille», dijo el propio Robespierre.

«Viva el harapo señor, y la mesa sin mantel». Cuando el gobierno quiere hacerse uno con las masas, expresándose mediante la palabra maximalista de las Declaraciones de La Habana, produce necesariamente chusmería, esa otra faceta del mismo «pueblo de Cuba» que las firmaba. La conversión del «doctor Castro» en «Fidel» refleja justamente esa correlación: Fidel es la voz del pueblo, es el pueblo, y a la vez es pueblo; no ya un doctor como los políticos republicanos, sino alguien cercano, a quien se llama por su nombre de pila. Y si el Comandante en Jefe es Fidel, no hay ya jerarquías que valgan: nadie será doctor, todos somos «dotores». Mientras en asambleas y reuniones interminables el lenguaje hablado adquiere una cierta retórica, entre burocrática y parlamentaria, se va imponiendo una familiaridad sin límites: todos compañeros, todos compadres, todos aseres.

A propósito de la «declaración del carácter socialista de la Revolución», recuerda Arenas en su autobiografía: «aquello, poco a poco se fue convirtiendo en una especie de conga, en un carnaval grotesco donde todos, mientras movían las nalgas, hacían los gestos más eróticos y groseros» (2006b: 83). La estampa es, ciertamente, caricaturesca, mas no del todo falsa; en estos años cruciales, van siempre juntas Grandilocuencia y Vulgaridad, como Auxilio y Socorro, o mejor, Cobra y Pup. «La ORI es la candela» sería el complemento necesario de la Segunda Declaración de la Habana («porque esta gran humanidad ha dicho basta, y ha echado a andar...»). Ser pueblo, el único modo posible allí donde el pueblo mismo está en el poder: «Gusanito, no saques los pies, que te coge el comité». Fuera de las organizaciones de masas, sólo quedaba el espacio fantasmal de los burgueses: la «señora de Lot» del poema de Benedetti, que ve «cómo la sexta mansión de su estirpe es invadida por becarias radiantes por negritas» (1974: 78); el neurasténico Malabre, quien observa que ahora «todas las mujeres parecen criadas y todos los hombres obreros» (Desnoes 2003: 12)[3].

---

[3] La Revolución del 59 volvió obsoleto el traje de caballero, así como la Revolución del 30 había pasado de moda el sombrero de pajilla. Es justo entonces, cuando Mañach señalaba un cierto declive del choteo, que podría encontrarse, por cierto, un antecedente histórico de la chusmería. «La locura anarco-comunista duró cinco meses», recuerda el periodista italiano Aldo Baroni en su libro *Cuba, país de poca memoria*, que define el gobierno de los «cien días» como «Una vergonzosa conga de excesos y raterías en que el Capitolio se vio obligado a calzar alpargatas y a desgarrarse en lúbricas contorsiones los últimos jirones de su toga deshecha». Ciento cincuenta de los acólitos de Grau «vivían materialmente en el Capitolio, transformando los salones en dormitorios, los divanes en camas y las mesas bellamente talladas en pesebres» (1944: 124). Al tiempo, lo saqueaban todo, hasta que el improvisado experimento terminó con el famoso «¡Kin Kón / que se vaya Ramón!». La Revolución aparece, en esta percepción clásicamente conservadora, como rebajamiento, desmadre y caos, una grotesca profanación de los símbolos de la institución republicana. En 1959, el Capitolio no fue saqueado; peor aun, fue desconocido. La sede de la legislatura se había movido a otro lugar, que no era un lugar porque pretendía ser todo: el pueblo mismo. A fines de 1960, en sus jardines se celebró una «Feria de la Vaca» que comprendía «cientos de pabellones artísticamente decorados, tómbolas, quioscos, exhibiciones fotográficas murales». «Nacida en el discurso de Fidel Castro a los responsables de las cooperativas cañeras, la Operación Vaca se tradujo en una movilización popular más. La iniciativa, ejercida libremente al comienzo por grupos de ciudadanos entusiastas en los barrios de la capital, culminará en la Feria de la Vaca, fiesta de grandes proporciones que tendrá como escenario los jardines del Capitolio Nacional entre el 22 de octubre y el 6 de noviembre. Lo que ayer fuera ámbito de privilegiados y politicastros, confabulados contra los intereses nacionales, vibra hoy de actividad cívica, encaminada a dotar a todas las cooperativas campesinas de la indispensable dieta láctea. [...] Un gigantesco avión Il-18, a 32 metros de altura, ofrecerá capacidad para 600 parejas de baile, mesas y orquestas típicas. Los festejos concluirán con la elección de la Reina de las Cooperativas Cañeras» (*Bohemia*, 23 de octubre de 1960). Como una anciana inútil a la que se encomiendan labores de poca monta, el Capitolio quedó para museo. Pero no museo de la República, sino de una historia ajena a

Pero no es tanto la pérdida de la distinción, esa uniformización que se reflejaba no sólo en el vestir sino también en el habla cotidiana, lo que irrita a Malabre, cuanto la imprevisión que advierte a su alrededor, esa ligereza que desde siempre los psicólogos sociales habían señalado en el carácter cubano. Aquella advertencia fundamental de Ortega y Gasset sobre la falta de memoria de las masas planea todo el tiempo sobre las reflexiones del protagonista de la noveleta de Desnoes. Para él, el subdesarrollo no es una consecuencia del pernicioso influjo norteamericano, como creen los revolucionarios, sino más bien de la congénita incapacidad de los cubanos para acumular experiencia. En las antípodas de los memoriosos y, por tanto, melancólicos europeos, «el cubano se olvida fácilmente del pasado; vive demasiado en el presente» (Desnoes 2003: 23), y es justo ese rasgo el que se agudizaría con la rebelión de las masas tan agudamente radiografiada en la obra de Desnoes: Elena, que en palabras de Malabre es «pura alteración, como diría Ortega», representa evidentemente al «hombre-masa».

Fueron, acaso, los escritores de la generación de *Mariel* quienes mejor captaron esta faceta de la Revolución. La descripción del carnaval del 70 que hace Arenas en *Antes que anochezca* ilustra muy bien la falta de memoria de las masas: bastó el expendio gratuito de cerveza para olvidar estrepitosos fracasos y promesas incumplidas. Ya en un cuento como «La vieja Rosa» (1966), la revolución es percibida como triunfo de la «chusmería»; en su largo monólogo la protagonista, una autoritaria mujer de origen humilde que a base de esfuerzo, astucia y falta de escrúpulos ha llegado a poseer tierras, usa la palabra tras descubrir en la reunión donde anuncian la intervención de las fincas de más de cinco caballerías, «encaramados en la tribuna [...] las hijas de los Pupos, las putas, y toda la ripiera del barrio» (2006a: 66). Las hijas de los Pupos, aquellas mismas que, en «Comienza el desfile» (1964), habían dado al protagonista la noticia del triunfo de los rebeldes.

---

las leyes y las constituciones: la de la naturaleza. Sus amplios salones acogieron fósiles de todo tipo, esqueletos de dinosaurios y pingüinos disecados. Por sus escaleras corríamos, de niños, en la cola para entrar al planetario, dando vueltas en torno a los conjuntos escultóricos de la entrada, sin reparar nunca en su simbología ni en su historia, sobre la que nada decían los libros de texto de Historia de Cuba. Años atrás, en 1976, en los jardines se habían exhibido camiones, tractores y hasta una reproducción de un sputnik, en la exposición «Logros de la ciencia y la técnica soviética». Todo ello equivalía al olvido de un hecho crucial: el majestuoso edificio había sido sede del Senado y de la Cámara de Representantes; había habido un Senado, había habido una Cámara.

También Carlos Victoria captó con agudeza el ascenso de las masas revolucionarias, la aparente inevitabilidad de ese evento que recordaba cataclismos naturales. En *La ruta del mago*, Abel, el protagonista de la novela, se encuentra, por casualidad, en el banco de un parque con dos amigos suyos que atraviesan momentos críticos en sus respectivas vidas privadas. Entonces,

> Unas voces, una algarabía retumbaban cada vez más cercanas, como si estuvieran a punto de irrumpir en el parque. En pocos minutos apareció el tumulto, con banderas, carteles, gritando consignas, vivas y abajos, pidiendo muerte para los enemigos, entonando estribillos, desgañitándose, chiflando, agitando las manos y los brazos. Hombres, mujeres, niños, copaban las aceras, marchaban apiñados, hombro con hombro, sin siquiera mirar al banco donde Arturo, Sofía, Abel y David se habían quedado inmóviles como la estatua, el farol, los arbustos. Los que pasaban portaban la alegría, alteraban el ritmo; mientras que los que estaban sentados en el banco venían a ser lo mismo que el paisaje, sin otra alternativa que dejarse invadir. (Victoria 1997: 111)

La Revolución es un torbellino, una ola de ruido y furia que todo lo arrastra. Su fuerza, en este momento primigenio, no radica tanto en los cuerpos represivos que se volverán omnipresentes en la narrativa de los setenta (CDR, PNR, DSE), como en esos cuerpos que marchan «hombro con hombro», la avasalladora multitud que invade el espacio público, desplazando todos los conflictos privados por un único antagonismo: el que enfrenta el pueblo a sus enemigos. En esta fase de espontaneidad, anterior a la institucionalización de la década siguiente, esa frontera fundamental entre la polis revolucionaria y la nueva barbarie conformada por los «gusanos» se establece no mediante documentos formales, escritos, sino de manera eminentemente oral, a toda voz. Es a ese ruido ensordecedor, el «estruendo de energías» que celebraba Lisandro Otero en su reportaje de *Revolución*, a lo que Carlos Victoria llama, justamente, «bullanga».

Y resulta significativo que esta turba revolucionaria al final de *La ruta del mago* esté encabezada por la mulata Leonor, una mujer casada que ha desvirgado al protagonista adolescente en una de las escenas del comienzo de la novela. «Al frente de la multitud una mujer de nalgas y senos prominentes cantaba a toda voz el himno nacional; su uniforme viril de miliciana resaltaba su espléndida figura» (Victoria 1997: 111). Como la Elena de Desnoes, la bella Leonor es representativa del hombre-masa, de esa marcha revolucionaria donde conga y consigna fueron inseparables. Aun cuando estas mujeres atractivas pero nada sofisticadas poco tienen que ver con la arquetípica *femme fatal*, ellas personifican de algún modo la fatalidad del evento revolucionario, esa fuerza a la que ninguna razón podía oponerse; justamente su simplicidad, su inconsciencia, su imprevisión, las convierten en el vehículo por excelencia de la rebelión de las masas.

Ciertamente, son las mujeres las que mejor encarnan esta faceta de la época que empezó con el año 59. Si al comienzo del desfile estuvieron las hijas de los Pupos dando la buena nueva al adolescente protagonista del relato de Arenas, o esa mujer que, en la crónica de Piñera, «gritaba como poseída: "Yo hago lo que me sale del …", y lucía tan majestuosa e imponente como Isabel I mandando a decapitar al Conde de Essex» (1959a: 36), al final están las dos muchachas del tercer cuadro de *Utopía*, que en medio de una sesión de manicure llegan a las manos por causa de una discrepancia sobre la autoría de *La Traviata*. Magistral sátira de los programas educativos de los tiempos de la «Batalla de ideas» (2000-2005), este cortometraje de Arturo Infante viene a renovar la crítica de la Revolución como paradójico regreso a la barbarie, una crítica tan antigua como el propio anticastrismo[4]. A pesar de la naturaleza elevada del tema en discusión, no hay modo incruento de resolver el conflicto, y la violencia sobreviene inevitablemente. Es lo que priva cuando el espacio de la política, que es el del diálogo civilizado, ha sido clausurado por el monólogo revolucionario: «pin, pon, fuera / abajo la gusanera».

Mas no aparecen ya en los hilarantes cuadros de *Utopía* aquellas consignas de los primeros tiempos, hoy olvidadas, desconocidas por las jóvenes generaciones. Yoyanka podría ser hija de Elena o de Leonor, pero su tiempo es el «período especial», esa fase terminal de la era revolucionaria donde el fuego de

---

[4] «Política, económica y culturalmente, el regreso a la barbarie marca indeleblemente el paso de Fidel Castro y sus hordas por Cuba durante estos últimos lamentables cinco años. […] Es como si tras un enorme terremoto todo siguiera más o menos en ruinas, pero sin que nadie sepa, a ciencia cierta, qué debe hacerse. Porque reina tal desconcierto, es tan intensa la miseria material (no hablamos de la miseria moral), que el país ha caído en un marasmo como jamás había conocido otro en su historia. Desde su fatal advenimiento al poder, el régimen comunista de Castro no ha hecho otra cosa que ensayar, tantear, sobre todo *improvisar*. He aquí la palabra justa, adecuada. Ninguna otra podría describir mejor lo que sucede en Cuba desde 1958. Y si no, véase el enorme fracaso de la llamada «Reforma Agraria», como asimismo de las otras «reformas», industrial, educacional, etc. Y es porque todo eso ha sido a base de *inventar una realidad irrealizable*. Pues para promover el adelanto en todos los órdenes no era necesario retroceder cien años; bastaba con reencauzar el impulso que el país, en todos respectos, había adquirido hasta el momento» (Piñera 1965: 23).

los primeros años se ha apagado del todo. Extintos aquellos valores socialistas que reemplazaron a la educación formal burguesa, pareciera que sólo queda en Cuba la chusmería, libre de todo contenido revolucionario, como único legado de la revolución de 1959, su resto grotesco. Consumada la *tabula rasa*, el cubano no aparece ya como un ser ligero, vicioso o debilitado, sino más bien como el paradójico engendro de un sueño de la razón, como un monstruo. Pero no el rebelde Calibán, sino Pup: «No es más que tu desperdicio, tu residuo grosero, lo que de ti se desprende informe […] tu excremento» (Sarduy 1981: 115).

Spleen y Revolución

Como tantas veces se ha señalado desde aquel homenaje organizado por Francisco Morán en 1993, Julián del Casal es una de las principales referencias de la sensibilidad que emerge en la isla tras la caída del muro de Berlín. «Fue el primero entre nosotros en levantar interiores a su aire. Debió haber aprendido que cuatro paredes podían ser extensión del poema, que dentro del poema podía vivirse», apuntaba Ponte en su ensayo «Casal contemporáneo» (2002: 35). Y añadía una posibilidad, confirmación más bien, que era todo un manifiesto generacional: «Casal puede retornar para nosotros» (2002: 41). Dos décadas después, el poeta de los «vagos dolores en los músculos» y las «hondas tristezas en el alma» sigue igual de contemporáneo. Más que su poesía, las crónicas de Casal poseen una insólita actualidad –la crónica es justo el género que, en parte gracias al *boom* de los blogs, mejor ha evidenciado en los últimos años el *spleen* de la Cuba poscomunista.

Esas crónicas de *La Habana Elegante* y *La discusión* son, sobre todo, testimonios de la miseria de la provincia. La consciencia de la marginalidad del propio país, típicamente modernista, irrumpe en ellas a cada paso, acentuada por la situación colonial de Cuba. En cierto sentido, el despotismo político se reflejaba en la insularidad; la historia oprobiosa en una naturaleza que al poeta no provocaba más que hastío. Si Heredia, en los umbrales del siglo, había contrastado «las bellezas del físico mundo» y «los horrores del mundo moral», Casal ve más bien analogía entre ambas esferas. La provincia (Cuba se convierte en provincia española en 1880) es calor, monotonía y fatalidad. Casal la representa en sus crónicas como un infierno. En un artículo publicado en *La discusión* el 15 de enero de 1890, escribía:

> Las noches habaneras, ya sean cortas, ya sean largas, según el estado de nuestro ánimo [...] son siempre insoportables. No hay una distinta de otra. Ningún

acontecimiento viene a turbar alegremente la monotonía de las horas nocturnas [...] Siempre vemos el mismo cielo, tachonado de los mismos astros; aspiramos el mismo ambiente, impregnado de los mismos olores; recorremos las mismas calles, alumbradas por los mismos mecheros de gas; penetramos en los mismos cafés, invadidos por las mismas gentes, acudimos a los mismos teatros, ocupados por los mismos actores; y cenamos en los mismos gabinetes, en compañía de los mismos amigos. Vivimos condenados a girar perpetuamente, en el mismo círculo, sin poder escaparnos de él. (Casal 1963: 117)

La imposibilidad de escapar: gran tema casaliano que recorre la literatura cubana del novecientos. Cambia el alumbrado público del gas a la electricidad y de ahí a los apagones de los noventa, pero al parecer no esa condena, «insoportable circunstancia» elevada a la categoría de Fatalidad. Significativamente, el viaje a París –ese viaje ritual a «la capital del arte» que identifica a los escritores modernistas– no fue consumado por el autor de *Nieve*. Él llegó sólo hasta España, esa Europa atrasada y bárbara, a medio camino entre la «infortunada Cuba» y la «magnífica Francia». Tuvo que soportar la burla cruel del *César de Guanabacoa*, que proponía hacer una colecta pública para costear a Casal su viaje a París, su patria verdadera.

¿No hay ahí, en ese viaje incompleto, una especie de maldición, una que, en su dimensión nacional, pretendió conjurar la Revolución? A partir de 1959 el viaje a Europa no era ya necesario, había perdido su razón de ser. Pues lo que buscaban no sólo los viajeros modernistas sino sus antecesores ilustrados y sus sucesores vanguardistas –la universalidad–, habíase realizado en casa. Como si aquel propósito de adelantar los relojes que en los años veinte animara a los jóvenes de la *revista de avance* se hubiera cumplido de súbito: los cubanos eran contemporáneos de todos los hombres; Cuba, convertida en la «vanguardia de la humanidad» (Simone de Beauvoir *dixit*), era ahora el destino del viaje.

Es así que en cierto sentido La Habana, a lo largo de los sesenta, fue para muchos escritores latinoamericanos lo que para los de las generaciones anteriores había sido París. Incluso los parisinos –de adopción como Julio Cortázar o naturales como Régis Debray– tenían que viajar a la isla. En su prólogo a un par de relatos de Debray, escribe David Viñas:

Debray, yendo a Bolivia, resulta complementario de Cortázar en su viaje a París. [...] El francés –desbordando la frontera de la compacta y mutiladora cultura metropolitana– sale en busca de una encarnación, de su cuerpo; el argentino va persiguiendo una dimensión cultural que siente que le falta en su ciudad periférica.

Pero a los dos, muy significativamente, los conocí en la Habana. En enero, eran los comienzos de 1967. (Debray 1968: 8)

Debray representa, ciertamente, uno de los extremos del viaje a Cuba; el momento en que la búsqueda de lo Real se convierte en una militancia completa: ya no se visita el país de la Revolución, se vive la aventura de la revolución; Cuba no sería ya destino sino origen de otro viaje: liberada la isla, había que hacer la revolución en otras tierras. Para Cortázar el viaje a «un país de cronopios» era otra cosa, una vuelta a una América Latina distinta de aquella que, en tiempos del peronismo, él había dejado atrás; ahora el continente parecía a punto de arder, gracias a ese foco encendido llamado Cuba. Era en La Habana, no en París, donde Cortázar y Debray podían encontrarse, porque era allí donde las abstracciones de la cultura y la filosofía se encarnaban, y parecía que la escisión propia de la cultura burguesa era por fin superada.

Esta superación –el tema central de los escritos de viajeros latinoamericanos como David Viñas, León Rozitchner y Roque Dalton– implicaba claramente la obsolescencia del viaje estético modernista y sus avatares, un viaje que se identificaba, en última instancia, con el espacio de la privacidad, esa «zona sagrada» del orden burgués. Citemos, mejor que a los críticos marxistas cubanos, al David Viñas de *Literatura argentina y realidad política*:

> Entre los viajeros que soportan cada vez menos el exterior y su «invasión» se destaca un grupo que exacerbando la pauta estética ve a Europa como una torre de marfil: divulgada como metáfora, concepto y aspiración entre el 90 y el 900, se convierte en monopolio exclusivo del modernismo. Al viajero modernista no le interesa mayormente el contexto de su lugar, sino lo que queda dentro de ese particular paréntesis que instaura: se trata de la fetichización del elemento empírico que es su recinto de trabajo; si en su paulatino alejamiento y desconocimiento de los otros ha confirmado su distinción hasta exaltarla a un grado excepcional que le permite sentirse consagrado, es correlativo que por presencia y continuidad en un lugar la impregne con su peculiar «mana» sintiéndolo como algo sacro. Dicho de otra manera, es la proyección sobre la vivienda de su vida interior espiritualizada. (1964: 190)

Viñas rastrea en la literatura argentina esa desrealización del viaje a Europa que va de la visión propiamente modernista de Europa como torre de marfil a la afirmación de la ciudad artística y por último a la propia habitación como refugio. En Cuba los escritores que jalonan ese proceso de la literatura burguesa serían Casal (recordemos las descripciones de su estudio en los altos de la redacción de *La Habana Elegante*, el biombo, el kimono japonés, el traje negro y desteñido, la foto de Gustave Moreau), y luego Lezama, donde el viaje a Europa tan añorado por Casal se ha desrealizado al punto de convertirse en no-viaje («yo no viajo; por eso resucito») o en viaje doméstico (los «viajes espléndidos» que «un hombre puede intentar por los corredores de su casa, yendo del dormitorio al baño»), espacio donde se potencia al infinito la imaginación creadora ante un entorno percibido como mezquino u hostil. Casal y Lezama, dos viajes imaginarios, dos espacios «artizados», marcarían en la tradición cubana dos momentos cruciales de lo que Viñas llama «el libro burgués».

Es justo en este proceso de la «literatura burguesa» donde la Revolución cubana pareció constituir un punto de quiebre. Entre los críticos de la isla se hizo bastante común la idea marxista de que en los países subdesarrollados los escritores e intelectuales tienden a superar esa condición mediante viajes al extranjero y la voraz adquisición de cultura. En su reseña de *El cataclismo* y *Memorias del subdesarrollo*, publicada en *Unión* en 1966, Mercedes Antón afirmaba, por ejemplo, que «un escritor subdesarrollado no es un individuo inculto, ignorante, incapaz, sino todo lo contrario: uno *superculto, supersuficiente, supersabio*» (1966: 165; énfasis del original). El subdesarrollo se revelaba en la idea de la literatura como evasión o divertimento, en la práctica de una imaginación desaforada, en la preciosista imitación de modelos foráneos.

«Su pecado original no se gestó por deficiencia intelectual, sino por exceso», escribía Mercedes Antón, y la referencia implícita a Guevara no traiciona en modo alguno el pensamiento de este: a la autonomía del arte y la ideología individualista del artista creador Guevara la llamó «jaula invisible» en 1965. La Revolución no había de realizar la libertad abstracta e hipócrita del humanismo burgués, sino, como quería Lenin, la libertad concreta de quienes están abiertamente vinculados al proletariado. Preámbulo del futuro donde por fin será posible una literatura al margen de las clases ya que habrá desaparecido la sociedad clasista, la Revolución es el momento en que el «libro burgués» resulta trastocado por la rebelión de las masas proletarias, el interior «sacro» arrasado por un viento tan fuerte como el que, en la última escena de *El reino de este mundo*, azota la ciudad de El Cabo. «El único refugio que tengo está en mi cabeza, y hasta ese rincón ha entrado a trompicones la revolución» (Desnoes 2003: 56), apuntaba Malabre en *Memorias del subdesarrollo*.

No extraña, entonces, que el modelo de la «Casa tomada» de Cortázar haya sido apropiado por la «narrativa de la Revolución», invirtiendo la axiología, para representar a la burguesía condenada por la necesidad histórica. «La presencia inquietante de las masas –los concretos, locales y numerosos "cabecitas negras"– son percibidos como esa posible "agresión" que acecha permanentemente en los zaguanes, tras los biombos o en las transposiciones zoológicas que corroen las "casas tomadas"», señala Viñas (1964: 124) describiendo la reacción de los escritores del grupo de *Sur* ante el ascenso de las masas durante el peronismo. En el castrismo, la casa tomada no fue sólo una metáfora en relatos alegóricos como «Estatuas sepultadas», de Benítez Rojo, y «Casa sitiada», de César Leante. Apuntaba Roque Dalton en la revista *Casa de las Américas*:

Nuestra casa, desgraciadamente, es el último reducto de los sueños de autonomía. El habitat de los medios materiales del exilio interior: la mecedora, las chancletas y la camiseta, el perenne verano. Es la vía del cultivo de la enajenación superviviente y quien la transcurre vivirá del pasado muerto, enajenándose de enajenaciones –incluidas las enajenaciones de los otros–, incapacitado para comprender el presente y el porvenir. (1971: 126; énfasis del original)

Si en los tiempos utópicos había que abandonar «la casa y el sillón», en los melancólicos noventa regresa la enajenación burguesa a la literatura cubana. Como se ha señalado, *Las comidas profundas* de Ponte es aquí un texto clave; todo empieza en el espacio doméstico, con el escritor sentado ante la mesa vacía del comedor; a la intemperie de afuera se opone un viaje imaginario; a la carencia material, la cultura en el tradicional sentido «burgués» de las humanidades como consolación de la filosofía. ¿Es casualidad que Montaigne aparezca en el título de otro de los primeros ensayos de Ponte, *Un seguidor de Montaigne mira La Habana*? Si en los cuentos de Benítez Rojo y Leante la burguesía aparece congelada en símbolos de *status* y objetos suntuarios, en «Un arte de hacer ruinas», del propio Ponte, la biblioteca, las monedas, los mapas, todo eso que conforma al interior del apartamento del tutor del protagonista, representa un saber de resistencia a esa siniestra rebelión de las masas que toma forma de «tugurización».

Tenemos, entonces, el regreso del «libro burgués», ese espacio de la vida interior que presupone la necesidad del viaje al extranjero. Según críticos marxistas como Viñas ese doble movimiento expresaría una falta de universalidad –la contradicción propia de la clase burguesa, entre sus ideales universales y su particularidad real–, pero específicamente en América Latina la contradicción del subdesarrollo, esa forma peculiar de alienación dada por la diferencia entre países metropolitanos y países coloniales. Es esa contradicción supuestamente superada por la Revolución la que emerge con fuerza inusitada en el «período especial». La crisis aparece como una regresión hacia un subdesarrollo inenarrable, gran salto atrás, más incluso que a los tiempos sombríos de la «frustración republicana» (Sociedad de Conferencias, *Orígenes*), a cierta sensibilidad de los últimos años de la colonia, cuando el anhelo de contemporaneidad sólo pudo sublimarse en los paraísos artificiales de la literatura modernista. Para Casal la provincia es un lugar anodino donde no llegan los libros de Huysmans, que el poeta conoce sólo de referencia. Para los nuevos escritores la insularidad aparece nuevamente como condena; el viaje como imposibilidad.

Queda, entonces, el «exilio interior»: el espacio doméstico, la salvación por la cultura, la «prisión invisible» que decía Guevara. Pero en un contexto que no es aún «burgués», donde las libertades formales no existen; esa literatura que antes fue tachada de burguesa y decadente se tolera mientras no traspase ese límite que es la calle. Es justo en ese umbral de lo público donde todo se juega en Cuba ahora mismo; allí emergen y forcejean los nuevos cronistas. En las crónicas de Orlando Luis Pardo Lazo, por ejemplo, convive el «mal del período especial» –como cabe llamar al imperioso deseo de evadirse mediante el viaje imaginario o el viaje real– con un ímpetu que remite más bien a ciertas actitudes renovadoras de los años veinte, el énfasis en la ideología carismática del artista con el intento de abrazar esa colectividad que habría que llamar, a falta de mejor nombre, pueblo.

A la luz de las ideas de Viñas que hemos citado arriba, diríamos que se trata del paso desde el «libro burgués» a lo que se vislumbra como su afuera, transición que equivaldría a la búsqueda de una nueva universalidad: «vivir» la libertad más allá del espacio interior y el viaje imaginario; encarnarla, superando la alienación «burguesa» permitida por el poscomunismo cubano. El cuerpo es central en la obra de Orlando Luis, y ello no sólo remite al tipo de dandismo que en los sesenta Roque Dalton llamaba a dejar atrás, sino también al reconocimiento de que sin poner el cuerpo –y aquí la línea entre el sacrificio y alzarse se desdibuja– no se logrará romper el círculo vicioso.

Si Viñas, como buen revolucionario, opone al proyecto cristiano de llegar a la universalidad por el amor y el conocimiento del otro, la violencia como única forma de superar la base material que impide el universalismo socialista, ahora diríamos que esta otra tentativa de universalidad pasa, por extraño que parezca, más bien por el amor. Sobre el hastío, en las crónicas y fotos de OLPL resplandece la caridad hacia las personas y las cosas, cierta voluntad de redimir esas ruinas que ha ido dejando en su camino la demoledora pasión revolucionaria. Hay, incluso, una escena patriótica de piedad: él es el hijo y

Cuba es la madre, o al revés. Como si desde Casal hubiéramos llegado, casi sin darnos cuenta, a Martí, desde el viaje de evasión al viaje de encarnación, desde el interior estético a la manigua con sus animitas.

La quinta, el monte y el hombre nuevo

Entre tantos hechos emblemáticos de la Hecatombe, la destrucción de la quinta San José anunciaba la *tabula rasa* por venir. Esa legendaria casona habitada por Lydia Cabrera y María Teresa de Rojas representaba una manera de concebir el tiempo a la que la Revolución oponía la promesa de un radiante futuro. Como todas las quintas republicanas, conservaba aire de remanso colonial frente a una modernidad trepidante, y más aun, pues había sido restaurada con elementos rescatados de viejas mansiones coloniales. Simbólicamente, aquellos materiales se salvaban del cataclismo de la independencia, la continuidad quedaba asegurada frente a las convulsiones de la historia republicana. La quinta San José, decía María Zambrano en 1953, era uno de esos «lugares donde el pasado de Cuba se ha remansado, gozoso de que se lo guarde» (2007: 157).

Ciertamente, Lydia Cabrera tenía allí mucho más que la «habitación propia» de que hablaba Virginia Woolf; la quinta no representaba sólo la independencia económica necesaria para dedicarse a escribir sino también una especie de figura de esa escritura donde la historia –guerras, alzamientos, revoluciones– apenas tenía cabida. No poco de nostalgia por la colonia, concebida como época fuera del tiempo, de entrañable esclavitud patriarcal, caracteriza a la empresa etnográfica de Lydia Cabrera, tan distinta de la de su cuñado Fernando Ortiz. Si este, seguidor de Lombroso, comienza con el *Hampa afrocubana*, Lydia será la que recoja los cuentos de su tata negra, y los escriba bonito para entretener a su amiga Teresa de la Parra, convaleciente de tisis en un sanatorio europeo. En el prólogo de *El Monte*, ella declara su absoluta falta de «pretensión científica», y, refiriéndose a sus veleidosos informantes, negros viejos muchos de los cuales eran hijos de africanos, dice que «no conocen la prisa que mina la vida moderna y enferma el espíritu de los blancos, la presura que es opresión, aprieto, congoja» (2000: 8).

Tampoco esa dimensión arcádica escapó a la agudeza de María Zambrano. En su reseña de los *Cuentos negros de Cuba*, la española destacaba esa «imagen de una vida intacta y feliz» que las islas habían proporcionado siempre a la imaginación occidental: paraíso libre del dolor y del trabajo, «mundo mágico» donde realidad y fantasía, sueño y vigilia aún no estaban del todo separados. (2007: 118). Según María, Lydia habría podido realizar esa hazaña poética por pertenecer al mundo «no cuajado» de Cuba, pero también porque su «conocimiento poético» derivaba en buena medida de su remisión a la infancia, a los cuentos que le contaba su nodriza. Está ahí, en la «memoria ancestral», la clave de estos relatos, y también de ese libro inclasificable y magnífico que es *El Monte*, donde se revela el peso «incalculable» de la influencia africana en la «isla más blanca del Caribe». En sus escritos, que eran y no eran suyos, Lydia Cabrera recobra una sabiduría basada en la experiencia, no muy distinta de aquella que, según afirmaba Benjamin en sus reflexiones sobre Leskov, la Gran Guerra en primer lugar, pero en un sentido más general la modernidad misma, habían ido destruyendo. Como en el arquetípico narrador oral de Benjamin, lo crucial era la memoria, y es justo a eso a lo que se enfrentó la Revolución, oponiendo a la sabiduría de los antepasados la iconoclastia de la juventud.

En aquellos tiempos de la «juventud en el poder», el conocimiento pasó súbitamente de los mayores a los jóvenes: adolescentes de catorce y quince años se fueron a alfabetizar. Si un anciano saltaba a las primeras planas, era María de la Cruz Sentmanat, que con más de cien años había aprendido a leer. Ella, que había nacido esclava, era la prueba viviente de que la Revolución se había hecho «para lograr, en un mes, lo que no pudieron los gobiernos y los regímenes pasados en sesenta años: erradicar el analfabetismo», como escribía Manuel Navarro Luna (1961: 4) en una crónica de *INRA*. La campaña de alfabetización, posiblemente el modelo de las sucesivas campañas desarrollistas que jalonarían la década de los sesenta, contribuyó a crear la ilusión de que la Revolución resolvería todos los problemas. Era eso que Furet llama la «ilusión de la política»: agotando el mundo de los valores, la acción política se convertía en terreno de lo verdadero y lo falso, el bien y el mal.

Semejante «escatología laica» implicaba, desde luego, la obsolescencia de la religión afrocubana. En su prólogo al *Libro de Rolando*, Piñera lo decía con meridiana claridad: «buena parte del ocultismo, del espiritismo y de la santería cubana se basa en la profunda necesidad en que se encontraba nuestro pueblo de volver los ojos al cielo porque no tenía a quien recurrir en la tierra» (Escardó 1981: 212). Hubo, sin embargo, a lo largo de los sesenta una especie de «tercer espacio» o zona de confluencia entre las dos fuerzas en pugna, que ilustra muy bien el testimonio de Lázaro Benedí Rodríguez, antiguo habitante del barrio de Las Yaguas, recogido por Oscar Lewis en 1969:

> Para mí no hay contradicción entre religión y revolución. En mi casa hay una estatua de Lenin y un altar de Yemayá. Nosotros tenemos a Lenin como un dios. ¿Por qué somos amigos de Lenin? Porque sin haberle conocido fue uno de los tantos que reflejó el derecho del hombre y trató de evitar la explotación. Cristo también trató de redimir la humanidad y ha sido el pionero del comunismo. (1980: 5)

Benedí, que había estado asociado a los comunistas desde los cuarenta y en 1961 había sido el primer presidente del CDR de Las Yaguas, contaba al equipo de Lewis cómo después del triunfo de la Revolución había utilizado su ascendiente como santero para hacer «trabajo político» en esa comunidad.

Un año antes, en 1968, Benítez Rojo había publicado el cuento «La tierra y el cielo», donde, como ya indica el título, se retoma la cuestión, pero de una manera mucho más compleja que en aquel escrito de Piñera. Los protagonistas son dos pichones de haitianos que se alzan en la Sierra; Aristón, nieto del *houngan* Tiguá, está poseído por Oggun Ferrai. El abuelo, decidido a hacer de él un gran guerrero, le ha preparado el brazo con hierbas mágicas y manteca de majá; en el corte de caña «la mocha es como un rayo en su mano» (1978: 11). Un día Aristón anuncia que Oggun lo ha mandado a irse a la guerra y obliga a su amigo Pedro Limón, el narrador del relato, a seguirlo, pues mientras este esté en su compañía nada puede pasarle. Ya en la Sierra, Aristón mostraba excepcional valor en el combate, pero una vez que él y Pedro Limón tuvieron que darse a la fuga, cuando regresan al campamento un dirigente del llano los llama «negros pendejos, par de maricones», y Aristón lo mata en el acto de un machetazo. Entonces es condenado a muerte, en un tribunal presidido por El Habanero. Aristón cree que no le va a pasar nada, que Oggun va a hacer el milagro de convertirlo en búho o culebra.

> Rebotó contra la ceiba. Hizo un ruido como de tos y largo un buche de sangre; suspiró y se jundió en los matorrales. El Habanero caminó hasta la ceiba con la pistola en la mano. Se inclinó. No sé si fue un jubo o un maja, pero bajo el humo del disparo, un latigazo de ceniza corrió por entre las piedras y se perdió monte arriba. *No era idea mía, todos nos quedamos mirando a lo alto de la ladera.*
> Al otro día, después de arreglar el nuevo campamento, le pedí al Habanero que me hiciera una carta, que le escribiera a Maurice para que allá supieran lo que

le había pasado a Aristón, que lo contara bien claro, como él sabía decir las cosas. *Pero el Habanero no quiso poner nada de la culebra*. No quiso, él que explicaba todo con tantos detalles. Sólo me miró fijo, mucho rato, y luego empezó a escribir, y sin alzar la cabeza me dijo que me retirara, que me retirara y que me decidiera, porque en la vida los hombres siempre habían tenido que decidir entre la tierra y el cielo, y para mí ya era hora. (1978: 20; énfasis mío)

Este final, de alguna manera, viene a confirmar al Piñera materialista de 1960. Pero lo que allí se planteaba en términos de necesidad (antes había que mirar al cielo porque no había quien ayudara en la tierra; ahora que lo hay, no es necesario mirar al cielo), aparece en el cuento de Benítez Rojo de forma más dramática, como una decisión. Además, está claro que todos vieron el jubo; también el Habanero. En un momento anterior del relato Pedro Limón recuerda:

Mucho después, cuando ya no nos mudábamos tanto de campamento y yo aprendía a leer, el Habanero cerró el libro, encendió su tabaco y se puso a hablar de los dioses, de Aristón, de Tiguá, de Haití, de Guanamaca. *Hablaba de ellos como si los conociera de siempre, como si hubiera estado allí, en medio del batey o en las montañas del país viejo*. Esa noche no dormimos, la pasamos casi al raso bajo las ramas de un árbol de la cañada, y él hablando y hablando mientras las estrellas se movían por el cielo, explicándome todo con muchos detalles y mucha paciencia, como cuando me enseñaba a leer, y nunca he oído a nadie explicar tan bien las cosas, no, nadie las machacaba tanto para metérselas en la cabeza a uno, y me dijo que se alegraba de que ya yo hubiera escogido ese camino, y que después de la guerra iban a hacer falta gentes como yo, y fue entonces cuando soltó aquello de estudiar para maestro, y entendí mejor por qué *aquel día se negó a escribir todo lo que le había sucedido a Aristón*. (1978: 16-17; énfasis mío)

¿Por qué el Habanero habla de los dioses del vudú como si los conociera de siempre, si el suyo es un saber adquirido en los libros? El Habanero es una figura inspirada en parte en Che Guevara y en parte en Fidel Castro. Significativamente, el relato transcurre durante la lucha armada, en ese ámbito donde, según el ideario guevarista, tiene lugar un pasaje a la subjetividad revolucionaria. Ahora bien, para los guerrilleros de clase media esta transformación consistía en un reencuentro con la naturaleza y la «vida material», una superación de la fragmentación moderna característica de la vida urbana. Pero estos pichones de haitianos, que recuerdan a Menegildo, el protagonista de *Ecué-Yamba-O*, no han sufrido esta fragmentación; por el contrario, están en la naturaleza, viven en ese mundo mágico donde un hombre se puede convertir, como el legendario Mackandal, en un mosquito. La transformación revolucionaria consiste para ellos, entonces, en dejar atrás esos mitos y creencias religiosas.

Fanon es inequívoco al respecto en *Los condenados de la tierra*, cuando afirma que esa «superestructura mágica que impregna a la sociedad autóctona cumple, dentro del dinamismo de la economía de la libido, funciones precisas» (2003: 48); la danza y la música rituales son una forma de canalizar una violencia que debe ahora dirigirse exclusivamente al colonizador; y es por eso que a lo largo de la lucha se va perdiendo, al decir de Fanon, interés en esas prácticas ancestrales. Ahora bien, el Habanero es obviamente una figura de ilustración: él enseña a leer al protagonista, desplazando de algún modo al viejo Tiguá, el brujo conocedor de todos los secretos del vudú y hasta de la santería cubana, en la vida de Pedro Limón. Para este, la decisión de hacerse maestro debe ir acompañada de un abandono de sus creencias animistas. Pero en el cuento de Benítez Rojo ese mundo de «hombres leopardo, hombres serpiente, canes con seis patas, zombis» (Fanon 2003: 48), no es presentado como simple superestructura de la sociedad de explotación; el propio Habanero ha visto a la culebra. Este personaje no representa, entonces, tanto una concepción científica de la religión, como una opción entre dos fuerzas igualmente poderosas: el vudú y la Revolución.

Significativamente, Toussaint Louverture y Dessalines aparecen en espíritu en el relato de Benítez Rojo. Por boca de Tiguá habla el presidente Dessalines en aquel episodio de la infancia de Pedro Limón en que el gobierno cubano decide deportar a los haitianos, y sus padres deben regresar, fracasados, al país natal. Y cuando se van a la Sierra Tiguá dice a Aristón y a Pedro Limón que «el alma de Toussaint Louverture» (1978: 15) se iba con ellos. Me parece que, de algún modo, Aristón y Pedro Limón encarnan esa dicotomía que en la Revolución Haitiana se da entre Louverture y Dessalines. En la figura de Dessalines, que poco antes de coronarse emperador ordenó el exterminio de la minoría blanca que quedaba en Haití, la revolución sigue siendo en buena medida una revuelta de esclavos, pura violencia dirigida contra el colonizador. Louverture, en cambio, es un afrancesado, un ilustrado; en él la revolución es violencia trascendida en ideario, violencia organizada, presidida por los Derechos del Hombre. A «Aristón lo único que le importaba era pelear. Pelear y matar» (1978: 17). Incluso cuando mata al hombre del llano lo hace poseído por Oggun; en el juicio «no se defendió: se puso a mover la cabeza igual que un caballo y a decir que no se acordaba de nada, que le daba mucha pena y que no lo haría más» (1978: 19). Pedro Limón, en cambio, representa la revolución como ilustración; aprende a leer, se va a La Habana, se hace maestro, pero entre las dos cosas, su participación en la batalla de Playa Girón lo marca para siempre: un morterazo le ha dejado el rostro desfigurado.

Hay, entonces, como han observado los críticos, una fundamental ambigüedad en este relato. Pedro Limón ha ganado, pero también ha perdido. Regresa a Guanamaca como maestro, como «un pichón de haitiano marxistaleninista» (1978: 14), pero allí se entera de que su novia Leonie se ha casado con otro. Sobre la opción de Pedro Limón, la tierra en vez del cielo, los libros de Marx y Lenin sobre las creencias de los antepasados, planea como una sombra. Es esta ambigüedad lo que se pierde definitivamente en obras como *Sacchario* (1970) de Miguel Cossío Woodward, y *Cuando la sangre se parece al fuego* (1975) de Manuel Cofiño. Y no sólo por la evidente diferencia de talento entre estos y Benítez Rojo: la época así lo imponía. Lo que estas novelas representan no es otra cosa que el triunfo definitivo del marxismo-leninismo. Al mundo mágico, la nueva ideología oponía una Verdad, la de la ciencia, que por medio de la tecnología habría de sacar al país del subdesarrollo. Ello implicaba, necesariamente, un desencantamiento del monte: este ya no sería el lugar de lo sagrado descrito en el libro de Lydia Cabrera, sino más naturaleza a conquistar y transformar.

No había espacio para las supersticiones afrocubanas en la «concepción científica del mundo» en que dos generaciones de cubanos fueron educados. Ahora, la aculturación revolucionaria iba mucho más allá que a comienzos de los sesenta, cuando el comunista-santero Lázaro Benedí, que vivía amancebado con una hija de Ochún, pudo ser una figura mediadora. En las tesis y resoluciones del primer congreso del Partido Comunista de Cuba, celebrado en 1975, se afirmaba, en la sección dedicada a los cultos sincréticos, que «los valores culturales folclóricos –música, danza, instrumentos musicales, etc.– que aporten las etnias representadas en estos grupos, deben asimilarse, depurándolos de elementos místicos, de manera que la utilización de sus esencias no sirva al mantenimiento de costumbres y criterios ajenos a la verdad científica».

A propósito, vale la pena echar un vistazo a un clásico estalinista de divulgación científica publicado en Cuba en 1962, en pleno furor del proyecto de industrializar aceleradamente al país liderado por Guevara desde el Ministerio de Industrias: *La ciencia al servicio del hombre*, de O. N. Pisarzhevski. Este libro, cuya primera edición cubana constó de 30.000 ejemplares, ilustra ejemplarmente la concepción soviética de la tecnología: «mil millones de hombres están empeñados en una afanosa construcción, el dominio de los ríos, la roturación de las tierras vírgenes y el asalto al Cosmos», y es el marxismo-leninismo, esa llave de todas las puertas, lo que hace posible la grandiosa tarea: «El conocimiento de las leyes permite al hombre prever los acontecimientos, influenciar sobre ellos, cambiar la naturaleza y la sociedad. En la industria y la agricultura, el hombre domina la naturaleza solamente en la medida en que conoce las leyes que la rigen» (1962: 15).

Evidentemente, no se trata ya de la utopía que descubriera María Zambrano en los cuentos negros de Cuba –isla poética de la magia y la metamorfosis, previa a los deslindes de la razón moderna–, sino de otra muy distinta, la del «hombre nuevo». La divinización de la humanidad corona la fantasía de una conquista total de la naturaleza:

> Los numerosos tomos de las obras de los clásicos del comunismo científico son el sueño concentrado acerca del Hombre con letra mayúscula, acerca de una gran felicidad humana auténtica, en la cual armonizan el espontáneo júbilo de la existencia de un ser sano, desarrollado multilateralmente, con la posibilidad de la manifestación más amplia y más completa de todas las riquezas de la personalidad humana (Pisarzhevski 1962: 17)

Estamos, pues, ante una nueva mitología, la del superhombre. A este ser sano y feliz, ¿qué falta sino la inmortalidad?

Por mucho ateísmo que proclame, esta divinización de la humanidad conserva algo del espíritu cristiano que dio origen a la filosofía de la historia. Si el «hagamos la verdad» de San Juan, como señalara Camus, constituye propiamente «el programa del espíritu revolucionario moderno» (1982: 255), es justo en ese horizonte cristiano donde emerge la noción paulina del hombre nuevo. Para los griegos la vida humana tenía fin, pero el mundo no; el cristianismo invierte los términos: hay un fin del mundo, pero más allá la vida es inmortal. En la antigüedad la noción de una regeneración de la humanidad falta absolutamente: la mitología griega, con sus incesantes metamorfosis, refleja un mundo horizontal e ilimitado; que resulta trascendido por la verticalidad de la Encarnación. Es de ese Evento único que fue la pasión de Cristo que surge, como figura y promesa, la humanidad nueva.

«Il faut faire peau neuve», proclamaba Fanon en *Los condenados de la tierra*; y ese cambio de piel, la desalienación total que el mismo implicaba, pasaba desde luego por la violencia. Una forma de violencia que, con Benjamin, cabría llamar «divina». Como ha señalado Derrida en *Force de la loi*, la dicotomía de Benjamin entre una violencia mítica, creadora y conservadora de derecho, que se asocia al poder, y otra, destructora, que acompaña a la justicia, corresponde al contraste entre el espíritu grecorromano y el judeo-cristiano. Significativamente, la huelga general proletaria de Sorel sirve a Benjamin como ejemplo de la violencia divina. Benjamin percibe en ella una extraña paradoja: aun cuando parte de una celebración de la violencia, no es violenta,

> porque ésta no se produce con la disposición de retomar –tras concesiones exteriores y algunas modificaciones en las condiciones laborales– el trabajo anterior, sino con la decisión de retomar sólo un trabajo enteramente cambiado, un trabajo no impuesto por el estado, inversión que este tipo de huelga no tanto provoca sino que realiza directamente. (1995: 34)

Si la violencia mítica, manifestación de los dioses, es sangrienta, la divina, manifestación de la divinidad, no lo es. La violencia divina que celebra Benjamin es entonces cristiana no sólo porque en vez de crear poder lo destruye, sino porque está dirigida a crear aquello que trascendería el régimen mismo de las leyes: la nueva humanidad. En cierto sentido, no harían falta leyes en un mundo de hombres nuevos. De hecho, ese mundo de trabajo liberado que seguiría a la huelga general proletaria necesariamente lo es. La violencia revolucionaria, al decir de Benjamin «el nombre a asignar a la suprema manifestación de pura violencia por parte del hombre» (1995: 76), es violencia divina, paradójicamente, en tanto es absolutamente humana. Y es justo este tipo de violencia el que preside un ideario como el guevarista, donde la fantasía de la conquista total de la naturaleza resulta inseparable de la fantasía de la regeneración de la humanidad.

En la época revolucionaria las religiones afrocubanas no fueron, entonces, simplemente rechazadas como bárbaras, como en los tiempos de la República. No se trata de una continuación por parte de las élites blancas y católicas del discurso de la civilización contra la barbarie; comprenderlo así sería perder de vista una dimensión fundamental de la Revolución, esa que la distingue claramente de la cultura letrada del período republicano. Ahora, no se opone a la violencia de los bárbaros la razón del ilustrado; se opone a una forma de violencia mítica –de la que son ejemplo los sacrificios de animales a unos dioses que en algo recuerdan a los del panteón griego–, otra violencia, divina en el sentido de Benjamin, en tanto se dirige, paradójicamente, a la humanidad, que es a la vez su medio, su materia prima, y su final, su resultado. Sartre decía, en su prólogo al libro de Fanon, que la violencia revolucionaria era el *striptease* de un humanismo europeo fundado en el racismo y el pillaje de los pueblos colonizados; el proyecto de Guevara, abocado a la producción del hombre nuevo, parece suscitar otra pregunta sobre el humanismo, que parafraseando a Merleau-Ponty rezaría así: ¿es el terror rojo la consumación del humanismo revolucionario?

Como puso de manifiesto Ezequiel Martínez Estrada en sus «Apostillas al tema de la Revolución Cubana», la sombra de Rousseau se percibe claramente en el elogio de la que Sartre llamó «la revolución más original del mundo». La teoría política del ginebrino es inseparable de su creencia en la bondad natural de la humanidad, y es justo allí, a ese optimismo en el origen mismo de la tradición revolucionaria, adonde el filósofo francés quería llegar en su análisis de la Revolución cubana.

> Entre la ideología derrotista del parlamentarismo burgués, del individualismo y la ideología humanista del pueblo no hay término medio. El hombre es capaz de cambiar sus condiciones de vida. Pero no puede cambiar cualquier cosa y como quiera: en verdad, solo podrá cambiar las necesidades objetivas *cambiándose a sí mismo*». (Sartre 1960: 78; énfasis mío)

Es esto, la nueva humanidad, lo que, al cabo, no se consiguió en Cuba, como la caída del muro de Berlín vino a revelar de manera fehaciente. Si antes la violencia divina era la Revolución misma, o lo que es lo mismo, la Revolución era divina –contra una mujer puedo luchar, contra ella no, dice la protagonista en *Santa Camila de la Habana Vieja*; no quedaba más que unírsele, tal como aconseja a Camila su madrina de santo–, ahora Ella aparece como una anciana mermada, cada vez más hueso y pellejo. El altar de Yemayá volvía al primer plano, mientras la estatuilla de Lenin se convertía en un trasto viejo. Ante la caída de los ídolos falsos, ahí estaban los dioses de la tierra, los que gustan del tabaco y del ron, dispuestos como siempre a comerciar con los mortales. No es difícil imaginar a Pedro Limón tirando a la basura sus *Obras completas* de Marx, Engels y Lenin, su *Afanasiev* y su *Kuusinen*. Porque Aristón sí se convirtió en un jubo, y el Habanero, que lo vio, debió haberlo contado en la carta que mandó a la gente de Guanamaca. Y la duda que a él, a Pedro Limón, siempre lo acompañó, es ahora una certeza: lo de Girón había sido un castigo, por no haber dicho la verdad, y por haber abandonado a sus dioses.

Benedí, que tenía 65 años en 1969, probablemente había muerto, pero ahora los santeros comunistas como él serían por vez primera aceptados dentro del Partido Comunista de Cuba. Durante el «período especial» las religiones afrocubanas no sólo fueron permitidas sino cooptadas por el estado, mientras la Cuba profunda de los negros emergía para dar un toque de exotismo caribeño. *El Monte*, reeditado por Letras Cubanas en 1990, marcó el comienzo del *boom* de lo afrocubano, a tono con la nueva imagen folclórica para consumo del nuevo turismo extranjero. No son sólo los *orishas*, sino los *orishas* en el país del «hombre nuevo»; la utopía de los sesenta, la de la construcción simultánea del socialismo y el comunismo, se convierte en la quimera de los noventa: esa extraña confluencia de cosas y signos heterogéneos que caracteriza a la imagen fotográfica de la Cuba del «período especial».

Piedra angular de esta transición es el reencantamiento del monte; el regreso del culto afrocubano no sólo en tanto expresión de la crisis del marxismo-leninismo y de la descomposición del mito revolucionario, sino también como contribuyente de una imagen estética que viene a llenar un vacío histórico: faz barroca de Cuba donde el blanco del *iyabó* coexiste al cabo con los colores de los uniformados de las organizaciones del estado: OPJM, FAR, PNR. La contigüidad de *El Monte* y de las obras de Ernesto Guevara en los puestos de libros de la Plaza de Armas, simboliza esta fase final de la Hecatombe, como lo hubiera simbolizado, seguramente, la restauración de la quinta San José por obra de Eusebio Leal, para convertirla en museo «Lydia Cabrera», de no haber sido destruida por decreto del alcalde de Marianao tras el exilio de sus legítimas dueñas hace cincuenta y cinco años.

La quinta ya no existe; sobrevivió el monte, que como el cielo no tiene ni puede tener dueño. En uno de sus mejores cuentos, «Se hace ebbó», Lydia Cabrera cuenta una preciosa fábula sobre la Muerte y su esclava, la Enfermedad. Un día que Ikú tiene mucha hambre, condenada como está a no comer sino después que lo haya hecho su sierva, manda a Didé a un «pueblo importante donde los hombres, desde hace algunos años, viven tan sanos y felices que se han olvidado de nuestra existencia» (1940: 203). Allí el babalao, percibiendo el peligro, consulta al tablero de Ifá, y envía a un mozo de piernas veloces a dejar cantidad de ofrendas en los Cuatro Vientos de la Encrucijada. Cuando en su camino hacia el pueblo la Enfermedad se encuentra con los deliciosos manjares, come hasta que, saciada, se echa a dormir. Y cuando la muerte, loca de hambre, encuentra a su esclava, quedaba aun para ella: palomas, gallinas, miel de abejas, frutas, maíz, bollos… También Ikú come y, satisfecha, quiere reposar. «A la madrugada se habían trocado los caminos: y sin percibirse de ello, se alejaron del pueblo la Enfermedad y la Muerte» (1940: 216) Pero seguramente llegaron después a otro, menos afortunado, y siguieron comiendo, como siempre, la una primero, todo caliente, y la otra detrás, todo frío. Lejos de aquel «Hombre con letra mayúscula» vislumbrado por los clásicos del marxismo-leninismo, la pobre humanidad sigue condenada a sucumbir a la terrible pareja, cuyo poder el babalao puede paliar o retardar un poco, mas no superar. Por eso se hace *ebbó*.

«Moral burguesa» y revolución

Mucho contribuyó a la leyenda negra de la dictadura de Batista aquella narrativa que en los años sesenta recreó la lucha antibatistiana en las ciudades. En «El torturado» (*Días de guerra*, 1967) Julio Travieso relata, por ejemplo, una sesión de tortura a un militante de la clandestinidad, a partir de las declaraciones de los policías involucrados, que han sido arrestados tras el triunfo de la Revolución. Luego de representar de manera extremadamente gráfica el sadismo de los sicarios[1], el cuento termina con la condena al principal de ellos «a la pena máxima... La Habana, 10 de enero de 1959» (1969: 62-63). Aquí, la violencia «blanca» de la justicia popular contrasta con la perversidad de las torturas; rápida, la muerte por fusilamiento se opone a la horrible muerte sufrida por el muchacho del cuento. Todo ello viene a representar una clausura y un nuevo comienzo, la partición de aguas entre la violencia ilegítima de la satrapía y la justicia del pueblo soberano.

Con su énfasis en la psicología de los torturadores, su realismo extremo, esta literatura de la violencia podía, sin embargo, derivar en lo que los marxistas llamaban «naturalismo». Corría el riesgo de escamotear el vínculo entre la derrocada dictadura y la clase burguesa, justo aquello que hacia 1961, tras la declaración del «carácter socialista de la revolución», cobraba prioridad. En 1959, el proceso es contra «los monstruosos asesinos y torturadores que con inimaginable sadismo y crueldad se han ensañado con el pueblo», como decía aquella carta abierta que un grupo de intelectuales dirigieron al presidente

---

[1] «Más tarde, el de las verrugas me contó que el Boxeador le había dado un piñazo en la cara que le partió el tabique de la nariz y que cuando se cayó, éste le brincó en la barriga, y que allí mismo en el suelo el Coronel le había aplicado la corriente en los huevos, perdón a los testículos. Parece que del dolor el muchacho se ensució, y me mandaron llevarlo al baño. Iba echando sangre por la nariz y por la boca y por poco me mancha el uniforme» (Travieso 1969: 62-63).

Urrutia el 4 de febrero en *Revolución*; el proceso es contra la dictadura y sus sicarios. En 1961 se sienta en el banquillo la clase burguesa.

Moral burguesa y revolución (1963), uno de los libros más originales de los tantos que se escribieron sobre la Revolución en los sesenta, documenta insuperablemente este segundo momento. Lejos de las variantes testimoniales preferidas por otros «amigos de Cuba», el argentino León Rozitchner plantaba su tienda en el árido terreno del análisis filosófico. Su objeto de estudio, sin embargo, no podía ser más inmediato: las declaraciones de los integrantes de la brigada 2506, recién publicadas por Ediciones R en el volumen *Los mercenarios*, cuarto y último de la serie «Playa Girón, derrota del imperialismo». Entre radiografía y autopsia (los «gusanos», como la señora de Lot de aquel poema de Benedetti, estaban muertos en vida, condenados a mirar al pasado irrecuperable), el libro de Rozitchner caracteriza con científica pretensión a una clase subjetivista e individualista, irrevocablemente sentenciada por la historia. Idealistas, los burgueses nunca pueden llegar a lo objetivo, a la «realidad plena»; siempre escamotean los nexos entre persona y colectividad, naturalizando la división del trabajo social.

En el capítulo «La verdad del grupo está en el asesino», Rozitchner se concentra en la figura del torturador Calviño, que había sido confrontado durante el interrogatorio por algunas de sus víctimas:

> Aisladamente Calviño es un criminal que hasta a los mismos burgueses causa horror y desprecio. Pero fue solicitado por la misma burguesía para cumplir su tarea, conformado dentro de ella, y vuelve con ella para recuperar nuevamente esa función esencial que antes cumplía. Calviño, como asesino, era aquel individuo al cual una colectividad le había señalado las tareas más miserables, pero necesarias, de su sistema de existencia: él estaba en relación inmediata con la muerte y la tortura, porque el sistema requería esas muertes y torturas. (Rozitchner 1969: 83)

El orden burgués aparece, entonces, como un sistema dependiente de la represión policial. La función del análisis marxista no es otra que restituir ese vínculo objetivo que la mayoría de los brigadistas rompían subjetivamente: «yo no he matado a nadie», «yo no conozco a Calviño», «yo no tengo nada que ver con las torturas».

Mientras el énfasis en los «monstruosos criminales» propio de 1959 era aún «burgués» —se trataba de procesar a determinadas personas culpables de actos horrendos—, ahora de lo que se trata es de condenar a una clase en su conjunto.

No ya exigir que «Muera quien tiñe el asfalto, / de sangre tibia y espesa», como Severo Sarduy en una de las «décimas revolucionarias» publicadas en enero del 59 en *Revolución*, ni decir «el nombre de los culpables / y el nombre de los grandes traidores / y los nombres de los crímenes / y los nombres de los muertos / y los nombres de los tullidos / y los nombres de los ciegos / y los castrados, y los mutilados», como Rolando Escardó (2004: 168), también en *Revolución*. Con su retórica grandilocuente, contemporánea de los fusilamientos (las décimas de Sarduy estaban firmadas en 1956, pero cuando se publicaron parecía estarse cumpliendo el deseo justiciero del joven literato), estos versos ilustran bien esa idea de la dictadura como mal absoluto que, de las viñetas de *Así en la paz como en la guerra* (1960) hasta algunos cuentos de *Los años duros* (1967), la narrativa realista reproduce. Si esta literatura tiende a destacar la violencia en sí, esos instantes donde los límites del cuerpo y de la psiquis humana son tentados, en la crítica de Rozitchner ese momento debe ser trascendido para descubrir detrás la verdad, no siempre aparente, de la dominación de clase. La tortura no es sino una de las manifestaciones de la burguesía; la antípoda de la Revolución no es ya la dictadura sino la clase burguesa.

Ciertamente, el «interrogatorio de La Habana» –como le llamó Enzensberger en un conocido ensayo– ofreció al gobierno revolucionario la posibilidad de delimitar los campos; con sus declaraciones entre cínicas e ingenuas los brigadistas evidenciaban, *a contrario*, la verdad que había arribado al poder tras 1959. En el análisis de Rozitchner, la contradicción fundamental venía a equivaler a aquella otra entre oscurantismo e ilustración. «La burguesía es separación, división, ocultamiento de las relaciones. La revolución es síntesis, conexión, descubrimiento de lo que la burguesía ocultaba» (1969: 146). La moral burguesa partía de una concepción «metafísica» de la persona: el individuo cerrado sobre sí mismo, aislado y absoluto. De ahí la «la marginalidad burguesa» («Si tengo algún pecado es haber vivido al margen de las circunstancias...», reconocía uno de los interrogados), así como su compañero inseparable, el «escepticismo burgués», que Rozitchner señala en varios pasajes del interrogatorio.

Individualismo, Escepticismo, Marginalidad: ¿no son estos los vicios que desfilan en la autocrítica de Padilla como personajes de un auto sacramental? ¿No es la «moral burguesa», literalmente, el tema central de ese famoso discurso? Así como el «yo sólo quería vivir mi vida» de uno de los brigadistas se le aparecía a Rozitchner como la quintaesencia de la moral burguesa, el «yo quería sobresalir» (Casal 1971: 84) de Padilla alcanza a *resumir* la culpa del poeta, que no es otra que la persistencia de ese «origen de clase» que César López, en su intervención de aquella noche, reconocía no haber podido dejar del todo atrás. (Aa.Vv. 1971: 110) El contraste, sin embargo, entre el interrogatorio de 1961 y la autocrítica de 1971 es evidente. Los brigadistas no confiesan nada; se defienden, insisten en su inocencia. Las declaraciones de aquellos ilustran, en la lectura de Rozitchner, la moral burguesa, pero esa moral no se dice a sí misma; los burgueses hablan de patria, de humanidad, de principios universales.

Dicho en términos marxistas: la burguesía, a diferencia del proletariado, no tiene «conciencia de clase». Es sólo en la literatura revolucionaria, esa que quiere situarse al margen de la ideología, que los burgueses se reconocen como tales[2]. Lo inverosímil del discurso de Padilla refleja, desde luego, el carácter forzado de la confesión; mientras más énfasis pone el poeta en la espontaneidad de su autocrítica («yo pedí esta reunión», «he venido a improvisarla», etc.), más evidente es la puesta en escena de un guión cuya autoría colectiva Padilla reconocería en sus memorias. En 1961 bastaba con que los brigadistas defendieran su punto de vista; mientras más persistieran en su error, más evidente sería la falacia de la ideología burguesa, de la clase burguesa en su fracasado intento de restauración. Significativamente, en la introducción de su libro Rozitchner aclara que va a dejar de lado las declaraciones «de quienes no hacían sino confesar plenamente su equívoco y su repentina adhesión a la

---

[2] En la tradición latinoamericana, «Tierra y libertad» (1916), de Ricardo Flores Magón, y «El niño proletario» (1973) de Osvaldo Lamborghini, son dos notables ejemplos de este tipo de desmitificación. En su obra de teatro, Flores Magón pone al descubierto la ideología de la dominación mediante el contraste entre los apartes del cura y lo que este dice a los otros personajes. Por ejemplo, cuando los campesinos reclaman un pedazo de tierra, el sacerdote dice en aparte, «Tierra para trabajar por cuenta de ellos, y entonces ¿quién trabajará para el amo, para el Gobierno y para mí?», mientras recuerda a los rebeldes que deben soportar con resignación todos los sufrimientos terrenales pues «mientras más sufráis aquí, más probabilidades tendréis de subir al cielo». Con su absoluto cinismo, el sacerdote expone en toda su crudeza la realidad de la explotación de clase —que en el caso del México prerrevolucionario no es exactamente la burguesía, sino más bien la alianza de burgueses, terratenientes y el clero. A su vez, en el relato de Lamborghini el narrador se reconoce desde el inicio como un burgués; la tortura, violación y muerte del «niño proletario» por parte de este y algunos otros compañeros de clase (social) no mimetiza en modo alguno los discursos —universalistas, humanistas, conciliadores— de la burguesía, ni siquiera la realidad misma de la explotación capitalista, que necesita conservar con vida a los obreros para extraerles la plusvalía, sino más bien esa posibilidad última que sería la regresión al fascismo de una clase burguesa amenazada por el avance de las fuerzas revolucionarias. En el caso de Flores Magón, la inverosimilitud en el nivel de la representación responde a la intención didáctica, panfletaria, de la obra; en el de Lamborghini, paradójicamente, a su disgusto por lo moralizante de cierta narrativa de denuncia social que, en la tradición argentina, representan algunos escritores del grupo de Boedo.

Revolución» (1969: 10). Es justo esta posibilidad la que, una década tras los sucesos de Bahía de Cochinos, Padilla viene a agotar.

De los dos grandes modelos de confesión con que cuenta la tradición occidental –San Agustín, el pecador salvado por la gracia divina, y Rousseau, el hombre naturalmente bueno que la sociedad ha ido degradando–, su discurso adopta desde luego el primero: «Yo nunca me cansaré de agradecer a la Revolución Cubana la oportunidad que me ha brindado de dividir mi vida en dos: el que fui y el que seré» (Padilla 1971: 83). Padilla no puede, como los combatientes de la brigada 2506, perseverar en su error, ha de retractarse; ser a la vez el enemigo de clase y Rozitchner, objeto de estudio y analista. No ya un burgués ciego, inmerso en la falacia de esa ideología que busca confundirse con lo universal, sino un sujeto que, habiendo abierto los ojos, súbitamente toma distancia de la mentalidad burguesa. Es justo ese distanciamiento, tan propio de la literatura revolucionaria, lo que le permite señalar el escepticismo, el individualismo y la marginalidad no ya como atributos universales de la humanidad sino como características específicas de la moral burguesa.

Esta diferencia crucial entre la confesión y el interrogatorio refleja, desde luego, el proceso mismo de la Revolución cubana entre esos dos parteaguas que fueron los años de 1961 y 1971. El juicio a los combatientes de la brigada 2506 es significativamente incruento; no sólo se respetaron todas las garantías de los prisioneros sino que se los terminó cambiando por alimentos. Todo ello da cuenta de la extraordinaria confianza del régimen tras los sucesos de Playa Girón, su fe en que la victoria en el campo de batalla había sido necesaria, en tanto expresaba una superioridad no sólo moral sino también ideológica: el inevitable triunfo del socialismo. «Las discusiones fueron extraordinarias. Como las razones y sinrazones de ellos, eran menos que las nuestras, perdieron la batalla y la discusión» (1981: 253), afirma aún Carlos Franqui en *Retrato de familia con Fidel*.

Muy distinta es la coyuntura una década después. A diferencia del interrogatorio de la Habana, la confesión de Padilla no fue del todo publicitada en el interior del país –una de tantas importantes diferencias con los procesos de Moscú–; al evento fueron invitados sólo un número limitado de escritores; la autocrítica se distribuyó al extranjero por medio de Prensa Latina y luego apareció en *Casa de las Américas*, pero no fue reportada en los periódicos cubanos. En el discurso de Clausura del Primer Congreso Nacional de Educación y Cultura, transmitido por televisión, Castro alude al tema pero sin llegar a pronunciar el nombre de Padilla. Tras el fracaso de la zafra de 1969-70, el gobierno tenía que lidiar con un notable aumento de la crítica en los círculos intelectuales, cubanos tanto como extranjeros, que hasta entonces habían apoyado incondicionalmente a la Revolución.

El contraste entre el interrogatorio y la confesión también refleja, desde luego, la diversa naturaleza de los sujetos implicados. Los brigadistas eran burgueses contrarrevolucionarios; acababan de participar en una batalla real, donde mataron y murieron. El caso Padilla, en cambio, se relaciona con aquellas «guerritas» a las que despectivamente aludía Castro en su discurso del 30 de junio de 1961: las inútiles batallas de los intelectuales. El poeta denuncia la «conspiración venenosa de todos los grupitos de desafectos de las zonas culturales y artísticas»; el objeto de su autocrítica es la *intelligentsia*, esos compañeros de viaje que, tras marchar hombro con hombro junto a la Revolución, habían ido desviándose del buen camino hasta llegar a confundirse con la contrarrevolución.

¿No eran los escritores, necesariamente, un rezago de esa «división del trabajo social y moral de la burguesía» que Rozitchner señala en aquel pasaje de *Moral burguesa y revolución* citado en la película *Memorias del subdesarrollo*? Ellos faltan, sin embargo, en ese catálogo que incluye a «el sacerdote, el hombre de la libre empresa, el funcionario diletante, el torturador, el filósofo, el político y los innumerables hijos de buena familia» (Rozitchner 1969: 18). No había escritores en la brigada 2506; la gran mayoría de los literatos cubanos estaba por entonces en el bando revolucionario. Lo que representa Padilla no es la burguesía vencida de 1961, el «enemigo de clase», sino un alejamiento de la revolución más bien propio de lo que la ortodoxia estalinista llamaría «enemigo del pueblo». No se trata ya de aquella ingenua moral burguesa de los anticastristas, sino de una última forma de la misma que aparece siempre enmascarada como rebeldía antiburguesa, entre artistas e intelectuales que pretenden combatir el orden burgués con las armas oxidadas de la propia conciencia burguesa.

Tras la primera carta en *Le Monde* donde los amigos extranjeros de Padilla señalaban en su confesión un risible remedo de los procesos de Moscú, el poeta cubano deja los campos claramente delimitados: «Nuestras preocupaciones son el trabajo, el estudio, los planes que día tras día transforman nuestro país. Los de ustedes son el esteticismo, la chismografía parisiense, los alardes teorizantes que fueron mis defectos más odiosos y que ustedes representan en grado máximo», les dice en la carta fechada el 24 de mayo de 1971 (Aa.Vv. 1971: 145). Propiamente literaria o intelectual, esta pérfida faceta de la moral burguesa quedará tipificada, a lo largo del discurso de Padilla, bajo la figura del desencanto. «Hay clichés del desencanto», señala el poeta, acusándose de mantener el espíritu negativo de la etapa anterior; sus críticas, sus dudas, sus reservas, no son una reacción al proceso degenerativo de la revolución sino la expresión de la incapacidad suya de renovarse y alcanzar a comprender la Verdad.

Curiosamente, esta autocrítica reproduce no sólo el canon de *Verde Olivo* –la reseña de *Dos viejos pánicos* que hace Leopoldo Ávila, denunciando en la obra de Piñera la persistencia del espíritu «individualista», «pequeñoburgués» anterior a 1959, desarrolla esta idea medular de la ortodoxia de los setenta– sino la propia opinión de Fidel Castro. En las últimas páginas de *La mala memoria*, cuenta Padilla cómo el Comandante se mostraba seguro de que el poeta quería irse del país porque «seguía pensando como antes»; en su último encuentro con el poeta, Castro se quejó de que los intelectuales «lo inventan todo, lo tergiversan todo», antes de anunciarle: «yo sé que esta revolución se agrandará en tu memoria, y descubrirás que los mejores años de tu vida fueron cuando la apoyaste, antes de que te enfermaras y te amargaras» (Padilla 1992: 234).

La enfermedad distingue, significativamente, la manera en que aparece la moral burguesa en la confesión de Padilla, en contraste con el análisis de Rozitchner. Los brigadistas eran cínicos o ingenuos, querían recuperar sus propiedades, seguir explotando al pueblo, pero no estaban enfermos. Padilla lo está, y su cuadro clínico, «ese ángulo enfermizo de la personalidad creadora», se deja fácilmente describir mediante la teoría hipocrática de los humores. «Yo empecé mi libro como hubiera podido empezar un filósofo viejísimo y enfermo del hígado»: bilis. «El resentimiento, la amargura, el pesimismo»: bilis negra. Esos «elementos todos que no son más que sinónimos de contrarrevolución en la literatura», ¿no caben perfectamente en la antigua noción de melancolía? Aquellos «liberales burgueses» que se habían quitado la careta de pensadores marxistas para mostrar «su verdadera cara de viejos creadores de filosofía derrotista y reaccionaria», ¿qué eran sino seres saturninos? Al atribuir su distanciamiento de la Revolución así como el de sus hasta entonces amigos cubanos y extranjeros a ese mal que la tradición atribuye a filósofos, artistas y literatos, el discurso de Padilla reduce a hábito literario una desafección que de hecho se extendía mucho más allá de «las zonas culturales y artísticas».

En este punto fundamental, la semejanza con la confesión de Isaac Babel no puede ser mayor[3]. Padilla no conocía, desde luego, este documento, que no fue

---

[3] «*Caballería roja* no fue sino una excusa para expresar todo mi mal humor y no tenía nada que ver con lo que estaba ocurriendo en la Unión Soviética. [...] La revolución hizo posible que yo escribiera, y abrió el camino al trabajo útil y feliz. Mi inherente individualismo, mis

público como las confesiones de los acusados en los procesos de Moscú, pero sí estaba bastante familiarizado con los elementos fundamentales de la ortodoxia estalinista, lengua nunca suficientemente enfática, que parece siempre caricatura de sí misma. Ninguno de esos elementos falta en la confesión de 1971; el cosmopolitismo (burgués), pérfido reverso del internacionalismo (proletario), tiene allí reservado su sitio en el origen del mal. Si Babel llega a confesar como delitos su conocimiento, instigado por Trotski, de algunas lenguas extranjeras y de la literatura occidental contemporánea, Padilla afirma: «el deslumbramiento por las grandes capitales, por la difusión internacional, por las culturas foráneas, este es el punto de partida de todos mis errores» (1971: 92).

Pero hay una diferencia decisiva: condenado como espía al servicio de potencias extranjeras y conspirador en una trama para asesinar a Stalin, Babel fue fusilado; Padilla, en cambio, sobrevivió. Él afirma en sus memorias que se cuidó mucho de confesar únicamente delitos de opinión, pero esto no explica del todo el que no haya sido ni siquiera juzgado. No otros eran, por ejemplo, los delitos de aquel informante de Oscar Lewis a quienes Ruth Lewis y Susan Rigdon llaman «señor X», quien una semana después de la expulsión del etnógrafo, fue arrestado y condenado a seis años de prisión por «atentar contra la libertad y la estabilidad de la nación» (Lewis 1980: xx-xxii). En contraste con esta sentencia, Padilla, cuyo delito era básicamente el mismo –criticar a la Revolución ante intelectuales extranjeros– fue ciertamente afortunado.

En la vida real, Padilla se salva, por medio de su autocrítica, de la pena de muerte e incluso de la cárcel; en la ficción de su discurso, la propia confesión representa la cuasimilagrosa salvación, como cura de la enfermedad que ha padecido. Si el mal tiene que ver con las palabras, con palabras comenzará a purgarse: «errores de los que yo quiero hablar, de los que me gustaría hablar y hablar, como todo hombre que quiere liberarse de un pasado que le pesa» (1971: 92). Si ese pasado es oprobioso, la confesión será espléndida, ejemplar el tránsito de la moral burguesa a la revolución. Si, según Rozitchner, «Restituir al pueblo, a cada individuo, el poder de las armas, significa la destrucción de la más importante de las delegaciones formales instituidas por la burguesía en

---

falsas perspectivas literarias, y la influencia de los trotskistas […] me llevaron a abandonar este camino. Cada año mi escritura se volvía más hostil al lector soviético. Pero yo consideraba que tenía la razón, no el lector. […], pero la salvación llegó en prisión. En los meses que he pasado en prisión he comprendido y reconsiderado mis criterios más, quizás, que en toda mi vida pasada. Con escalofriante claridad los errores y crímenes de mi vida se alzaron ante mí, la decadencia y suciedad de los círculos en que me movía…» (Shentalinsky 1996: 30; mi traducción).

su falsa división del trabajo social» (1969: 157), Padilla termina su discurso con un llamado a abandonar esa división a la que tan afectos son los escritores, reintegrándose a la comunidad mediante el servicio militar: «¡Seamos soldados!».

Pero el comienzo de la rehabilitación no está en ese empuñar las armas, sino en el llamado a hacerlo, en la autocrítica y la exhortación. En última instancia, la confesión de Padilla, atravesada por una concepción del campo literario como campo de batalla, no afirma sino la equivalencia entre discurso y guerra, la imposibilidad misma de la neutralidad: *tertium non datur*. La conversión delimita una y otra vez, enfáticamente, como espacio de perdición esa moral burguesa que en el libro de Rozitchner sólo era revelada por el análisis marxista. Lo que *Moral burguesa y revolución* desestimaba, por considerarlo carente de valor sociológico e irrelevante para el análisis, ahora ocupa toda la escena. Si allí la moral burguesa era una especie de precipitado de lo que estaba como disuelto en las exculpatorias declaraciones de los interrogados, en la confesión de Padilla la moral burguesa no es analizada a partir de ningún discurso burgués sino más bien sintetizada diligentemente por la retórica revolucionaria. Todas las sustancias –y sobre todo una inexistente, pero de gran prosapia literaria, la melancolía– sirven para obtener la moral burguesa.

En este sentido, el análisis de la confesión de Padilla viene por fuerza a contradecir el análisis de Rozitchner. Si se admite que la confesión del poeta fue forzada, habrá que reconocer que las conclusiones del filósofo son erróneas, que *Moral burguesa y revolución* contiene tan poca verdad como espontaneidad la performance de Padilla. Mientras aquel libro señalaba la falacia del discurso burgués, la evidente falacia del discurso revolucionario, una década más tarde, no viene a revelar más que la ficción de esa moral burguesa que Rozitchner contraponía no ya a la moral sino a la praxis revolucionaria misma. Porque no existe, la moral burguesa ha de ser manufacturada, producida una y otra vez por el discurso revolucionario, esa maquinaria donde colaboraban policías de Villa Marista, críticos literarios como Portuondo, Castro mismo.

No se podría simplemente invertir la axiología: moral revolucionaria y burguesía; la falacia del discurso revolucionario no equivale a ninguna verdad de la burguesía, sino más bien al carácter ideológico, mitológico, de esa distinción de burguesía y revolución como dos subjetividades cuya contradicción dialéctica otorgaba inteligibilidad y resolución a la historia. La autocrítica de Padilla constituye la parte falsa de ese tema central del ensayo de Rozitchner, en tanto fue necesaria para restablecer por la fuerza lo que aparecía, cada vez más, como un dogma: la necesidad del triunfo del socialismo. La continuidad, entonces, entre *Moral burguesa y revolución* y la autocrítica de Padilla está en la violencia: la violencia epistemológica del análisis de Rozitchner sobre un interrogatorio donde no hubo violencia, desemboca en la violencia de ese otro interrogatorio –contada en *La mala memoria*– que forzó la confesión, y que en la letra esta niega una y otra vez.

Lo que a la luz de *Moral burguesa y revolución* viene a manifestar, entonces, el caso Padilla es que no hubo necesidad, racionalidad histórica alguna en la victoria de Playa Girón[4]. Es justamente esa incongruencia con el guión marxista lo que perpetúa la violencia en el orden revolucionario, revelándolo, al cabo, como triunfo de la voluntad. Eso que en su confesión el poeta presenta como gracia divina, la Revolución, no era sino pura contingencia, razón de estado que necesitaba reafirmarse en una arenga interminable. Como Castro, Padilla debía «hablar y hablar», pero lo que expresaba el *horror vacui* de aquellos discursos revolucionarios no era el sentido histórico descubierto por Rozitchner en el fracaso de la invasión de Bahía de Cochinos y las subsiguientes declaraciones de los prisioneros, sino más bien su falta: en vez de «realizar la filosofía», la historia bromeaba. Carlos Franqui se equivoca: si ganaron en 1961, no fue porque tuvieran razón.

---

[4] En un ensayo leído en Cuba en los festejos por el cuarenta aniversario de la Revolución, «Los cuarenta años de Cuba y el hombre nuevo», León Rozitchner insistía, contra toda evidencia, en que la «creación de un hombre nuevo» es la consigna que resume todo lo que la Revolución cubana tuvo desde el comienzo de original con respecto al socialismo soviético. «Ese énfasis en la producción de un hombre nuevo», ¿no viene justo a desembocar en la confesión de Padilla, aquel discurso donde, fatalmente, los viejos fantasmas del estalinismo reencarnaban? Rozitchner dedicó todo un libro (*La cosa y la cruz*, 1997) a leer críticamente la confesión de San Agustín como el modelo de la sujeción cristiana de donde habría nacido y prosperado el capitalismo moderno, pero no reflexionó sobre el lugar central de la confesión, la autobiografía y la conversión en el mundo comunista. Rozitchner había traducido al español *Humanismo y terror* (1956, Buenos Aires: Leviatán), donde Maurice Merleau-Ponty intentaba dar cuenta, desde el marxismo ortodoxo, de los procesos de Moscú, pero la pregunta crucial de si ese terror rojo era aún una forma de violencia revolucionaria nunca fue planteada por él para el caso de la Revolución cubana. Su ensayo de 1999 reproduce, sorprendentemente, no solo el mito del «hombre nuevo» sino también el mito de la «revolución con pachanga». Así concluye Rozitchner: «Y nos vino de pronto a la mente el título de un libro de Guillén, su libro de poesía más cubano, *El son entero*. Y me parece que ese título sintetiza, en lenguaje popular, lo que estoy diciendo. El son entero de los cubanos, sin abstracción ninguna, incluyendo todos sus ritmos y melodías en la unidad sensible de su poesía, es el que muestra con qué se llena una expresión teórica, el materialismo histórico: con el son entero del cuerpo sintiente, imaginante y pensante de cada cubano que vive, resiste y crea día a día la difícil existencia de la revolución en Cuba» (1999: 65).

Praga de los demonios

Crónicas y apuntes de viaje sobre la Cuba de los sesenta documentan un hecho curioso: el que, a causa del relativo aislamiento internacional del país, los viajeros pasaran casi siempre por Praga antes o después de visitar la isla caribeña contribuyó no poco al contraste entre la Revolución cubana y el «socialismo que venía del frío». En el imaginario de los turistas revolucionarios, la mágica no es Praga sino Cuba; la ciudad bohemia representa a la vez la melancolía de la vieja Europa y el socialismo burocrático de las «democracias populares», todo eso frente a lo cual resplandecía la Revolución cubana. Cuando Cortázar regresó de su viaje a la isla en 1964, «en Praga había 16 bajo cero»; en una carta a Antón Arrufat el escritor argentino añoraba el calor y la intensidad cubana. «Europa me parece de golpe como un cubo de cristal» (Cortázar 2000: 545)

La ventajosa comparación con la abulia post-estalinista de aquella Praga gris, anterior a la «primavera» de 1968, alimenta así esa mitología primera del castrismo que es la «revolución con pachanga»: un socialismo diferente, «mágico», «negro», donde la circunstancia tropical impidiera la congelación estalinista. Praga no sólo era la fría Europa, sino también ese «socialismo duro» que según Cortázar era el «peligro» que acechaba a la Revolución en la isla. De vuelta de un viaje allí, Mario Vargas Llosa escribía:

> ¿En qué estaba la diferencia? No tanto en el alto nivel de vida de los checos, en su desarrollo industrial, en su saneada y sólida economía, que contrastan rudamente con las enormes dificultades materiales a que debe hacer frente Cuba, en razón de su situación de país subdesarrollado y sometido a un rígido bloqueo, como en la visible apatía, teñida de escepticismo político, de las gentes, el nulo fervor revolucionario detectable a simple vista, en la actitud de conformismo e incluso de simple resignación tranquila con que el hombre de la calle parece asumir su condición de ciudadano de un país socialista, que desconciertan brutalmente a

quien acaba de emerger del electrizante clima de entusiasmo y tensión que se vive en Cuba. (1967: 508)

Sin solución de continuidad, se pasa a la segunda mitología de la Revolución cubana, la del «hombre nuevo». El fervor revolucionario, la virtud de los jóvenes comunistas movilizados en la defensa y la producción, todo ello parecía dar cuenta de la renovación humana en curso en la isla, lo cual contrastaba con la persistencia del hombre viejo en Praga, a veinte años de la instauración del régimen comunista. Entrevistado por Benedetti, Roque Dalton confiesa:

> la experiencia del socialismo que yo tenía era la cubana, donde el sentido de lo heroico, el fervor de la revolución, el orgullo de ser comunista y revolucionario, eran desde luego el pan de cada día para la juventud; en cambio, la problemática planteada por los jóvenes praguenses, era una mescolanza de misticismo, religiosidad, anticomunismo, esnobismo, nihilismo; o sea una cantidad de formas ideológicas que el imperialismo exporta para el consumo de los pueblos que él mismo se encarga de oprimir. (Benedetti 1974: 116)

Fueron justo esos demonios «burgueses», síntomas bien conocidos del «siglo decadente y morboso», lo que encontró Ernesto Guevara cuando llegó a Praga en la primavera de 1966, tras el fracaso de su expedición en el Congo. Ahora no iba, como en 1960, en representación del gobierno cubano, así que su conocimiento de la vida cotidiana del país centroeuropeo pudo ser mayor. Sobre los tres meses que el guerrillero permaneció de incógnito en la capital checa las biografías revelan poco; desde la ficción el escritor argentino Abel Posse ha entregado en *Los cuadernos de Praga* algunas claves muy valiosas. Persiguiendo «el fantasma de Guevara» que «merodeaba cerca de los ventanales del café Slavia, o por el lado de la isla de Kampa» (1998: 9), Posse novela el desencuentro entre el celo revolucionario del argentino y el hastío de los jóvenes checos fascinados por Occidente. En su guisa de hombre de negocios uruguayo-español, Guevara tiene para ellos el aura de quien proviene del otro lado de la cortina de hierro.

La estudiante con que flirtea el pequeñoburgués Vázquez Rojas encarna la contradicción del socialismo real: los que deberían ser nuevos, nacidos tras el establecimiento del socialismo, son espiritualmente viejos. El falso empresario confiesa que nunca entendió *El castillo* ni *El proceso*; Rosevinge le dice que si viviera allí lo comprendería: «todo parece organizado, racional, pero la vida es un absurdo» (1998: 75). Gran paradoja: es Kafka, prototipo de aquella alienación burguesa contra el cual se había definido la doctrina del realismo socialista, no Lenin ni Marx, el autor en quien se reconocen los jóvenes checos. No el «reflejo» preconizado por la estética marxista-leninista, sino el espejo curvo –expresionista, existencialista– de la narrativa kafkiana, les devolvía la imagen exacta de esa pesadilla cómica que era el socialismo real. Un mundo donde, paradójicamente, la reificación «burguesa» proliferaba.

La respuesta de Guevara a esa realidad acaso inesperada del socialismo cosificado (tras su recorrido por varios países socialistas en 1960, el entonces ministro de Industrias había hablado del «continente de las maravillas»), se encuentra en los «Cuadernos de Praga», unos manuscritos confeccionados durante su estancia en la ciudad bohemia. En esas glosas críticas a la versión de 1963 del *Manual de Economía Política* de la Academia de Ciencias de la URSS, Guevara hace un último esfuerzo teórico por marcar una cierta distancia de la ortodoxia post-estalinista. En su «A modo de prólogo», incluye un fragmento de una carta suya a Fidel Castro en abril de 1965, donde escribe, por ejemplo: «El comunismo es un fenómeno de conciencia, no se llega a él mediante un salto en el vacío, un cambio de la calidad productiva, o el choque simple entre las fuerzas productivas y las relaciones de producción» (2006: 12).

Motivada por la observación de la decadencia pequeñoburguesa de los jóvenes checos, esta acentuación de lo moral reflota, curiosamente, ciertas influencias latinoamericanas de Guevara. Las lecturas de Ingenieros, señaladas por varios estudiosos del argentino, son muy visibles aquí, sobre todo del Ingenieros de *Los nuevos tiempos* y *El hombre mediocre*, quien, justo tras la crisis de la Primera Guerra Mundial, proclama que «las clases trabajadoras son la más robusta esperanza para la regeneración moral de la Humanidad» (1956: 259). El «mundo moral» que describe el sociólogo argentino, polarizado por «fuerzas morales» –«en los unos, la fe se apuntala en intereses mercantiles, mientras en los otros brota de la esperanza puesta en altos ideales» (1956: 272)– es en buena medida el mundo maniqueo de Guevara. Ingenieros hace, a propósito, una interesante analogía entre el cristianismo y el bolchevismo. Los bolcheviques son los apóstoles, y adherir a ellos es un acto de fe: se cree o no se cree; la actitud crítica equivale a traición. «Se marcha o no se marcha; se cree en el pasado o en el porvenir; se tiene fe en la reacción o en la revolución. Todo el que discute la reacción, obra como revolucionario; todo el que discute la revolución, obra como reaccionario» (1956: 267).

Otra fuente directa del énfasis guevarista en la conciencia, que ha sido menos destacada, es el libro *Uno y el universo*, de Ernesto Sábato, cuya lectura había impresionado mucho a Guevara en su juventud, según confesara él mismo en su correspondencia con el escritor argentino. «El socialismo, tal como ha sido expuesto por sus teóricos —marxistas o no— es algo más que la nacionalización de la producción y del consumo: es un movimiento profundamente moral, destinado a enaltecer al hombre y levantarlo del barro físico y espiritual en que ha estado sumido todo el tiempo de la esclavitud. Es, quizás, la interpretación laica del cristianismo» (1981: 69), escribía Sábato. En su reivindicación de la raíz moral del movimiento, él incluía a los socialistas utópicos, tan escarnecidos por los padres del marxismo, pero también a autores de fin de siglo como Sorel, quien contra lo que en un célebre artículo llamó «la descomposición del marxismo», preconizaba el socialismo no como verdad científica sino como medio para cumplir los auténticos valores de la humanidad, humillados por la mediocridad burguesa.

Es justo ahí, en la cuestión medular del «hombre nuevo», donde las creencias de Guevara pudieron haber sido retadas por los demonios de la ciudad bohemia. No ya lo burocrático o pequeñoburgués de su presente socialista, sino los sitios medievales y barrocos de la «Praga mágica», repletos de advertencias sobre el pecado original y la fugacidad de la vida. La leyenda del Golem, por ejemplo, ¿no entrañaba también, de cierto modo, una alegoría del fracaso del intento humano de emular a la divinidad, de esa progresiva sacralización de la humanidad en que consiste, según explicara Camus en *El hombre rebelde*, el impulso revolucionario que avanza de 1789 –y 1793– a 1917 –y 1936?

Si, desde el culto jacobino a la Diosa Razón a las «revoluciones ateas» del siglo xx, el norte de la tradición radical no es otro que la creencia revolucionaria en la regeneración humana, el diablo, personaje muy praguense, bien podría aparecerse en alguna esquina de la Mala Strana o de la Ciudad Vieja para recordarle a los optimistas y a los falsos optimistas, como en la gran novela de Bulgakov, que los hombres son frívolos, que les gusta el dinero y son egoístas, de manera que todo el proyecto basado en la fe en la perfectibilidad humana chocaba contra el muro de una naturaleza bastante más refractaria de lo que los revolucionarios habían previsto. Abel Posse ofrece un diálogo entre Vázquez Rojas, el pequeñoburgués cuya identidad adopta Guevara, y el propio Guevara, el jacobino: «Amigo Guevara: esa aparentemente absurda fuerza del capitalismo liberal proviene del reconocimiento de la mediocridad de la condición humana» (1998: 108). A la manera de Bulgakov, se podría imaginar una conversación en torno a este tema entre el diablo, en una de sus muchas apariciones, y Guevara, mientras recorren las estrechas calles de la ciudad antigua.

Desde la Torre de la Pólvora, por la calle Celetná llegan a la Plaza Vieja; allí se detienen frente al reloj astronómico con sus célebres alegorías. En francés (el extraño artista que dice estar de visita en la ciudad, invitado por la Unión de Escritores y Artistas Checoslovacos, no sabe español), el personaje explica a Vázquez Rojas que el hombre que sostiene un espejo representa la Vanidad; la Avaricia es el comerciante judío con su bolsa; la Lujuria el turco con su mandolina, la Muerte el esqueleto que, cada vez que el reloj marca la hora, tira de la cuerda que hace sonar la campana. Absorto, como quien descifra un teorema, ahí percibe Guevara el *proton seudos*, esa mentira milenaria que el comunismo busca superar, los límites que la imaginación radical había tentado en sus momentos de mayor euforia. ¿Qué piensa?, le pregunta el diablo –que sabe, desde luego, que el mentido hombre de negocios es el guerrillero famoso, el de la futura leyenda.

Guevara recuerda algo que le comentara Sartre cuando se reunieron en marzo de 1960 en su despacho del Banco Nacional de Cuba; en uno de sus viajes a la URSS un escritor soviético le había dicho al filósofo francés que la verdadera tragedia sobrevendría cuando, superadas en el comunismo todas las contradicciones sociales y satisfechas todas las necesidades materiales, el hombre tuviera que enfrentarse finalmente a su propia finitud. Pero Guevara no cita ahora a Sartre, sino a Trotski, a quien ha estado leyendo en estas últimas semanas de ocio. Sobre todo el último capítulo de *Literatura y revolución*.

En el cenit del utopismo bolchevique, Trotski anuncia en esas páginas la futura superación de la frontera no sólo entre el arte y la industria, sino también entre el arte y la naturaleza. El hombre reconstruirá la tierra si no a su imagen y semejanza, por lo menos según su propio deseo. «A través de la máquina, el hombre en la sociedad socialista dominará totalmente a la naturaleza», pero «lo hará tan bien que el tigre ni siquiera percibirá a la máquina, o sentirá el cambio, sino que vivirá como lo hacía en los tiempos primigenios» (2005: 204). El comunismo será la conquista de una nueva armonía, también en el nivel biológico: «el hombre emancipado» tendrá mejores órganos, tejidos más desarrollados, lo cual permitirá «reducir el miedo a la muerte a una reacción racional del organismo hacia el peligro» (2005: 205).

Tantas veces las ha leído, que Guevara puede recordar pasajes enteros:

> Es difícil predecir el alcance que el autodominio del hombre del futuro puede alcanzar o las alturas a las que puede llevar su tecnología. La construcción social y la autoeducación psicofísica serán dos aspectos de un único proceso. Todas las artes

–literatura, drama, pintura, música y arquitectura– le otorgarán una forma bella a este proceso. Más exactamente, la estructura en la que la construcción cultural y autoeducación del hombre comunista serán encerradas, desarrollará todos los elementos vitales del arte contemporáneo al punto más alto. El hombre se volverá inconmensurablemente más fuerte, más sabio y más sutil; su cuerpo se hará más armónico, sus movimientos más rítmicos, su voz más musical. Las formas de la vida se harán dinámicamente dramáticas. El tipo humano promedio se elevará a las cumbres de un Aristóteles, un Goethe, o un Marx. (Trotski 2005: 207)

Son frívolos, lo interrumpe el otro. Y perecederos, añade señalando al esqueleto con la guadaña. ¿No ha notado usted que la ciudad está llena de relojes? Aquí mismo, en esta plaza, hay varios, y por todos lados, siempre los relojes. No para decirnos la hora, sino para recordarnos la muerte, que cada hora es otro paso hacia ella. ¿Sabe cuándo se construyó esta torre, el reloj, los emblemas? La codicia, la lujuria, la vanidad de hace cinco siglos: ¿acaso ve otra cosa alrededor? ¿ha encontrado entre los jóvenes de Praga algún hombre «más fuerte, más sabio y más sutil»?

La culpa de todo es de Lenin, replica Guevara, exaltado. La NEP: él reintrodujo el capitalismo, la palanca del interés material y ahí se jodió todo. Si algo nos enseña esta historia es que no se puede construir el socialismo con las armas melladas del capitalismo. Pero todo no está perdido: vaya a visitar Cuba; allá pronto desaparecerá el dinero. ¿Acabar con el dinero? –dice su interlocutor, mientras Guevara vislumbra la sombra de un inmenso gato negro pasando como un bólido por una esquina de plaza–. Vaya disparate; si el dinero representa toda, o por lo menos buena parte de la libertad que nos es concedida. El dinero es tiempo futuro. Una moneda simboliza nuestro libre albedrío[1].

A los experimentos en esa isla lejana, casi sin historia, el Gran Escéptico opone la solidez de las piedras; al sueño futurista de Trotski, la experiencia inscrita allí. El hombre conoce demasiado la ciudad como para ser un extranjero, pero lo extraño no es eso: parece que hubiera presenciado las defenestraciones y asistido a la corte de Rudolf II, habla del pintor Arcimboldo como si lo hubiera tratado. En ese recorrido hacia atrás, los veinte años de dominación soviética

---

[1] Borges en «El zahir»: «El dinero es abstracto, repetí, el dinero es tiempo futuro. Puede ser una tarde en las afueras, puede ser música de Brahms, puede ser mapas, puede ser ajedrez, puede ser café, puede ser palabras de Epicteto que enseñan el desprecio del oro; es un Proteo más versátil que el de la isla de Pharos. Es un tiempo imprevisible, tiempo de Bergson, no duro tiempo del Islam o del Pórtico» (1974: 591).

en Praga aparecen como un experimento tan fallido como el del malhadado Judá León (ya recorren el barrio judío), pero seguramente menos legendario; un vano esfuerzo que caería por su propio peso, restableciendo el curso natural de las cosas.

El argentino-cubano es ahora quien niega: no, no existe esa naturaleza humana de la que hablan los reaccionarios; es la sociedad viciada por la división de clases lo que pervierte al hombre. Esa historia que usted celebra es alienación, dice, los edificios son alienación, las estatuas del Puente de Carlos (que ahora atraviesan) son alienación. ¿Y la belleza?, pregunta el otro. ¿Alienación? Sí, puro espectáculo, el poder del que se ha privado al pueblo desde que existe la propiedad privada, que se le devuelve entonces como grandeza petrificada. La clave no está allí, en la contemplación, en la prisión invisible de la cultura burguesa, sino en el trabajo liberado. Del trabajo liberado surgirá la nueva humanidad.

Una risa diabólica lo interrumpe. Con una voz distinta, como de otra persona (¿quién carajo es este tipo?, se pregunta Guevara), proclama:

> El hombre es humano más o menos del mismo modo en que la gallina vuela. Cuando le dan una buena patada en el culo, cuando un auto la hace bailar, vuela hasta el techo, pero enseguida repica en el barro y vuelve a picotear la mierda. Es su naturaleza, su ambición. Para nosotros, en la sociedad, es exactamente lo mismo. Sólo dejamos de ser profundamente inmundos cuando sobreviene una catástrofe. Cuando todo se arregla más o menos, lo natural retoma la carrera. Por eso mismo, a una Revolución hay que juzgarla veinte años más tarde. (Céline 1936: en línea)

Luego desaparece, como por arte de magia. Guevara llega a pensar que todo fue un espejismo, un sueño. Pocos días después, abandona Praga.

Martí, Guevara y el destino sudamericano

Para Julio Ramos

Frente a los «letrados artificiales» que habrían importado ideas extranjeras y hecho fracasar a las repúblicas, Martí llamaba en «Nuestra América» a descifrar el «enigma hispanoamericano» (1984: 122). Pretendía así ofrecer una solución nueva al problema fundamental de América Latina en el siglo xix: ¿qué hacer con esas masas incultas de indios, negros, mestizos que emergieron en la escena histórica tras la emancipación, ese «tercer elemento heterogéneo», como les llama Ángel Rama, que no era ya la desnaturalizada «madrastra» despreciada por Bolívar en su *Carta de Jamaica*, pero tampoco los criollos ilustrados que pensaron la independencia? La respuesta de Sarmiento es conocida; ellos, los otros, ocupan el sitio que en el discurso bolivariano tenía la bárbara España. Había que civilizar; ser europeos, norteamericanos. Décadas después, «Nuestra América» viene a proponer un cambio de rumbo: liberarse del «libro europeo» y del «libro yanqui» para ir en busca del «alma de la tierra[1]». No afuera, sino allí dentro yacía escondido un tesoro, algo sublime que más que por descubrir,

---

[1] Evidentemente, esta idea también tiene un origen libresco. A propósito, advierte Juan Marechal: «Tras la lectura de este texto [«Nuestra América»] no cabe sospechar que Martí supiera que estaba exponiendo ideas enteramente importadas, ideas procedentes originariamente de los pensadores conservadores de principios del siglo xix, y de una manera general, de la oposición intelectual a la Revolución Francesa, sobre todo de la alemana. [...] En algunos de los antecedentes conservadores del texto de Martí podría encontrarse casi todo lo concerniente a la relación entre el gobierno y la supuesta realidad de un país. Pero no se encontraría el dolor de Martí, no se encontraría una exclamación como la siguiente: "¡Bajarse hasta los infelices y alzarlos con los brazos!"» (1978: 77-78). Se podría argüir, sin embargo, que esa idea central de «Nuestra América» tiene un antecedente dentro de la propia tradición latinoamericana: Simón Rodríguez. «La América española es original, originales han de ser sus instituciones y su gobierno, y originales sus medios de fundar uno y otro. O inventamos, o erramos», afirmaba en

estaba por hacer. Frente a la demasiada imitación, Martí proclama que «la salvación está en crear».

Como ha explicado Julio Ramos, en este ensayo la representación de lo americano se produce desde una autoridad propiamente literaria, diferente a la autoridad más bien ilustrada de letrados como Bello y Sarmiento[2]. Si para estos, los intelectuales asociados al orden de las bellas letras, escribir equivale a mediar entre la razón y ese *otro* bárbaro, ahora se trata más bien de dar voz a lo autóctono, en última instancia *ser* ese otro. Se diría que, en este punto, Martí deja de ser un letrado para ser un escritor en el sentido moderno: alguien que vive con angustia la escritura, que quiere ir más allá de las palabras. Algo hay en la transida profecía de «Nuestra América» de *voyage au fond de l'inconnu pour trouver du nouveau*. Si es cierto, como afirmó Fernández Retamar en los sesenta, que «al echarse del lado de la "barbarie", Martí prefigura a Fanon y a nuestra revolución» (1967: 14), también es cierto que el autor de los *Versos libres* parece anunciar esa otra parte del siglo XX latinoamericano que se consuma en las aventuras primitivistas de ciertos vanguardistas, allí donde el camino, en sentido contrario a los letrados decimonónicos, se aleja de la razón para acercarse al abismo luminoso de la barbarie. Piénsese en Artaud, buscando entre los indios tarahumaras una salida a la subjetividad burguesa; en Perlongher, que repite en cierto modo el viaje de Artaud –ayahuasca en vez de peyote, *michés* en lugar de tarahumaras.

Algo de ello hay, también, en el viaje de Ernesto Guevara por Sudamérica. «Con paciencia de disectores humanos husmeamos en las escalerillas sucias y en los huecos, charlamos con los mendigos que pululan: auscultamos el fondo

---

1828 (1990: 88). Y, más que en los románticos alemanes y los contrarrevolucionarios franceses, Simón Rodríguez se inspira en Rousseau.

[2] Para Ramos, esta estilización del discurso, la preeminencia de las figuras, no es sólo un rasgo individual de Martí, sino que se relaciona con la emergencia de la literatura como saber específico a fines de siglo en América Latina. «Más allá de Martí, en América Latina, esa autoridad emerge precisamente en oposición no sólo a los "contenidos" de los proyectos modernizadores, sino también en pugna con los usos "científicos" de la lengua que lo político-estatal, dominado por el positivismo, tendía a privilegiar» (1989: 240). «Porque la literatura [...] era el discurso que aún podía representar el origen, lo autóctono y todos aquellos márgenes que los lenguajes racionalizadores, distintivos de la modernización, no podían representar. En este sentido, en "Nuestra América" la forma misma cumple una función política fundamental. Aunque devaluada, sin duda, en la economía utilitaria del sentido que regulaba los discursos estatales, esa lengua literaria se propone como un paradigma alternativo, como la forma que debían aprender los buenos estadistas, los «creadores», para gobernar el mundo originario de América» (Ramos 1989: 241).

de la ciudad. Las miasmas que nos atraen. Nuestras narices distendidas captan la miseria con fervor sádico», apunta Guevara (2004: 63) de su recorrido por la pintoresca ciudad de Valparaíso, y es imposible no advertir aquí la sombra de Baudelaire. Pero esas notas de aquel viaje en que el joven de clase media deja atrás novia y carrera en busca de horizontes libres de las «taras de la civilización» recuerdan, sobre todo, al Neruda de «Alturas de Machu Picchu». Allí, en el Cuzco profundo, late el corazón del pueblo, y encontrarlo, oír ese latido, es transformarse. «El personaje que escribió estas notas murió al pisar de nuevo tierra argentina. Yo no soy yo» (Guevara 2004: 25-26).

En ciernes, Guevara es ya un héroe. Se ha salvado de su destino burgués, aunque no de su «destino sudamericano». La otra forma de evasión con que contaba un joven de su medio social, la literatura, pudo haberla intentado de no haberse encontrado con Fidel Castro aquella tarde de Ciudad de México donde, según todos sus biógrafos, Guevara se convierte en el Che. De haberse ido a París, como tantos escritores latinoamericanos de su generación, hubiera sido acaso una suerte de Horacio Oliveira, pero Cuba le ofreció ese «otro lado» definitivo que a aquel se le terminaba siempre escapando. Mejor que cualquier Maga, Cuba fue el pueblo.

Significativamente, Guevara reitera en sus escritos cubanos una metáfora que recuerda a aquella de «Nuestra América» sobre el «enigma hispanoamericano». «Para dirigir al pueblo hay que interpretarlo»; el guerrillero «interpreta los deseos de la gran masa campesina» (1985, II: 34). La imagen reaparece en «El socialismo y el hombre en Cuba», cuando Guevara reconoce que «es verdad que sigue sin vacilar a sus dirigentes, fundamentalmente a Fidel Castro, pero el grado en que él ha ganado esa confianza responde precisamente a la interpretación cabal de los deseos del pueblo» (1980: 35). Así como el discurso de Martí contenía una paradoja fundamental —mientras situaba la clave del enigma en el «estudio de los factores del país», él jamás intentó semejante análisis; en las antípodas de la ciencia positivista, su discurso era fundamentalmente sintético, poético o mitopoético–, la afirmación guevarista del liderazgo revolucionario como sujeto de una operación hermenéutica no deja de evidenciar la persistencia de una distancia no salvada, acaso insalvable: quien interpreta al pueblo no es parte de él.

En este punto, el contraste con Evita Perón, ese otro gran icono argentino de la izquierda del siglo xx, es revelador. Justo porque Eva Duarte procede del pueblo, puede ir, según el musical de Lloyd Weber y Tim Rice, «dressed up to the nines». Su estilo elegante refleja, como se ha señalado, el deseo de la sirvienta que a escondidas se pone las ropas de la señora: «I came from the people, they need to adore me / So Christian Dior me from my head to my toes». Ciertamente, los exclusivos trajes de Evita cumplen vicariamente la fantasía de tantas jóvenes pobres, al igual que las melodramáticas historias de tantas protagonistas de radionovelas y telenovelas latinoamericanas, cuyo lejano antecedente, el folletín a lo Eugenio Sue, fue tan duramente criticado por Marx. Si, aunque imbuida de amor por los humildes, *Los misterios de París* era en el fondo una obra conservadora, en tanto reproducía el mito burgués de la redención de los pobres mediante la filantropía, es justo esta fantasía la que permanece, ahora a escala oficial, grandiosa, cinematográfica, en el peronismo.

La Revolución cubana intentó superar radicalmente ese marco populista; no hubo en ella espacio para ninguna fundación al estilo de la de Eva Perón, como no lo hubo para ninguna primera dama filántropa. Si Evita, por ser uno de ellos, servía como mensajera entre las masas y el líder, trasmitiendo los deseos del pueblo al coronel Perón para que este los satisficiera, en el castrismo no existe esa distribución de roles, como no existe el ejército tradicional. Como ha sido Lenin y Stalin, Castro ha sido Perón y Evita, siendo a la vez algo completamente nuevo. Ahora todos han de llevar uniforme de campaña, y es Guevara, con su peculiar desaliño, quien viene a representar mejor la fijeza de ese atuendo convertido en segunda naturaleza. Si Eva Perón encarnaba las ansias del plebeyo de ascender en la escala social, permaneciendo así en el espacio burgués de la radionovela popular y las revistas del corazón, el estilo de Guevara es, desde luego, mucho más radical; a *style of radical will*, como diría Sontag. En las antípodas del estilo glamoroso de Evita, su anti-estilo traduce el deseo de cierta burguesía radicalizada, más que el de los humildes. Si Guevara se viste como descamisado, es porque no es uno de ellos.

Una crónica de Luis Victoriano Betancourt cuenta cómo los señoritos de sociedad se disfrazaban de negros curros para asistir a ciertos bailes de máscaras. En 1959, en ocasión de su nombramiento como profesor *honoris causa* por la Universidad Central de Las Villas, Guevara recomienda a los «señores profesores»: «Hay que pintarse de negro, de mulato, de obrero y de campesino; hay que bajar al pueblo» (1985, II: 35). No hay aquí, desde luego, nada de la frivolidad de aquellos petimetres habaneros de los tiempos coloniales, pero sí un extraño esteticismo, que podríamos fácilmente contrastar con el esteticismo clásico del mensaje arielista. Si recordamos que es justo la forma de discurso universitario la adoptada por Rodó en su célebre ensayo de 1900, ¿no podría verse este discurso de Guevara –y en general todo el mensaje guevarista a la juventud latinoamericana de los años sesenta– como una suerte de anti-*Ariel*?

Mientras allí el maestro preconizaba una educación estética que contribuyera a purgar el elemento atávico, bárbaro, calibanesco, que habría en todo hombre para acercarlo al modelo espiritual representado por Ariel, el «pintarse de negro, de obrero» de Guevara comporta el camino contrario; mientras el «humanismo liberal», como había señalado Aníbal Ponce en su *Humanismo proletario y humanismo liberal* –uno de los libros capitales en la formación intelectual del joven Guevara–, se fundamenta en la clásica *paideia* humanista, el «humanismo proletario» preconiza necesariamente la violencia. Guevara en su «Despedida a las Brigadas Internacionales del Trabajo Voluntario»:

> La primera receta para educar al pueblo es hacerlo entrar en revolución. Nunca pretendan educar a un pueblo para que, por medio de la educación solamente, aprenda a conquistar sus derechos. Enséñenle [...] a conquistar sus derechos, y ese pueblo, cuando esté representado en el gobierno, aprenderá todo [...] y mucho más, será el maestro de todos. (1985, II: 87)

Habría que proyectar este pasaje fundamental sobre el trasfondo de la gran tradición liberal latinoamericana, de Mariano Moreno al propio Rodó. En 1810, Moreno hizo reimprimir en Buenos Aires la traducción española del *Contrato Social*, para distribuirlo en las escuelas públicas de la recién fundada República argentina –clásico ejemplo de esa importación de libros europeos en donde Martí situaba el pecado original de los letrados latinoamericanos. «Si los pueblos no se ilustran, si no vulgarizan sus derechos, si cada hombre no conoce lo que vale, lo que puede y lo que se le debe, será tal vez nuestra suerte mudar de tiranos sin destruir la tiranía», escribió el prócer argentino en su prólogo al tratado de Rousseau. En Rodó, esta fe en la educación permanece intacta, si bien más concentrada en la enseñanza superior: el magisterio universitario se afirma en *Ariel* como reducto fundamental de valores espirituales.

Lo que hace Guevara es, entonces, invertir los términos: el problema no está en el pueblo inculto, sino en la universidad entendida como casa de un saber patrimonial. En su discurso en la Universidad de las Villas el guerrillero argentino se refiere, significativamente, a sus propios orígenes burgueses:

> Y quisiera, porque inicié todo este ciclo en vaivenes de mi carrera como universitario, como miembro de la clase media, como médico que tenía los mismos horizontes, las mismas aspiraciones de la juventud que tendrán ustedes, y porque he cambiado en el curso de la lucha, y porque me he convencido de la necesidad imperiosa de la Revolución y de la justicia inmensa de la causa del pueblo, por

eso quisiera que ustedes, hoy dueños de la universidad, se la dieran al pueblo. (Guevara 1985: II, 37).

La universidad debe darse al pueblo, hacerse pueblo, justo porque el pueblo ha *entrado en* revolución. En vez de contrarrestar la violencia del pueblo mediante la educación, como quiere la tradición liberal, lo que se impone es devenir pueblo, y ello pasa necesariamente por la violencia: he ahí el profundo sentido calibanesco de la Revolución cubana[3].

En esta afirmación de la violencia revolucionaria encontramos otra sorprendente comunidad entre Guevara y Martí. Para este, la guerra era necesaria no sólo porque liberaría a Cuba del yugo español, sino porque constituía una expiación de la culpa de la esclavitud. La violencia revolucionaria, justo porque destruía esa riqueza mal habida, era redentora. «Con ramas de árbol paraban, y echaban atrás, el fusil enemigo; aplicaban a la naturaleza salvaje el ingenio virgen; creaban en la poesía de la libertad la civilización; se confundían en la muerte, porque nada menos que la muerte era necesaria para que se confundiesen, el amo y el siervo», dice Martí en Hardman Hall. Habitar en chozas construidas por ellos mismos, hacer la pólvora que usarían luego, utilizar creativamente la naturaleza: todo ello representa una cierta salida de la fragmentación moderna. Ocupando el espacio bárbaro de la manigua, la Guerra Grande aparece en el discurso martiano como origen de una comunidad nacional virtuosa, en las antípodas de la degenerada ciudad colonial. La guerra, ese «soplo caliente» que ha «trocado en legiones de héroes las que antes fueron gala de la danza, y regocijo y pasto de vicios», es creadora de hombres nuevos.

---

[3] Al final de su «Calibán. Notas sobre la cultura de Nuestra América», Fernández Retamar cita este pasaje de Guevara, para apostillar: «Es decir, el Che le propuso a la "universidad europea", como hubiera dicho Martí, que cediera ante la universidad americana; le propuso a Ariel, con su propio ejemplo luminoso y aéreo si los ha habido, que pidiera a Calibán el privilegio de un puesto en sus filas revueltas y gloriosas» (1995: 45). Me parece que aquí Retamar pierde de vista la centralidad de la violencia revolucionaria tanto en Martí como en el propio Guevara. La idea de que Ariel debe «unirse a Calibán en su lucha por la verdadera libertad», y de que «nuestra cultura es hija de la revolución», tesis centrales de aquel ensayo de 1971, no llegan a comprender en toda su dimensión el radicalismo guevarista, que no estaría ya en *unirse* a Calibán, sino más bien en *transformarse* en Calibán, ser Calibán; es justo la imposibilidad de semejante empresa lo que conduciría a la representación, el espectáculo: «pintarse de pueblo». En el guevarismo, el dirigente revolucionario no debe tanto «unirse al pueblo», como forzar al pueblo, «hacerlo entrar en revolución».

Algo de ello hay, ciertamente, en la doctrina guerrillera que en los sesenta teorizaran Guevara y Debray, sólo que ahora el pasaje no es a la comunidad nacional sino a la subjetividad proletaria. «Todo hombre aunque sea un camarada, que se pasa la vida en la ciudad, es un burgués sin saberlo» (Debray 1968: 285), se lee en *¿Revolución en la revolución?* Justo porque implica un trabajo material, la guerrilla renueva a los pequeñoburgueses, proletarizándolos. Si las comodidades de la vida civilizada son «incubadoras tibias» que «infantilizan y aburguesan», en la guerrilla se produce un «contacto permanente y directo con el mundo exterior, con los campesinos y con la naturaleza». El guerrillero tiene que cazar, sembrar, cosechar, recolectar, y son esas condiciones materiales las que «conducen al foco, ineluctablemente, a proletarizarse moralmente y a proletarizar su ideología».

Negación de la ciudad burguesa, la guerrilla lo es también de esa otra ciudad parásita que desde los tiempos coloniales cada capital latinoamericana alberga dentro de sí: la ciudad letrada, conformada por todos aquellos que manejan la pluma al servicio del poder. En palabras de Ángel Rama, «fue la distancia entre la letra rígida y la fluida palabra hablada, que hizo de la *ciudad letrada* una *ciudad escrituraria*» (1985: 3); a esa rigidez de la palabra escrita se opone la fluidez del guerrillero que se mueve por el campo, según la frase de Mao, como un pez en el agua. Desafiando la fijeza de la iglesia y el ayuntamiento, de las piedras y las leyes, la guerrilla es puro movimiento. Mas no se trata simplemente de una táctica, un medio para la toma del poder; hay en este tráfico algo de original, creador: «Nunca un guerrillero o un campesino utilizará los caminos ya trazados de la montaña: él los abre a través de la espesura, haciéndose de propios caminos», escribe Debray (1968: 95), y recuerda uno los «caminos de bosque» heideggerianos, esos senderos claroscuros donde se encuentran arte y política, vislumbrándose la verdad[4]. Frente a las ciudades fundadas por los conquistadores, los trillos abiertos por los guerrilleros en la profundidad de la

---

[4] Este sentido poético de la guerrilla se aprecia, aun más que en Guevara y Debray, en Fanon: «En la guerrilla, efectivamente, la lucha no es ya donde se está sino adonde se va. Cada combatiente lleva la patria en guerra entre sus manos desnudas. El ejército de liberación nacional no es el que se enfrenta de una vez por todas al enemigo, sino el que va de aldea en aldea, que se repliega en la selva y que salta de júbilo cuando se percibe en el valle la nube de polvo levantada por las columnas del adversario. Las tribus se ponen en movimiento, los grupos se desplazan, cambiando de terreno, los del norte se mueven hacia el oeste, los de la llanura suben a la montaña. Ninguna posición estratégica es privilegiada. El enemigo se imagina perseguirnos, pero siempre nos las arreglamos para marchar sobre sus talones, hostigándolo en el momento mismo en que nos cree aniquilados. En lo sucesivo, somos nosotros los que perseguimos. Con

selva americana vienen a constituir un nuevo origen; prefiguran *otra* ciudad que no se basa ya en la antinomia sino más bien en la paradoja, especie de campo letrado o ciudad bárbara, tan maravillosa como ciertas ciudades imaginadas por Calvino, tan quimérica como El Dorado.

La violencia revolucionaria acompaña, necesariamente, esta refundación; más aun, la violencia *es* ese pasaje. En su conocido «Prólogo al *Poema del Niágara*», escribe Martí que el poeta siente la «nostalgia de la hazaña» una vez que la guerra ha perdido su antigua aura y los hombres se dedican a «cosa más suave, productiva y hacedera». El tema reaparece en las *Escenas norteamericanas*, en un párrafo nietzscheano en que, luego de relatar varios casos de suicidio y atribuirlos a la mediocridad de un mundo donde no hay lugar para cosas grandes, Martí opone a la cobardía de los suicidas una energía que, desde el dolor, implica creación y trascendencia. «Los enérgicos, aunque desgranándose en el interior como un rosario al que se rompe el hilo, echan mano a la espada, el arado o la pluma, y con las ruinas de sí mismos, fundan. El hombre tiene que ser abatido, como una fiera, antes de que aparezca el héroe» (1963: 227).

¿No recuerda esta última frase a aquella otra donde Mella, en su comentario a *La zafra*, llamaba a Agustín Acosta a «"matarse" y volver a hacerse a sí mismo»? «Sólo los «sin padres», advertía Mella, «pueden ser útiles y lograr un triunfo social en esta vida moderna» (1985: 80). Estos «sin padres» no son, desde luego, sino los proletarios, aquellos que por no tener antepasados con nombre, ningún lastre que los amarre al pasado, estarían llamados a crear esa novedad absoluta que es la sociedad comunista. Una vez más, la violencia al comienzo del camino, condición *sine qua non* de un nuevo heroísmo de la vida moderna donde la «nostalgia de la hazaña» informa la gesta proletaria. Se diría que Mella, que hace en los años veinte una lectura radical de Martí desde la izquierda comunista, representa ese eslabón entre el nacionalismo martiano y la guerrilla de los sesenta[5].

---

toda su técnica y su capacidad de fuego, el enemigo da la impresión de embrollarse y hundirse en arenas movedizas. Nosotros cantamos y cantamos» (Fanon 2003: 28).

[5] Con la diferencia de que el énfasis tecnológico de Mella (aviones, tanques de guerra, cinematógrafo), quien escribe en los años veinte, se ha trocado en la guerrilla de los sesenta en un cierto primitivismo. Marcuse interpreta el ascenso de las guerrillas anticoloniales, en los años posteriores a la Segunda Guerra Mundial, como una especie de regreso del cuerpo, entendido como reducto de potencia vital frente a la «jaula de hierro» en que se habrían convertido las deshumanizadas sociedades modernas. En el prólogo a la segunda edición de *Eros and civilization* (1966), afirma: «In the revolt of the backward peoples, the rich societies meet, in an elemental and brutal form, not only a social revolt in the traditional sense, but an instinctual

Si, como se ha afirmado, las décadas del treinta al cincuenta son en América Latina tiempos de «introspección colectiva», donde la tradición del pensamiento abocado a la acción se pierde o atenúa, con la militancia guerrillera «esa fatalidad de la vida sudamericana que nos empuja a la política a casi todos los que tenemos una pluma en la mano» (Marechal 1978: 85), para decirlo con palabras de Rodó en carta a Baldomero Sanín Cano, se renueva decisivamente: nunca como entonces se mató y se murió tanto por mor de las ideas. Pues no fue propiamente la política, sino la violencia revolucionaria lo que ejercieron esos jóvenes de clase media que inspirados en el ejemplo de Guevara se alzaron en armas contra el poder del estado burgués, siempre en nombre del pueblo. De ese pueblo que más de un siglo atrás había aupado a los crueles caudillos y hasta dado muerte a sus ilustres antepasados.

«Vencen los bárbaros, los gauchos vencen», piensa el doctor Francisco Laprida, en el poema de Borges, poco antes de que le den caza los montoneros de Aldao. Al él, que quiso ser hombre de leyes y de libros («libros importados», diría Martí), lo alcanza al fin la violencia, procedente de esos «otros» que vencen, ineluctablemente. Ese «destino sudamericano» sería el fracaso de los ideales de la emancipación, incompatibles con la turbulencia de aquellas masas ciegas que capitanearon Aldao, Facundo Quiroga, Rosas. Cuando proclama que «estos países se salvarán», lo que propone Martí en «Nuestra América» no es sino romper ese círculo vicioso de las guerras civiles, superando el terrible *fatum* contra el cual la receta ilustrada de un Moreno había resultado impotente: si las repúblicas habían purgado en las tiranías «su incapacidad para conocer los elementos verdaderos del país», había que avanzar en tal conocimiento.

El planteamiento martiano va, sin embargo, más allá de su insistente llamado al «estudio de los factores del país»; después de todo, eso ya estaba en Sarmiento. Recordemos, por ejemplo, este célebre pasaje del *Facundo*:

> Necesítase empero para desatar el nudo que no ha podido cortar la espada, estudiar prolijamente las vueltas y revueltas de los hilos que lo forman y buscar en los antecedentes nacionales, en la fisonomía del suelo, en las costumbres y tradiciones populares, los puntos en que están pegados. (1922: 18)

---

revolt –biological hatred. The spread of guerrilla warfare at the height of the technological is a symbolic event: the energy of the human body rebels against intolerable repression and throws itself against the engines of repression» (1978: xix).

Frente a esta perspectiva más bien crítica, sociológica, la reivindicación de la autoctonía americana en «Nuestra América» equivale a una decidida afirmación de la *poiesis*: «Gobernante, en pueblo nuevo, quiere decir creador», «crear es la palabra de pase de esta generación». En su semblanza de Emerson, Martí había señalado los límites de la ciencia positivista, al afirmar que «el espíritu eterno adivina lo que la ciencia humana rastrea. Esta, husmea como un can; aquel, salva el abismo, en que el naturalista anda entretenido, como enérgico cóndor» (2003: 65). Su convocatoria a descifrar el «enigma hispanoamericano» está, claramente, más cerca de esta adivinación espiritual que del conocimiento al modo raso de Moreno o Sarmiento. Es ahí, en ese salto cualitativo que equivale a identificarse con la oscura otredad temida por los letrados liberales, donde se conseguiría no ya «desatar el nudo» sino cortarlo de una buena vez.

Y para ello, desde luego, era imprescindible la espada: «estos tiempos no son para acostarse con el pañuelo a la cabeza, sino con las armas de almohada» (1984: 117), advierte Martí desde el comienzo en «Nuestra América». Como si el destino sudamericano sólo pudiera ser vencido no soslayando la violencia de los «otros», esquivándola o conteniéndola, sino más bien atravesándola, lanzándose de cabeza en medio de la hoguera. Borges, patricio, rinde culto al glorioso antepasado en su «Poema conjetural»; Guevara, haciendo suyo el llamado de Mella, o aquel otro más reciente de Sartre en el prólogo a *Los condenados de la tierra* («Ahora nos toca el turno de recorrer, paso a paso, el camino que lleva a la condición de indígena»), trata de matar su herencia burguesa para rehacerse; ser el *otro*, el bárbaro, el gaucho. A ese pasaje al otro lado equivale su «entrar en revolución»: la salida que proponen los utópicos años sesenta al destino sudamericano. «La historia no es una fuerza misteriosa que se abate como una fatalidad sobre nosotros, sino la designación que damos a la actividad humana» (2007: 14), afirmaba John William Cook en su discurso de conmemoración de la Revolución de Mayo en 1962, en aquella reunión habanera donde Guevara pronunció su «Mensaje a los argentinos».

Pero bastaron unos años para que ese optimismo voluntarista, alimentado por el espejismo de Playa Girón, comenzara a dar frutos fatales. Más que una superación del destino sudamericano, los sucesivos fracasos guerrilleros se revelaban como una última, extravagante forma del mismo. Sólo que ahora, la violencia de la «tarde última», esa ruina final no venía ya de afuera, de los *otros*, de la intemperie, sino más bien de adentro, como un profundo anhelo: en la selva boliviana Guevara no se enfrenta al Ejército boliviano, a la CIA, sino a Guevara. ¿No había escrito él mismo que «el revolucionario, motor ideológico de la revolución dentro de su partido, se consume en esa actividad ininterrumpida que no tiene más fin que la muerte, a menos que la construcción se logre en escala mundial» (1985, II: 382)? Y aquí, desde luego, Martí –el de los «Diálogos de vida y muerte» de Casey– algo prefigura también.

Ciertamente, el destino sudamericano adquiere en la muerte de Guevara un sentido netamente sacrificial y a la vez espectacular, que no era del todo compatible con la concepción marxista de la historia, cuya desconfianza del papel atribuido a los grandes hombres por la historiografía «burguesa» es de sobra conocida. Así, David Viñas comprende la peripecia guevarista como una variante extremada del esteticismo burgués. «"El ser escritor" y el "morir heroico", ¿no se superponen en el cielo mitológico de la burguesía?» (1971: 101). Sí, responde Viñas, en tanto

> siguen operando con una visión teatral, de «primeras figuras», que prolonga las interpretaciones individualistas de la historia literaria y política; porque ese heroísmo de «la pluma» o de «la espada» necesita destacarse sobre el fondo inerte de la masa; porque supone nuevamente la escisión entre el «espíritu» y el «cuerpo». (1971: 102)

Para Viñas, Guevara marca un umbral, pero permanece a su pesar en la línea del «individualismo heroico del modelo instaurado por los románticos burgueses del año 37». Su muerte en Bolivia, lejos de ser un gesto ejemplar, o quizás por ello mismo, revela ese límite que el guerrillero no habría podido superar.

Esta crítica durísima y desgarrada, que tan bien refleja la crisis de la izquierda radical latinoamericana a comienzos de la década del setenta, sigue sin embargo comprendiendo el error del guevarismo como una contingencia. Pues, para Viñas, sí había una salida al laberinto; convencido de que «El sistema burgués se viene abajo», él propone, como única alternativa, «una concreta literatura socialista sin héroes ni parcelas de propiedad individual» (1971: 135). Nuestra perspectiva, en cambio, nos llevaría a comprender la caída del guevarismo como algo necesario. Guevara fracasa no porque se haya desligado del pueblo, sino porque ese pueblo no existía fuera de aquel discurso de la burguesía argentina que Viñas pretende desmitificar; era en gran medida una invención literaria.

«El espacio que se abre por primera y única vez entre el único Guevara y un pueblo –como prolongación de su cuerpo– que fundiéndose con él lo hubiese sostenido» (Viñas 1971: 131), es un insalvable abismo, no ya porque el guerrillero continúe a su pesar el liberalismo romántico, sino porque ese pueblo, como la propia sombra, era inalcanzable. Así como Martí, mientras prescribe «el análisis de los elementos peculiares de los pueblos de América», no hace más que crear un mito llamado «Nuestra América», el empeño guevarista de ser *otro*, ese camino de renovación del sujeto burgués, no puede conducir sino a la intemperie, a la muerte en última instancia. El enigma del pueblo, diríamos, permanece indescifrable; esfinge muda, el pueblo resiste toda interpretación. No es un enigma, al cabo, sino un misterio, como la historia misma. Dándole la razón a Borges, habría que corregir a Cook: la historia «es una fuerza misteriosa que se abate como una fatalidad sobre nosotros».

Podría conjeturarse, incluso, que este pensamiento de la tarde última fue compartido por ambos: Francisco Narciso de Laprida el 29 de septiembre de 1829, Ernesto Guevara de la Serna el 7 de octubre de 1967. ¿No habría, en un hipotético relato al estilo de Borges, una secreta, irónica correspondencia entre el doctor que proclamó la independencia de la Provincias Unidas del Río de la Plata y ese otro doctor, el errabundo guerrillero que quiso proclamar la segunda, definitiva independencia de América Latina? El uno, muerto a mano de los *otros*; el otro, *otro* él mismo, al final de su trayecto no encuentra, en la escuelita de La Higuera, sino la misma «noche lateral de los pantanos». Como si, cumplido ese extraño viaje a la semilla de «Nuestra América», se regresara al punto de partida: la historia, ese ídolo luminoso de los años sesenta, derrotada una vez más por el destino sudamericano.

La razón en la caballería

«La revolución» –escribe Barthes en *El grado cero de la escritura*– «fue, por excelencia, una de esas grandes circunstancias en que la verdad, por la sangre que cuesta, se hace tan pesada que requiere, para expresarse, las formas mismas de la amplificación teatral. La escritura revolucionaria fue ese gesto enfático que continuaba el cadalso cotidiano» (2005: 29). De manera semejante, podría decirse que en Cuba la «salida de bramidos» de Martí continuó el incendio de la Guerra Grande –un incendio que había comenzado con la quema de Bayamo y se había expandido gracias a esa arma asoladora de los insurrectos que fue la tea incendiaria. En su discurso del 10 de octubre de 1889, afirmaba Martí:

> Sí, aquellos tiempos fueron maravillosos. Hay tiempos de maravilla, en que para restablecer el equilibrio interrumpido por la violación de los derechos esenciales a la paz de los pueblos, aparece la guerra, que es un ahorro de tiempo y de desdicha, y consume los obstáculos al bienestar del hombre en una conflagración purificadora y necesaria. (1975: 236).

Los carbones encendidos crepitan también en los *Episodios de la revolución cubana* de Manuel de la Cruz. El gran panegírico de los héroes de la Guerra del 68 se escribió con la vista encandilada por el fuego. «Cúpome en suerte bosquejar el primero la épica leyenda, y lo hice entre rompimientos de gloria, como que de propósito compuse un libro de devoción patriótica, para que fuese a sacudir y a conmover el corazón cubano» (1926: 342), confiesa el autor en carta a Manuel Sanguily. En 1890, eliminada la censura por el gobierno colonial, se produjo en la isla un clima de libertad de expresión en el que el libro de Manuel de la Cruz venía oportunamente a funcionar como propaganda separatista. Junto con *A pie y descalzo*, de Ramón Roa, aparecido en el propio 1890, y *Desde Yara hasta el Zanjón*, de Enrique Collazo, publicado tres años más tarde, los *Episodios* conforman ese fundamental trío de lo que Ambrosio Fornet llamó «literatura de campaña», que fue muy influyente en el enconado debate de ideas de aquel lustro anterior al comienzo de la Guerra del 95.

Si Roa se proponía contar con crudeza los hechos en que había participado tras su desembarco por Trinidad, y Collazo proponer, por medio de su testimonio, una tesis sobre la causa que había conducido al Pacto del Zanjón, De la Cruz pretende otra cosa: atrapar, a través de la narración de algunos hechos singulares, el espíritu mismo de la Revolución. La unidad de los *Episodios* no está en la cronología ni en los personajes, sino en la poderosa imagen de una caballería mitológica: el mambí es «centauro ágil y brioso, moviendo la hoja flamígera» (1967: 66). Como cuadros de Caspar David Friedrich, las épicas escenas recreadas por Manuel de la Cruz son francamente sublimes:

> El brigadier González Guerra coronó la altura. Perfilóse en la cumbre gigantesco y soberbio, como la efigie simbólica de nuestra caballería, como la imagen viva de la audacia y el valor de nuestros centauros, teniendo por pedestal la montaña orillada por el abismo y arrullada por los mugidos del río. (1967: 95)

Es por ello que, con los discursos de Martí, es el libro singularísimo de Manuel de la Cruz el que vendrá a conformar el núcleo flamígero del discurso independentista, su forma canónica. Si Roa y Collazos son «escribientes» —para usar la conocida distinción de Barthes—, Martí y De la Cruz son escritores. Aunque sus escrituras tengan también un carácter instrumental, propagandístico, hay en ellas, en el característico barroquismo del discurso martiano y en la prosa preciosista de Manuel de la Cruz, un «plus», un exceso que mucho contribuye a trasmitir la «fisonomía peculiar, distinta y propia de la Revolución» (Cruz 1967: 12). Como hecha para ser pintada en las paredes de los futuros edificios de la República, esta imagen romántica, lírica, de la guerra, es ciertamente bien distinta de aquella otra más prosaica de Collazo y Roa, quienes habían participado en la contienda. En las antípodas del síndrome de Fabrizio del Dongo, Martí y Manuel de la Cruz perciben la guerra desde fuera, como un espectáculo. En los héroes del 68 vieron, como Hegel en los invencibles ejércitos de Napoléon, no ya hombres sino «la razón a caballo».

Algo de esa visión se retoma, décadas después, en *Caballería* (1960) de Raúl Corrales, una de las fotos emblemáticas de la Revolución de 1959. En ella se observa a un grupo de jinetes portando banderas cubanas cuando penetraban en un latifundio norteamericano intervenido en virtud de la primera Ley de Reforma Agraria. Hay un halo épico, una grandilocuencia en esa imagen que no encontramos, por cierto, en los *Pasajes de la guerra revolucionaria* de Guevara. Si este libro testimonial no abunda en escenas de heroísmo, acá se trata de crear una imagen heroica de la guerra *a posteriori*. Más que un documento, la foto es casi una dramatización: la revolución convertida ya en espectáculo. Los caballos remiten al ejército zapatista durante la Revolución Mexicana, pero también, sobre todo, a los mambises cubanos.

La revolución crea a sus precursores; en su discurso del 1 de enero de 1959, ya Castro, que unos días atrás había pasado por Mangos de Baraguá, «Veía revivir aquellos hombres con sus sacrificios, con aquellos sacrificios que nosotros hemos conocido también de cerca». Son muchas las obras de los sesenta que destacan la continuidad entre las guerras de independencia y la lucha revolucionaria. Por ejemplo, en la obra de teatro *El general Antonio estuvo aquí* (1961) de Manuel Reguera y Saumell, el paralelismo es obvio: durante la guerra del 95 Antonio Maceo visitó la hacienda de doña Mariana; para evitar que cayera en poder de los españoles, la familia decide prenderle fuego; en el presente revolucionario, tras la visita del Comandante y ante el avance de las tropas de Batista, los descendientes de la matriarca piensan hacer lo mismo.

En otros escritos de la época la referencia a los mambises es menos explícita; algunos regresan a los textos de Martí y Manuel de la Cruz, no ya mediante la cita sino a través de la paráfrasis o incluso del plagio. Echan, así, nueva luz sobre aquellos textos canónicos del discurso independentista, que a su vez iluminan, «a la distancia de cien años», la ansiedad de una escritura atravesada por eso que René Depestre llamó «el complejo de Sierra Maestra». En la primera sección de *Los convidados de plata*, un fragmento de la novela *El año 59*, que Carpentier no llegó a terminar, el protagonista afirma:

> Ellos habían estado. Nosotros no habíamos estado allá, en las cimas, en los picos, cuya visión, tenida únicamente a través de tratados de geografía elemental, de libros ilustrados, se nos había quedado en nociones buenas para maquetas de configuraciones orográficas o de mapas de relieve. Ellos —esos que nos miraban sin mirarnos— habían medido las cumbres con sus pasos de hombres; habían dormido, sesgados, en las laderas, sabían de amaneceres distintos a los que se veían, abajo, en los llanos y en las tierras —tierras coloradas, tierras negras— que eran las de nuestros campos [...] A veces se les interrogaba, cuando el atrevimiento era grande, sobre sus hechos, sus recuerdos, sus vidas. Ellos contaban, entre silencios,

enlazando monosílabos, parcamente –acostumbrados a hablar poco–, de batallas aún recientes, de marchas agotantes, bajo la lluvia, de muertes de compañeros (de nombres mudos, para nosotros) caídos en la acción. (Carpentier 1972: 12)

Este pasaje, ¿no recuerda a aquel de la lectura en Steck Hall donde Martí se refería a aquella porción de cubanos para los que «la heroica resistencia de los revolucionarios era, a modo de sueño y de leyenda, lejana maravilla»? Continuaba allí Martí:

> No tuvieron hijos bajo chozas fabricadas por sus manos, estallando el rayo arriba, y entorno los fusiles. No anduvieron desnudos por los campos. No aplaudieron a oradores que hablaban a la vez con la lengua y con el rifle. No hicieron por la noche la pólvora con que por la mañana habían de saludar valientemente el día. No sufrieron los dolores de Job. No los inflamaron los héroes con sus alientos. Los caballos que arrebataron del seno enemigo a un soldado que cumplía entonces con su deber, no pasaron, con carrera fantástica, a sus ojos. (1975: 196)

La imagen del caballo regresa una y otra vez en estos discursos donde, cada 10 de octubre, Martí contrapone la acción, junto a su auxiliar la palabra revolucionaria, a la mera palabra de los «políticos de papel». En su arenga en Hardman Hall, en 1891, afirma no venir a hablar «como gusanos» sino «a caballo», y pronuncia una de sus célebres frases: «¡La razón, si quiere guiar, tiene que entrar en la caballería!». Esta reivindicación de la violencia revolucionaria se dirige, evidentemente, contra los autonomistas, representantes de esa otra razón ya no poética sino esencialmente crítica, que argumentaba sobre la inconveniencia de una nueva guerra, para proponer un camino más lento, menos traumático, hacia el autogobierno.

«La prudencia puede refrenar, pero el fuego no sabe morir» (1975: 216), dice Martí el 10 de octubre de 1887. En sus discursos, buen número de imágenes de resonancia bíblica y romántica expresan el sentido purificador que él atribuye a la guerra revolucionaria. Martí insiste en que es tanto el caudal de hazaña y patriotismo de «aquella década magnífica», que los recuerdos de la misma no pueden morir. «Los que en comunidad vivieron [...], en comunidad vuelven a vivir. Y los muertos entonces cobran forma» (1975: 185). Los muertos aparecen una y otra vez en los escritos de Martí, desde aquella imagen terrible de *La República española ante la Revolución cubana* –los cadáveres de los caídos de la guerra que llenan el abismo entre España y Cuba–, donde se anuncia ya lo que, en muchos de los discursos pronunciados después del fin de la Guerra de los Diez Años, será el gran tema de la propaganda martiana: la presentación de la «revolución cubana» como lo que había sido según Michelet la Revolución para los franceses: una «leyenda de unidad nacional».

En el discurso martiano, los muertos deben encarnar de nuevo. «El espíritu de los muertos pasa a alentar el alma de los vivos. Los viejos héroes, acostumbrados a la gloria, vuelven a buscarla. [...] Ya cabalgan de nuevo los jinetes de hierro» (Martí 1975: 189). Este motivo, el de la necesidad de recobrar los fantasmas de la pasada epopeya, aparece en uno de los escritos más singulares de todos los que abordaron el tema de los Cien Años de Lucha: el relato de Antonio Benítez Rojo titulado «Heroica[1]». «¿Por qué no desgranar hazañas junto a la hoguera del mito? ¿Por qué sepultar tanto fantasma ejemplar, por qué no soñarlos y delirarlos entre cueros y guitarras hasta sentir el calor que despoja el alma, que la cepilla y la lustra después de izarla de la cloaca, que la enrola bajo la pólvora, y el panfleto de la cruzada que le ha tocado vivir a uno?» (1976: 277), preguntaba Benítez Rojo, retomando no sólo la idea martiana de encarnar el espíritu de los muertos gloriosos, sino también algo de la retórica inflamada de Martí. Este pasaje se encuentra al final de la primera de las dos secciones que componen el relato, las cuales ofrecen un contraste entre la vida contemplativa y la acción revolucionaria.

En «El Hombre de la Poltrona», que aborda la lucha antibatistiana, vamos conociendo, por medio de ese tipo de narración extremadamente densa y llena de *flashbacks* característica de los cuentos de Benítez Rojo, que el protagonista ha traicionado a sus camaradas de armas al negarse a ajusticiar a Leónidas María Fowler, un esbirro batistiano; poco después este ve por casualidad desde su auto a Mirna, la esposa de aquel, caminando por la calle, la secuestra y la viola, y de ahí nace una hija, ya una adolescente en el momento de la narración, el año de 1971. El Hombre de la Poltrona aparece siempre leyendo, en su apartamento típicamente burgués: es un «antihéroe moderno». «Apestado de la ironía de los protagonistas contemporáneos, del cinismo estoico y paralizador que proclama la absurdidad del mundo como credo, desechará estratagemas y planes de ataque» (1976: 275). En su inacción está su pecado, y en él su penitencia, ese peso con el que tiene que vivir día tras día, sin que pueda evadirse mediante la lectura: la presencia de la hija ajena, el fracaso de su matrimonio. Al final de esta parte, el autor, quien ha intervenido una y otra vez en la narración, ofrece

---

[1] El título alude, claro, a la tercera sinfonía de Beethoven, aquella dedicada a Napoleón.

al lector la oportunidad de otra historia, donde se elija el «fragor de la epopeya», y el héroe aparece, ya no sentado en su poltrona sino sobre una silla de montar.

La segunda parte es una recreación de la vida de Ignacio Agramonte, «El Hombre que Cabalga». Benítez Rojo cita de *Joaquín de Agüero y sus contemporáneos*, el libro de Miguel Rivas Aguirre, el pasaje sobre el fusilamiento de Agüero el 12 de agosto de 1851, que Agramonte había presenciado de niño, llegando a mojar su pañuelo en la sangre del mártir. Más adelante, Benítez Rojo utiliza literalmente, aunque sin referencia alguna, amplios pasajes de «El rescate de un héroe», uno de los *Episodios de la revolución cubana* donde se narra el legendario rescate del brigadier Sanguily por la tropa de Agramonte. ¿Por qué Benítez Rojo hace referencia al libro de Rivas Aguirre y no al de Manuel de la Cruz, que no es una fuente más, sino que ofrece el material mismo de varias páginas de su relato? ¿Por qué escribe que «resulta imprescindible el testimonio de las crónicas», antes de incluir la larga cita de *Joaquín de Agüero y sus contemporáneos* (más de una página) y sin embargo pasa sin solución de continuidad al texto de Manuel de la Cruz, en los últimos «cuadros» que componen «El Hombre que Cabalga»?

Quizás se trate de llevar al límite la identidad con aquellos discursos fundacionales: no sólo, como afirmara Castro en su discurso del 10 de Octubre de 1968, que «Nosotros, entonces, hubiéramos sido como ellos; ellos, hoy, hubieran sido como nosotros», sino que *escribimos* igual. Esto es, la continuidad entre *ellos* y *nosotros* no aparece únicamente, como en otras obras clásicas sobre los mambises —la película *La primera carga al machete* (1969) de Manuel Octavio Gómez, la canción «El Mayor» (1973) de Silvio Rodríguez— al nivel temático, sino en el propio cuerpo de la escritura. El de Rivas Aguirre es un libro de historia, publicado en 1951, mientras que el libro de Manuel de la Cruz es crónica viva de la revolución. Benítez Rojo no lo cita pero tampoco lo plagia, en el sentido burgués; lo encarna, de manera análoga a cómo al decir de Martí había que encarnar a los muertos del 68 cabalgando de nuevo.

Significativamente, «Heroica» y los *Episodios* tienen en común un aspecto fundamental del discurso épico revolucionario: el lugar secundario, problemático, del amor. Además de doña Cirila, una mujer mayor que en «El rescate de un héroe» y en «Heroica» ayuda a los insurrectos, el único personaje femenino que aparece en el libro de Manuel de la Cruz representa la tentación de la carne y termina causando la muerte del mambí. En «El teniente Salazar», un teniente herido es dejado por su compañero de armas al cuidado de su esposa, la sensual Rosa, quien, atraída por él, se le ofrece. Salazar se resiste pero al final cede al deseo, para luego suicidarse de un tiro, única manera que encuentra de satisfacer a su amigo por la afrenta inferida y así recobrar su honor.

En «Heroica», se deja muy claro que el amor, como la lectura, ha de ser relegado por la acción: «atrás han quedado Espronceda y los jurisconsultos, la delicia cotidiana de la pantufla y el sillón de mimbre, el paseo por la finca soleada. Aunque pronto se encontrará con la bellísima Amalia, sabe que las tardes en que labraba corazones en los árboles de Simoni no pueden volver: el amor también ha de quedar al fondo, un recuerdo inflamado» (1976: 296). En la parte del Antihéroe, el erotismo aparece viciado por la inacción del protagonista, que se significa en una sugerida impotencia sexual; en la parte del Héroe, debe quedar en segundo plano, «más allá del umbral que ha cruzado al galope»; hay potencia, pero esta debe invertirse únicamente en el combate.

En lugar del amor romántico, lo que anima los *Episodios de la revolución cubana* es el amor a la patria. El hilo que ensarta todos los relatos es justamente ese «patriotismo» que, al decir de De la Cruz, «a todo provee: él da habilidad, constancia, fuerzas desconocidas, instintos que maravillan, reemplaza al genio» (1967: 73). En los *Episodios*, la celebración del patriotismo se asocia, al igual que en los discursos de Martí, a la voluntad de narrar la revolución cubana como el origen de la nación. En medio del fragor del combate y de la sangre de los patriotas había surgido «la familia cubana». La unidad nacional aparece representada una y otra vez: confraternidad de negros y blancos, de amos y esclavos, ya cubanos por la comunidad del sentimiento patriótico, del compañerismo de la manigua, de la identificación con el paisaje.

En este sentido, podría aventurarse que los *Episodios de la revolución cubana* jugaron el papel de lo que Doris Sommer, en su estudio de las novelas latinoamericanas del siglo XIX, ha llamado «romances fundacionales», esas ficciones escritas tras las guerras civiles donde el amor de la pareja heterosexual simboliza la unidad nacional, más allá de diferencias raciales y sociales[2]. Sólo que, en

---

[2] En su estudio de *Sab*, de Gertrudis Gómez de Avellaneda, Sommer destaca los elementos comunes entre esta novela y otras novelas románticas latinoamericanos, para sugerir que a pesar de que Cuba se aleja del patrón general de la independencia en América Latina, hay «una coherencia cultural e incluso política en el proyecto literario/político de reconciliar las oposiciones, abrazar al otro, que va más allá de las diferencias históricas entre los países» (2004: 167). No obstante, el final infeliz de Sab, así como el aun más trágico de *Cecilia Valdés*, que Sommer analiza muy bien, me parece que apuntan más a la especificidad de Cuba. En esas novelas escritas antes de la Guerra, cuando no existía un estado nacional, no hay aún romance fundacional, sino más bien una crítica acérrima de la esclavitud. Es sólo tras la abolición de la

lugar de mezclar amor y patriotismo, en esas crónicas de la guerra que son los *Episodios de la Revolución Cubana* aquel adquiere absoluta prioridad sobre este; la unidad no se realiza en la unión sentimental sino en la convivencia en el campo de batalla, una comunidad que recuerda a la fraternidad viril celebrada por Malraux en los años treinta. Hay, por cierto, una cita del libro de Manuel de la Cruz en otra obra fundamental del canon de los Cien Años de Lucha, la escena de *Lucía* donde los mambises desnudos a caballo cargan contra los españoles, en la que esa fraternidad adquiere incluso un leve toque homoerótico[3].

Si, según propone Sommer, la literatura del *boom* cuestiona las ficciones fundacionales del xix, revelando la violencia detrás del supuesto romance entre las madres y los padres de la nación, la literatura cubana contemporánea, como ejemplifica el relato de Benítez Rojo, lo que hace, en cambio, es repetir esos romances fundacionales contenidos en los discursos patrióticos de Martí y los *Episodios* de Manuel de la Cruz. Lejos de ser objeto de crítica, su aliento romántico y su retórica del heroísmo son amplificados, en un discurso que obviamente proyecta sobre el presente las querellas del pasado: los autonomistas, adversarios de la guerra del 95, son los padres espirituales de los contrarrevolucionarios del momento. En el prólogo sin firma de la edición de los *Episodios* en la Colección «Centenario 1868», leemos:

> Manuel de la Cruz, no exento de la influencia ecléctica de la época, con predominio de Hegel, Hipólito Taine, Renán y otros, participa en un movimiento esencialmente intelectualista, la mayoría de cuyos miembros no logra comprender, a cabalidad, la revolución que quieren Martí y Maceo; pero de la Cruz no se dejó arrastrar por ese movimiento tan ciegamente como otros contemporáneos suyos y por ello pudo ver con más claridad al Martí verdadero y la obra que se gestaba. Es cierto que su trinchera no estuvo en el campo de batalla con un fusil en la mano, pero la retaguardia también suele ser trinchera y más con una pluma viva entre los dedos. Por eso no es erróneo expresar que Manuel de la Cruz murió mambí,

---

esclavitud, proclamada por la República de Cuba en Armas en 1868, que se hace necesaria la política del romance fundacional.

[3] Se trata del episodio «A caballo», donde de la Cruz cuenta la anécdota de cómo una vez que fueron sorprendidos por los españoles bañándose en el río, «los desnudos caballeros cayeron sobre el enemigo como una racha». Así describe de la Cruz la escena del baño: «Al lado de las bestias, las bronceadas y musculosas espaldas del mulato; junto al dorso de pulido ébano de vigoroso negro, la satinada piel del hijo de la ciudad, huesoso y nervudo, frente a la tostada y velluda del fornido campesino» (1967: 144).

aunque no de «cara al sol», radiante de tierra. No olvidemos su época, romántica y burguesa, aunque estos *Episodios*, a ratos, nos velen ese pensamiento. (Cruz 1967: 5)

Se trata, evidentemente, de una de una nota típica de aquellos años en que las editoriales cubanas no dejaron de someter a los clásicos –cubanos o universales– que publicaban a un férreo escrutinio ideológico. Este anónimo prologuista apunta, empero, acaso sin querer a un punto ciego de la escritura «testimonial» de Manuel de la Cruz. Como para Martí, para este los de la Guerra Grande habían sido «tiempos maravillosos». ¿Cómo atrapar esa magnificencia en la escritura? «La idea predominante en la composición» –escribe en el «prólogo del autor»– «no ha sido otra que la de fijar el hecho, el cuadro o la línea, como la flor o la mariposa en el escaparate del museo, procurando reproducir la impresión original del que palpitó sobre el trágico escenario» (Cruz 1967: 11). Una lectura atenta de este símil revela una cierta contradicción: ¿es acaso la mariposa en el museo una figura apropiada para la intención de «reproducir la impresión original del que palpitó sobre el trágico escenario»? De la Cruz parece querer salvar la distancia que separa a la mariposa disecada de la mariposa viva, el suplemento de la original, la «vida» de su representación escrita. Este «error», en un símil donde el autor autoriza su trabajo, se deja leer como un signo de que precisamente la persistencia de esa distancia constituye a la escritura[4].

«Redactado sobre auténticos datos de actores y abonadísimos testigos, utilizando, además, la tradición oral», *Episodios de la revolución cubana* puede considerarse, en efecto, como una escritura informada por la tensión entre la voluntad manifiesta de «reproducir la impresión original del que palpitó sobre el trágico escenario», y lo que Lionell Gossman, en su estudio de la historiografía romántica, llama la «irrepetible unicidad e intraducibilidad» del suceso. En este sentido, cuando Martí, en la elogiosa carta que dirige a de la Cruz

---

[4] Se trata, en esencia, de la misma dicotomía que según Lionell Gossman informa la empresa del historiador romántico: «In many respects the tension between veneration of the Other –that is to say, not just the primitive or alien, but the historical particular, the discontinuous act or event in its irreducible uniqueness and untranslatableness, the very energy of "life" which no concept can encompass– and eagerness to repeat it, translate it, represent it, and thus, in a sense, domesticate and appropriate it, can be seen as the very condition of the romantic historian's enterprise. For the persistence of at least a residual gap between «original» and translation, between "Reality" or the Other and our interpretation of it, is what both generates and sustains the historian's activity, rather as the condition of history itself» (Gossman 1980: 273-274).

tras la lectura del libro, afirma que «Leer eso, para todo el que tenga sangre, es montar a caballo» (1967: 8), no sólo celebra el éxito de Manuel de la Cruz en su objetivo de escribir un libro que «moviera el corazón de los cubanos», sino que, en un sentido más profundo, reconoce el valor de los *Episodios* al referir la plenitud del deseo imposible que mueve a la escritura. Martí, lector ideal de los *Episodios*, imagina la confusión entre la representación y lo representado; toca el horizonte vislumbrado por el romántico cronista.

Otra fue, significativamente, la opinión de Manuel Sanguily, según el cual la «imaginación visionaria e hiperbólica» de Manuel de la Cruz, que lo veía todo «con un vidrio de aumento», había convertido «aquel drama humano» en «epopeya extrahumana» (Cruz 1981: 482). Justamente, la visión «idealizadora» objetada por Sanguily era para Martí la clave de la ejemplaridad de la obra; la conjunción de lo que llama «su piedad patriótica y su arte literario» hacía de los *Episodios* un modelo para la escritura de la historia. La continuidad entre las dos guerras que Martí veía amenazada en el libro de Ramón Roa, estaba plenamente asegurada en los *Episodios*, donde se dejan a un lado las contradicciones internas del bando cubano que ayudaron a dar al traste con la Revolución del 68, para celebrar aquella sublime epopeya cuya expresión, para decirlo con las palabras de Barthes, requería de la «las formas de la amplificación teatral». Como él mismo padecía de ese complejo de manigua, Martí capta del todo la nostalgia de la hazaña que late tras la apología de los héroes, evocados como modelo superior que difícilmente podría igualarse: «Ya nada nuevo podemos hacer los que vinimos después. Ellos se han llevado toda la gloria».

La visión lírica de los *Episodios* alcanza su apoteosis en el momento de la muerte del patriota. Si Martí termina sus discursos evocando a ese ejército de muertos para que insuflen coraje y energía a los vivos, o insistiendo al pie de sus tumbas en el contrato con ellos firmado, la imagen de la caída en combate recorre el libro de Manuel de la Cruz:

> Estábamos en tierra de Cuba, lejos de nuestros hogares, pensábamos en las lágrimas que bañarían las mejillas de nuestras madres, en los afectos que dejábamos para ir espontáneamente al sacrificio; pronto nuestra sangre teñiría la gallarda bandera de la patria que copia en sus colores el azul de nuestro cielo y la estrella melancólica de nuestros crepúsculos. (1967: 17)

Aquí, la muerte es imaginada por los patriotas, ese *nosotros* que habla, a partir de una imagen cromática que, de alguna manera, la sublima, la estetiza.

Una serie de transposiciones figuran la cohesión del grupo: la sangre, que de hecho tiñe la tierra, se vierte sobre el rojo de la bandera, con lo que se sella una especie de pacto inquebrantable entre los héroes y la patria, y entre ellos mismos, que se hacen uno en el momento sublime. No por azar se reafirma la motivación de la relación que une la patria a su icono: la bandera *copia* el cielo y la estrella de Cuba. En estos momentos, el paisaje no es ya sólo escenario, teatro donde los hombres actúan; hay un peculiar eros del paisaje que se solapa con el eros patriótico. El hombre, en el momento de su sacrificio, se confunde con él, trascendiéndose en una imagen total.

De la Cruz busca una y otra vez un efecto estético que puede acaso entenderse como forma de atrapar ese «otro» que se aleja: «el drama múltiple, intenso y rebosante de vida», y a la vez de lograr la identificación del lector, conmoverlo y moverlo a *montar a caballo*. Como para Martí, para de la Cruz de lo que se trataba era de imitar a los héroes. Podemos considerar, entonces, la escritura de los *Episodios*, que su autor llamara «fervorosa ofrenda», como un intento de inscribir el cuerpo del que escribe en la sustancia misma de lo narrado. En el prólogo, Manuel de la Cruz señala que manifestar los «afectos» por los mártires es «ganar honra», que «ser idólatra en el fetichismo de nuestros mártires, eleva y depura la consciencia» (1967: 12). Honra y consciencia: justamente lo mismo que depara el heroísmo en el combate, si bien en menor grado. De alguna manera, el autor de los *Episodios* es, no ya *escritor* y *escribiente*, sino también héroe montado a caballo y dispuesto a verter su sangre. Escritura y hazaña se funden en el límite de la visión romántica.

Azúcar y Revolución (Réquiem)

«Entre un murciélago y otro cabe la invención de la caña», escribía Eliseo Diego en su poema «Pequeña historia de Cuba». El diablo inventa; Dios crea; obra suya fue la isla «como la vio Cristóbal, el Almirante, el genovés de los duros ojos abiertos, / en amistad la hierba con el mar, tierra naciente / de transparencia en transparencia, iluminada» (Diego 1971: 85). Sobre esa arcadia original, la caña fue calamidad: es así cómo aparece una y otra vez en la literatura cubana, e incluso en la historiografía. Significativamente, el primer documento de ese vasto archivo en torno al azúcar es aquel relato de la plaga de hormigas en la *Historia de las Indias* que Benítez Rojo interpreta como figura de la rebelión de esclavos, y en última instancia, de la plantación esclavista, engranaje infernal que Las Casas habría contribuido a poner en funcionamiento.

A lo largo del siglo XX, numerosos escritos sobre el tema repiten una palabra: monstruo. Recordemos, por ejemplo, aquel cuento de Luis Felipe Rodríguez donde el cañaveral es descrito como «una selva cambiante, de cuyo seno fluyen muchas cosas oscuras. Un gran imaginativo, para nombrar algo, pudiera decir que monstruos» (1971: 47). Si la selva suramericana terminó tragándose a los personajes de *La vorágine*, esta otra selva amenazaba también con la aniquilación: «De pronto, de la masa informe del cañaveral, mis ojos vieron como dos brazos largos que se venían hacia la hamaca donde me hallaba acostado. Eran brazos que crecían, hasta tornarse enormes. Después, después fueron más largos y se tendían a mí como para sacarme de la hamaca o estrangularme» (1971: 47). Se diría que esta visión en algo prefigura *La jungla*, el cuadro fundamental de Wilfredo Lam. Si allí los diablos, como llegó a afirmar el propio pintor, expresaban los horrores de la situación neocolonial, Luis Felipe Rodríguez es mucho más obvio; al final de su cuento, la pesadilla de Marcos Antilla es interpretada en sentido social, cerrando toda posibilidad psicoanalítica: esos brazos eran de «los irredentos del cañaveral», de aquellos «cuyas vidas se extinguieron, huérfanas de toda justicia en el seno enorme de los campos de caña» (1971: 52).

Los primeros, los esclavos. Recordemos, a propósito, aquella escena de *El reino de este mundo* donde el trapiche tritura el brazo de Mackandal; que el Manco dirigiera más tarde la primera rebelión en Saint Domingue, prendiendo fuego a los cañaverales, es otra figura de esa fundamental disputa entre azúcar y revolución que en Cuba se remonta a la Guerra Grande. Pero la tea incendiaria no fue suficiente: como un monstruo mitológico al que crecieran tres cabezas cuando le cortan una, el azúcar persistió. Como hace notar en 1940 Ortiz:

> La campana tañida en el batey para los esclavos se rompió en el ingenio *La Demajagua*, el 10 de octubre de 1868, tocando a rebato por la libertad del pueblo cubano; pero fue sustituida por el pitazo de vapor o eléctrico que ahora en el batey llama a los obreros estridentemente, como el chiflido de un monstruoso mayoral de acero. (1963: 36)

Cada vez más inhumano, el ingenio era la llamada inapelable, la determinación misma de un poder colonial que sobrevive, sofisticado, en la república. En *El contrapunteo cubano del tabaco y el azúcar*, lo monstruoso de la industria azucarera radica sobre todo en su compulsiva extensión, su falta de límites. «El ingenio está vertebrado por una estructura económica y jurídica que combina masas de tierras, masas de máquinas, masas de hombres y masas de dineros, todo proporcionado a la magnitud integral del enorme organismo sacarífero» (Ortiz 1963: 53). A propósito, podría añadirse que el azúcar mismo es lo que Elias Canetti llama «símbolo de masa[1]». Como el propio cañaveral. El azúcar recuerda a la arena; y el cañaveral, conjunto de plantas, sería comparable al bosque. Sin embargo, hay una diferencia fundamental con esos otros ejemplos que ofrece Canetti. Si la arena aparece ya dada en la naturaleza, el azúcar debe obtenerse mediante procedimientos tecnológicos. «La máquina triunfa totalmente en el proceso fabril del azúcar», señala Ortiz, celebrando, por contraste, el costado manual, artesanal, del tabaco.

---

[1] «Designo como *símbolos de masa* a las unidades colectivas que no están formadas por hombres y que, sin embargo, son percibidas como masas. Tales unidades son el trigo y el bosque, la lluvia, el viento, la arena, el mar y el fuego. Cada uno de estos fenómenos contiene en sí características esenciales de la masa. Aunque no está constituido por hombres, recuerda la masa y la representa en mito y sueño, en conversación y canto, simbólicamente» (Canetti 1977: 18).

A su vez, el cañaveral no es natural en el sentido en que lo es el bosque; por el contrario, tiende a destruirlo; la plantación azucarera determinó lo que en *El ingenio* Moreno Fraginals llamó «la muerte del bosque»: árboles centenarios fueron talados indiscriminadamente no sólo para plantar cañaverales sino también para abastecer de energía a trapiches e ingenios. Si el bosque, como señala Canetti, es símbolo de recogimiento, el cañaveral no vale más que por el azúcar que será extraída de sus tallos. El cañaveral se repone una y otra vez, a diferencia del bosque, que demora siglos en hacerlo. Si el bosque da sombra, el cañaveral no se asocia más que al trabajo productivo; en el cañaveral no hay claros, sino guardarrayas. «La guardarraya, esa brecha abierta en la entraña misma del cañaveral» (Rodríguez 1971: 63), es, como el pitazo del central, figura de ese poder desnudo que es el orden azucarero. Heidegger, filósofo de los caminos de bosque, quizás habría encontrado en el interminable horror del cañaveral otro ejemplo de esa metafísica occidental que culmina en la tecnificación del mundo.

A propósito, habría que destacar el costado nostálgico, reaccionario incluso, del *Contrapunteo*. No tanto por aquella visión paradisíaca de la isla frondosa, presente en tantos poemas de tema azucarero (*La zafra*, de Agustín Acosta, «Poema de los cañaverales», de Pichardo Moya, «Pequeña historia de Cuba», de Eliseo Diego), sino sobre todo en su percepción del capitalismo, por momentos cercana a eso que Georg Lukács llamaba anticapitalismo romántico. Ese ensayo de 1940 tiene algo de réquiem: Ortiz lamenta que el contrapunteo cubano toque a su fin, no sólo por el crecimiento excesivo de la industria azucarera sino además porque el capitalismo, desde siempre vinculado al orden del azúcar, irrumpía también en la producción tabacalera, eliminando al torcedor y proletarizando al veguero: «Ya hoy día, por desventura todo lo va igualando ese capitalismo, que no es cubano, ni por cuna ni por amor» (1963: 81).

Ortiz lamentaba, incluso, que el tradicional lector de tabaquería fuera sustituido poco a poco por la radio; las lecturas ricas en contenidos intelectuales y polémicos, por una cultura vacía y serializada. El tabaco, fuente autóctona de valores espirituales, entraba así en el círculo fatal de la *mass civilization* donde la industria cultural corona los efectos enajenantes del capitalismo. La contradicción entre cultura y civilización, lo orgánico y lo mecánico, un poco a la manera de los escritores norteamericanos conocidos como «Southern Agrarians», subyace no sólo a todo el planteamiento del contrapunteo del tabaco y el azúcar, sino también a la percepción de Ortiz, a la altura de fines de la década del treinta, del conflicto entre la modernización capitalista y los auténticos valores de la nacionalidad cubana.

«El tabaco es un don mágico del salvajismo; el azúcar es un don científico de la civilización» (Ortiz 1963: 46): esta frase evidencia claramente el abandono del ideario ilustrado del primer Ortiz. Aquel no habría valorado lo salvaje sobre lo civilizado; este es ya un campeón de la cultura afrocubana. Buena parte de la narrativa de tema azucarero publicada en los años treinta va en el mismo sentido. A la penetración norteamericana, representada por la maquinaria del central, *Ecué-Yamba-O*, la primera novela de Carpentier (publicada en España en 1933), contraponía las tradiciones afrocubanas como último reducto de lo nacional. En esa «novela afrocubana», el mundo maravilloso de los negros es reivindicado como fuente de cubanidad, mientras el ingenio venía ser un símbolo de una razón occidental que, a pesar de las apariencias, vivía su fatal decadencia.

Como ya se ve en el pasaje que hemos citado, los cuentos de Luis Felipe Rodríguez, publicados en Cuba en 1932, son aun más explícitos en la denuncia. En otro de ellos, «La danza lucumí», un viejo que había sido traído de niño a Cuba como esclavo, una noche se emborracha y se pone a bailar:

> Fue como una venganza larga y contenida que fragua un odio súbito contra el cañaveral: –Cañevará– exclamó poseído de un impulso frenético de borracho o de loco, que encuentra algo confusamente desolador en el fondo de su extraviada consciencia– yo te va catigá; negro viejo no sabe qué cosa tiene; negro viejo tá trite y ajumá, y te va a catigá, poque cañaverá dio mucho cuero, trabajo y pica-pica pa negro». «Entonces, de la cabeza de Tintorera irrumpieron llamas de alcohol inflamado... Y en la noche absorta, los habitantes del criollo terrón, vieron que su cañaveral *Marcos Antilla* estaba ardiendo. (1971: 112)

Siempre enfático, remata Luis Felipe Rodríguez: «También el fuego purificador y terrible, bailaba una danza simbólica entre las cañas, más allá del instinto y el dolor del hombre».

Es el «soñado incendio» del que hablaba Mella en su comentario de *La zafra*, y el propio Acosta en ese «poema de combate» escrito en los pródromos de la revolución. Como en los tiempos de Máximo Gómez, los cañaverales arden, literal y metafóricamente, en el torno al año crucial de 1933. Esa imagen es central en una olvidada novela de Alberto Lamar Schweyer, *Vendaval en los cañaverales*, publicada en 1937, cuando su autor se encontraba exiliado en Europa por causa de su participación en el gobierno del general Machado. La trama se sitúa en espacios antípodas: de un lado, la vida disipada de los cubanos de clase alta en la Riviera francesa; del otro, la miseria de los cortadores de caña en un ingenio azucarero a comienzos de los años treinta. El protagonista de la historia, un médico culto y mujeriego, representa una especie de mediación entre ambos mundos: intentando ayudar a los trabajadores que, engañados por un agitador comunista, se han declarado en huelga, muere en la escena final de la novela, que se deja leer, quizás, como una simbólica expiación de culpa por parte de un escritor atrapado en el callejón sin salida del mundo de las pasiones políticas. En *Vendaval en los cañaverales*, suerte de lectura melancólica de la revolución, el fuego carece del sentido redentor que tiene en el relato de Marcos Antilla.

Los soviets de septiembre del 33, organizados en centrales de Oriente como Mabay, Preston y Santa Lucía, no duraron mucho. A pesar de la considerable nacionalización de la industria azucarera que se produjo en los años que siguieron, el monstruo sobrevivió: «sin azúcar no hay país», aquella frase atribuida a Raimundo Cabrera, seguía vigente; «habrá zafra o habrá sangre», declaró Batista tras su ascenso al poder en 1934. La siguiente revolución tenía que ser, por fuerza, una rebelión contra ese fatalismo; como tal la presenta Sartre al mundo en *Huracán sobre el azúcar*:

> Durante el curso de su degradación inflexible, los cubanos habían comprendido que la Historia hace a los hombres. Faltaba demostrarles que los hombres hacen la Historia.
> Había que arrancar al destino, ese espantajo plantado por los ricos en los campos de caña. (1960: 107)

Soñando desde su despacho ministerial con la fabricación de tractores y automóviles, Guevara retomaba la metáfora del monstruo:

> Cuando en el curso de los años este presente de Cuba se vaya convirtiendo en historia y cuando, transcurridos más años, la historia se vaya perdiendo en la leyenda, las abuelas contarán a sus nietos, la historia de los hombres que un día armados sólo de la voluntad del pueblo, lucharon contra el más fuerte y poderoso de los dragones y le cortaron treinta y seis cabezas principales y otras accesorias. (1960: 12)

Pero pronto la diversificación agrícola y la industrialización acelerada se revelaron como un espejismo. Los centrales, rebautizados como CAI (complejo agro-industrial), siguieron siendo el centro de la economía del país. 1965 fue un año crucial: la Semana Santa fue declarada Semana de Emulación Socialista y el propio Fidel Castro pasó unos días cortando caña en Camaguey. «Cortar caña» –afirmaba– «constituye un ejercicio higiénico, una especie de deporte saludable que proporciona un provechoso descanso de los nervios, fatigados por la preocupaciones» (1965: 3).

En la segunda mitad de los sesenta, sobreviene un nuevo ciclo de literatura del azúcar; pero ahora el discurso, en vez de ser de resistencia y denuncia, es de identificación y redención. Para los intelectuales, sobre todo, a quienes la Revolución llevó a los campos de caña, no ya como mediadores o testigos, sino como macheteros en las «zafras del pueblo». Si el país no había logrado liberarse de la tiranía del azúcar, ahora el corte de caña ofrecía la oportunidad a los escritores y artistas de liberarse de su origen burgués, purgándolo integrándose en la gran obra colectiva. Y no sólo a los cubanos: el mejor poema sobre la zafra del 69, «Cuba, Central Toledo», fue escrito por un alemán, Hans Magnus Enzensberger. En uno de los tantos centrales cubanos de aquella campaña que acabó dándole el toque de gracia a una economía ya en bancarrota, el poeta, tendido en su rústico catre, capta una serie de estímulos heterogéneos: el ruido de un juego de dominó, el chirriar de un machete que alguien afila con una lima, la radio que anuncia la renuncia de Dubček. Y entonces la visión del monstruo: «en la ventana el enemigo innumerable / que dicen todos salvará al país: implacable / la caña alta y gorda y encima / negro y quieto el humo del ingenio. / percibo todo esto a través de tres velos: / el del brillo del aire al calor del mediodía / el de la matriz enrejada de la teoría / el del mosquitero que me cubre» (1972: 171).

Curiosamente, esos dos mundos tradicionalmente irreconciliables que son el trópico y la filosofía se conjugan aquí para proveer un cierto distanciamiento. Algo de ello hay también en «Aquí me pongo», de Edmundo Desnoes, a pesar de que este relato termine con un combativo «y palante con la revolución». Voluntario por dos semanas en la zafra, el protagonista es un escritor identificado, sí, con la Revolución, pero no del todo con ese mundo circundante en que «la gente olvida pronto todo». El contraste con un grupo de «escritores noveles» de la brigada es significativo: no queda claro si «ellos están más jodidos que nosotros», los escritores que habían tenido antes del 59 la oportunidad de visitar museos, leer de todo y ver mundo, o los jodidos son, en cambio, estos otros seres de transición, marcados por su origen burgués. Aunque acomete con entusiasmo la tarea, Sebastián es escéptico de que «cortando caña, por muchas arrobas que se corten, se llegue algún día al comunismo».

En el medio del relato, Desnoes incluye un largo monólogo sobre lo interminable del cañaveral y los horrores del corte, de donde cito:

y a veces habanero voluntario hijo de puta la culpabilidad de muchos de nuestros intelectuales y artistas reside en su pecado original no son auténticamente revolucionarios una bomba en el barracón llegó el *Granma* con la carta del Che sobre el hombre nuevo y silencio la gente rascándose las ronchas de los mosquitos leyeron en alta voz y qué tenemos que hacer para que nos consideren revolucionarios integrarse al pueblo seis años la revolución Playa Girón la Crisis del Caribe morir habrá que morir habrá que nacer de nuevo. (1967: 126).

El tema reaparece en un breve relato de Benítez Rojo titulado «De nuevo la ponzoña». Entre todos los escritos –tanto testimoniales como de ficción– del número de *Casa de las Américas* dedicado a la zafra de los Diez Millones, este destaca por su ambigüedad. En ese concierto de textos tan apologéticos como los «Apuntes cañeros» de Cintio Vitier, donde el cañaveral es cantado como un espacio donde la poesía renace y «la mano de escribir / coge otra forma», la viñeta de Benítez Rojo introduce una cierta disonancia. Acá, un personaje de extracción burguesa recuerda una escena del carnaval habanero mientras trabaja en el corte de caña. La conexión entre los dos planos temporales es la conguita que reza «Oye cubano / no te asustes cuando veas / el alacrán tumbando caña». Cito:

> el glu-glu del agua que se menea, encerrada, suspendida, al aproximarse al hombre que ha de morir, en un instante, por su propia mano, el hombre que agarra el porrón y lo descorcha porque no sabe beber el chorrito del pico, no sabe beber como los campesinos, los pescadores, los albañiles, los bailadores que desfilan coreando los cornetazos de Florecita […] el hombre que va a morir llevándose a la boca el gollete destaponado, el glu glu glu del agua que se menea, encerrada, suspendida, pero no lo suficiente para matar un alacrán. (Benítez Rojo 1970: 127)

Este final se deja leer como la muerte simbólica de los intelectuales en particular, y de los burgueses en general, en esos mismos campos de caña que a lo largo de la historia del país se tragaron a tantos inocentes: no bastaría para el intelectual con irse a cortar caña, tiene que morir para que se haga justicia a aquellos «irredentos del cañaveral» de los que hablaba Marcos Antilla. El alacrán sería una especie de ángel de la historia, terrible figura de la «violencia divina», para ponerlo en términos de Benjamin. Pero hay otra lectura posible, bastante menos optimista. «De nuevo la ponzoña» sería la persistencia de la fatalidad, y ello comportaría un velado cuestionamiento de ese discurso oficial según el cual «ahora la caña, al desencadenar nuestro desarrollo acelerado destruirá su propia gravitación opresiva sobre nuestra cultura» (Desnoes 1970: 58).

Curiosamente, uno de los puntos ciegos de ese escrito fundacional que es *Huracán sobre el azúcar* apunta a esta cuestión: la retórica del texto de Sartre cuestiona su idea de la revolución como obra de la libertad humana. Al representar a la revolución con imágenes de fuerzas naturales como la del «rayo sobre los campos» y la del «huracán sobre el azúcar», ¿no convertía el filósofo la historia en naturaleza, la libertad en determinación, traicionando el principio reafirmado cuando en su conversatorio con intelectuales cubanos definió la libertad como la «irreductibilidad de las formas superiores a las formas inferiores», no del hombre a la materia, sino de la acción y la praxis a «las condiciones que la han producido» (1960: 33)? Inconscientemente, Sartre volvía a plantar, ahora en terreno revolucionario, aquel destino arrancado de los cañaverales por la revolución triunfante.

Una década después, el regreso del azúcar aparece, en la viñeta de Benítez Rojo, como el triunfo de la fuerza de las cosas; más que superar el fatalismo, la Revolución lo reproducía al cabo, así fuera de otra guisa. El alacrán no representa, entonces, la «violencia divina» de la revolución, sino más bien la «violencia mítica» del estado. El bicho que pica mortalmente en «De nuevo la ponzoña» sería la última metamorfosis del monstruo que tumba caña en la canción republicana. El alacrán, por cierto, simboliza en la inmemorial fábula a la naturaleza misma, ese límite que toda revolución, si es de veras radical, intenta trascender. Acá, sería no sólo las condiciones naturales de la isla de Cuba, sino también la naturaleza humana, ese muro con que se daba de cabeza la utopía cubana a fines de los años sesenta. La viñeta de Benítez Rojo entrañaría, entonces, una alegoría del final de la ilusión revolucionaria sobre el hombre nuevo; en la muerte del protagonista no hay redención de culpa, ni sentido de futuro como en la muerte heroica de Bruno al final de *La última mujer y el próximo combate*, sino más bien un sinsentido, ese punto donde el azar –la mala suerte– y la necesidad –el destino– se vuelven indistinguibles.

Frente a ambigüedades como la de Benítez Rojo y dudas como las de Edmundo Desnoes, Miguel Cossío Woodward vino a poner las cosas claras. No por gusto *Sacchario*, celebrada por Ambrosio Fornet como la «novela de caña» que en su prólogo a *Marcos Antilla* Marinello le había pedido a los escritores cubanos, resultó ganadora del premio Casa de las Américas en 1970[2]. Aunque la

---

[2] En ese ensayo, «Americanismo y cubanismo literarios», Marinello señalaba: «Ningún país de América posee como Cuba los elementos vernáculos propios a la obra de inusitada estatura. Hierven en la fiebre cubana instantes caldeados por el color de la piel y del espíritu que ensamblan con fuerte relieve en el ritmo universal en que vamos trepidando. Nuestro campo brinda, como campo alguno, atmósferas y motivos inexplorados. El cañaveral es más

historia se sitúa en la Quinta Zafra del Pueblo (1965), esta novela es obviamente un reflejo literario de la campaña gubernamental en torno a la Zafra de los Diez Millones. La historia se desarrolla en un único día de trabajo voluntario en que el protagonista pone a prueba su compromiso con la Revolución; el narrador recuerda entretanto su vida miserable antes de 1959, así como la historia del país aherrojada a la maquinaria infernal de la explotación azucarera, mediante citas intercaladas de textos históricos, desde Las Casas a Moreno Fraginals. *Saccharío* es algo así como un *Ulises* revolucionario, pero sin flujo de conciencia, sin alucinaciones, sin laberintos. El hombre se ha reencontrado: no hace falta ningún Dédalo. No se trata ya de la posición fronteriza –trágica al cabo– del intelectual, como en Lamar Schweyer y Edmundo Desnoes, sino del proceso de un hombre ordinario al que la Revolución da la oportunidad de realizarse completamente. «Están alzados, en guerra. Machete en mano. La carga de los mambises. Zafra completa» (Cossío Woodward 1972: 76). Darío es un Marcos Antilla de los nuevos tiempos; en él la pesadilla del cañaveral se ha convertido en el sueño de la nueva vida comunista: «el azúcar ya sin lágrimas».

Mientras tanto, Reinaldo Arenas, uno de los miles de «voluntarios» de la «mayor zafra de nuestra historia», se propuso dar testimonio del horror. En un largo poema fechado en «Central Manuel Sanguily. Consolación del Norte. Pinar del Río. Mayo del 70», el gran salto adelante de la Revolución era representado como un atávico regreso de la plantación esclavista: «A veces un negro / se lanza de cabeza a un tacho / hasta que sus huesos se convierten / en azúcar» (2001a: 59), y entre ese negro y los jóvenes del 71 Arenas trazaba una línea de continuidad: «vamos caminando hasta el barracón donde esta noche estudiaremos la biografía de Lenin» (2001a: 75). En *El central* Arenas retomaba deliberadamente lo que en *La isla que se repite* Benítez Rojo llama «discurso de resistencia al azúcar», pero su modelo retórico no era ni Acosta ni Guillén, sino, de forma acaso demasiado obvia, *La isla en peso*. Sólo que ahora la fatalidad no es tanto la insularidad como la plantación misma: la insoportable circunstancia de la caña por todas partes.

---

dramático que la mina porque mata más despacio y desolado que la fábrica porque en él no hay más que un golpe de mocha, eco de sí mismo. Tiene el ingenio una monstruosa unidad que le ofrece un poder inigualado» (en Rodríguez 1971: 27). Por su parte, años después Lino Novás Calvo repetía en su ensayo «Novela por hacer» (1940) la misma idea sobre la «riqueza de motivos para la novela en Cuba», y señalaba: «El campo ha sido el tema mejor trabajado por nuestros novelistas. Sin embargo, falta todavía la novela del ingenio azucarero, con todo el dolor y la dramaticidad que lo rodea» (2008: 402). Novás Calvo, como después Fornet, ignoraban olímpicamente la novela de Lamar Schweyer.

Con *Sacchario* y *El central* termina este otro ciclo de la literatura del azúcar en Cuba[3]. La Revolución no acabó, ciertamente, con el subdesarrollo, pero sí, a la larga, con la omnipresencia de la caña. No mediante un espectacular incendio, sino más bien de manera silenciosa; el monstruo ha sido lentamente arruinado como el país todo. Con el desmantelamiento de la industria azucarera en la última década, han desaparecido los vagones cargados de caña, el característico olor a melaza, el humo de las chimeneas. De aquel mundo sólo va quedando un recuerdo, y algunas palabras del hablar cotidiano.

Se cierra así todo un ciclo de la historia de Cuba. Pues si la «sociedad que el azúcar creó», como le llamara Moreno Fraginals, llevaba consigo las contradicciones de la revolución, ahora la revolución por antonomasia ha terminado por fin con el azúcar; y a su vez con la idea misma de revolución tal como predominó en torno a 1933 y 1959. La desaparición del central equivale, simbólicamente, al agotamiento de esa promesa revolucionaria que tuvo en el vendaval en los cañaverales su metáfora maestra. Si el verdadero contrapunteo del siglo xx cubano ha sido entre el azúcar y la revolución, este ha tocado a su fin. Un fin paradójico, donde no ha habido vencedor; ambos personajes, derrotados, se retiran juntos de la escena histórica. Ya no «hay un violento olor de azúcar en el aire»; no hay «sobre el verde / rumor de los cañaverales / [...] un temblor, un crispamiento / una vibración impalpable...» (Acosta, «La zafra») No cabe esperar huracán ni rayo sobre los campos. Los muertos del cañaveral nunca serán redimidos.

---

[3] Imposible no recordar, como una contribución excéntrica al mismo, «Temporada en el ingenio», de Lezama, ensayo introductorio a unas fotografías de Chinolope aparecidas en la revista *Cuba* en noviembre de 1968. Esas fotos, que se dice fueron encargadas por Guevara, no se centran, como los escritos de Desnoes, Benítez Rojo, Cossío Woordard y Arenas, en el corte de caña, sino en los momentos posteriores de la producción azucarera, la parte propiamente «ingeniosa» de la misma. De lo que se trata es de registrar la relación entre el hombre y las máquinas, uno de los temas medulares de la cultura socialista. En el oscuro comentario de Lezama sobre ese presente de tecnificación de la industria azucarera se diría que hay una vuelta, pero no al horror de la plantación esclavista como en Arenas, sino más bien al misterio de las maquinarias, esa aura que los grabados de Laplante captaron insuperablemente. La prosa metafórica de Lezama consigue poetizar el proceso de fabricación del azúcar, atribuyéndole una magia que Ortiz reservaba exclusivamente al tabaco: «Si todo fuese oscurecido por un sueño infinitamente extenso, las incesantes transformaciones de las cañas necesitarían de ese sumergimiento en las profundidades de la caparazón de la tortuga avivado por el pincho quemante. Esas metamorfosis de una vertical genética a un polvillo dilatado en las irradiaciones del paladar, es decir, de un *phyton* a un corpúsculo, atraviesan el sucesivo mundo placentario, las sombras que se desprenden, el espacio oscuro que penetra en punta de espejo, y llegan a las cavernas del centro de la tierra, después de ofrecer las libaciones de la sangre réproba o maldita» (1981: 91).

El huerto de los pioneros

«Limpia del Escambray», «lucha contra bandidos»: he aquí la metáfora central de una década que había comenzado con el proyecto de desecar la Ciénaga de Zapata para sembrar arroz. En los sesenta, la batalla contra el subdesarrollo, convertida en canon —medida de todas las cosas— sirve también como figura de la guerra contra los alzados. Si en algunas de las crónicas de Norberto Fuentes, publicadas en revistas cubanas y luego recopiladas en *Cazabandidos* (1970, Montevideo), la victoria sobre los «bandidos» equivale a la conquista del monte cerrado y al triunfo sobre el marabú —arbusto silvestre que desde el comienzo mismo de la revolución se llamó a eliminar como parte de aquella empresa civilizatoria que habría de culminar en la Jauja comunista–, en una de las viñetas de *Condenados de Condado* los bandidos se asocian claramente a los insectos.

Una nota que antecede al texto aclara que «La Chanzoneta» es un pueblo de Trinidad en el que «se ocultaban futuros bandidos para después tomar el camino del monte. Las calles de la Chanzoneta son de fango y piedras, retorcidas. Las casas están construidas de ambarrado, que es el enrejillamiento de cujes, barro y paja. Si se hunde una bayoneta M-52 en la pared de cualquier casa de La Chanzoneta, la bayoneta saldrá impregnada de chinches, insectos, alimañas» (Fuentes 1968: 43). Luego, se cuenta cómo un capitán captura a un bandido escondido en una de las casas del pueblo. Por último, un detalle revelador: «Un alacrán caminaba delante de ellos y el oficial lo aplastó con la botaza» (44). Toda la escena comporta, desde luego, un segundo nivel de lectura: si las casas donde se esconden los bandidos están llenas de insectos y alimañas, el acto de introducir la bayoneta en la pared es una obvia figura de la «caza» de los bandidos, a menudo escondidos en montes o en cuevas, y es justo esto lo que se relata, de modo que el aplastamiento del alacrán no puede sino simbolizar, a su vez, la «limpia» final: «He aquí, en la vida del LCB, la lucha de clases en su forma más cruda. De un lado, lo más noble y trabajador de un pueblo; del otro, lo más podrido y viejo. Los dos, resolviendo la contradicción con las armas en la mano» (Fuentes 1986: 60).

Sin embargo, es un hecho que *Condenados de Condado*, libro ganador del Premio Casa de las Américas en 1968, no fue bien recibido entre los sectores más ortodoxos. En *Verde Olivo* Leopoldo Ávila le reprochó a Norberto Fuentes que no mostrara el heroísmo de los combatientes: «NF no nos dice por qué luchan estas gentes, qué motiva esa guerra que envuelve a sus personajes, por qué se exponen a la muerte y mueren» (1968: 17). El reparo estaba claro: aquel retrato literario de lo que años después Fuentes llamó «fiesta leninista» no era demasiado ideológico. En lugar de las razones de la lucha, el primer plano lo ocupaba el drama de la guerra, ese espacio de fuego donde, a pesar del conflicto ideológico, milicianos y bandidos llegan a acercarse peligrosamente, en tanto comparten ciertos valores asociados a la hombría tradicional y la virtud guerrera. La ideología resulta entonces desplazada por la violencia misma, cuya fascinación el joven escritor, formado en la escuela de Babel y Hemingway, no intenta ocultar.

Dicho de otro modo: en la dialéctica de la organización y la espontaneidad, esa dialéctica leninista que proveyó de un tema maestro a la literatura soviética de los años treinta, la balanza se inclinaba demasiado hacia el último polo. *Condenados de Condado*, como señalara Ángel Rama en «Norberto Fuentes: el narrador en la tormenta revolucionaria», ensayo escrito a raíz de la autocrítica de Padilla, expresaba ejemplarmente el «período romántico de la revolución», el cual ya en 1968 llegaba a su fin, para dar paso a un «período clásico» que alcanzaría su programa oficial en el Primer Congreso Nacional de Educación y Cultura.

En oposición a los convulsos sesenta, años de guerra civil y de cierta indefinición ideológica, los setenta fueron una década de estabilidad y dogmatismo. Mientras se criminalizaba la vagancia (en 1971, «Año de la Productividad», se promulga la Ley contra la vagancia), el régimen mismo se apoltronaba. Fracasado el ensayo de «construcción simultánea del socialismo y el comunismo», llegó el momento de la «institucionalización», y el Partido pasó al primer plano, como en los regímenes de tipo soviético. Si en las calles de la Alemania nazi había carteles que decían «Das Volk ist Alles – du Bist Nichts (el pueblo es todo, tú no eres nada), en La Habana de los setenta gigantescas vallas proclamaban que «Los hombres mueren; el partido es inmortal», lema del Primer Congreso del PCC. «El Partido nos cura, nos avienta la sangre, / El rojo plasma que en nuestras venas cobra / Su latido, su esencia colectiva» (Navarro 1980: 23), escribía un joven poeta de la época. El Orden, siempre amenazado pero siempre triunfante, se representó una y otra vez en el arte partidista de la década del setenta, desde el teatro proletario hasta la novela policial.

Fue, acaso, en un breve dibujo animado donde alcanzó su definición mejor la ideología «clásica» de la Revolución institucionalizada. Los elementos centrales del caso de *Condenados de Condado* –la fiesta, los «gusanos» y la dialéctica de la organización y la espontaneidad, la tensión entre la ideología y la violencia–, reaparecen en *Los valientes* (1978), pero ahora en una distribución notablemente distinta. En el límite entre la delincuencia común y el «diversionismo ideológico», las ratas que destruyen el huerto escolar representan claramente a los «gusanos», esa barbarie que habita fuera de la ciudad socialista. Cuando, al final, se acusan uno al otro, y terminan peleándose («–Vine embarca'o, guardia; me trajo este que es un antisocial… / –Mientes, rata inmunda. Tú fuiste el de la idea de destrozar el huerto»), es evidente la referencia a la brigada 2506. Del otro lado, el de los soldaditos, el mensaje es igualmente obvio: cuando enfrentan a las ratas cada uno por su lado, fracasan; cuando se unen, triunfan. El soldadito que habla de organizarse desde el comienzo –que es significativamente un mambí y ha arrastrado él solo el cañón que les facilita la victoria– es nombrado jefe, una vez que los demás han reconocido su error. Retomando el tema leninista, la moraleja no es otra que la necesidad de liderazgo, de la organización, del Orden en última instancia.

Este Orden es, además, una economía, del tipo de las que un Barthes o un Sarduy llamarían «burguesa». Las ratas, en cambio, son practicantes de la *dépense* batailleana y, desde este punto de vista, revolucionarias. Es muy significativo que en el dibujo animado el atentado a la propiedad socialista no toma la forma de robo; en las antípodas de Cheburashka y Geena, que siempre deseosos de integrarse a los pioneros los ayudan a recoger materias primas, lo de las ratas es el puro gasto, el destruir por gusto, la gozadera. La escena nocturna en que acaban con el huerto y amenazan con hacer «pastica de muñequitos» es, en cierto sentido, una orgía, y se acompaña, no por casualidad, de la borrachera («Coronilla to' el tiempo, o na»). Del otro lado, como en las novelas ejemplares de la época (*Sacchario*, de Miguel Cossío, *La última mujer y el próximo combate*, de Manuel Cofiño), la producción: es después del trabajo que los pioneros jugarán con los soldaditos, y con imágenes de esa actividad agrícola termina la película.

Su lenguaje refleja su maldad: los malhechores son «aseres»; hablan en jerga de la calle, en dialecto habanero, mientras que los niños-soldados tienen acentos impostados (la soldadito tiene acento oriental), como de quien lee noticias del *Granma* en un matutino escolar. Ese intento de captar el lenguaje de los sectores marginales de la sociedad era compartido, significativamente, por la modalidad fundamental de la didascalia partidista de los setenta: la «novela policial revolucionaria». Un buen ejemplo es *Los hombres color del silencio*, de Alberto Molina, que obtuvo en 1975 el premio en el concurso de novelas policiales convocado por el MININT. Más que propiamente policial, esta novela inaugura la vertiente del contraespionaje, que al cabo produciría las obras más logradas de todo ese ciclo narrativo. El libro de Alberto Molina se divide en dos partes, dedicadas a narrar las acciones de sabotaje de un grupo de contrarrevolucionarios dirigidos por la CIA, y las acciones del Ministerio del Interior y la Seguridad del Estado para evitar el atentado, respectivamente.

Como en *Los valientes*, aquí el gasto es criminalizado; tras recibir el mensaje en clave de la CIA, el radista Serafín «encendió un cigarro y comenzó a lanzar bocanadas de humo sobre el teléfono que descansaba en la mesita a su lado. Así gastó quince minutos de su vida» (1975: 64). Algunos de los oficiales de la DSE también fuman, pero lo hacen para vencer el sueño, o para pensar mejor; fuman productivamente. No deja de ser significativo, tampoco, que cuando Serafín le comunica el mensaje al cabecilla del grupo, un delincuente apodado el Gato, este diga que «pronto va a comenzar la fiesta», refiriéndose a la voladura de la refinería Ñico López. Además, ese mismo radista, antes de partir en auto hacia lo que cree será su salida del país, se ocupa de destruir con una cabilla todo el interior de su apartamento. El final de la novela, como el de *Los valientes*, apunta, en evidente contraste con estas escenas protagonizadas por los «gusanos», hacia la producción: «A través de la ventana, el día seguía inundando cálidamente la habitación de igual manera que soleaba campos, escuelas, hospitales, fábricas y construcciones. El largo caimán respiraba tranquilo y activo» (Molina 1975: 327).

En la primera parte de la obra, la más interesante, aparecen los personajes negativos, quienes se expresan de forma vulgar: «Sí, eso está *matao*» (78); «qué *volá*» (92), «hay mucho *curralo*», «los materiales tengo que *fachármelos*» (93), «aquí está la *estilla*», «¿ella no sabe lo de la *pira*, eh?» (99), «Vamos a *surnar* ya». El uso de la cursiva, en todas estas frases, refleja la omnipresencia de la voz autoral; un autor que es, propiamente, una autoridad, y que señala esas expresiones como vulgares o incorrectas, distinguiéndolas de su propio discurso literario y del habla siempre correcta de los agentes del MININT, que a lo más que llegan es a un «¡Los muy hijos de perra!». Si la gran corriente narrativa que va desde Novás Calvo hasta Cabrera Infante, pasando por Carlos Montenegro, había logrado captar el habla popular cubana a partir de una progresiva desaparición del narrador omnisciente, en un proceso que culmina en la galería de voces de *Tres Tristes Tigres*, donde no hay ya instancia narrativa y cada personaje habla en primera persona, en la «novela policial revolucionaria» se ha restablecido la narración más convencional posible, en un retroceso a la retórica literaria previa a las innovaciones de la vanguardia. La cursiva es una de las marcas con que la novela realista y naturalista de corte decimonónico –Clarín en España, Cambaceres en Argentina– suele reproducir el habla coloquial o dialectal. En la narrativa moderna, esa diferencia debe desaparecer, para liberar al personaje, dejándolo que hable consigo mismo. Es el gran triunfo del flujo de consciencia de Joyce, a cuya irracionalidad onírica el realismo socialista opone una consciencia revolucionaria que nunca duerme, vehiculada por un lenguaje siempre exterior, rebuscado, impostado como las voces de los locutores radiales de los años cuarenta.

En *Los hombres color del silencio*, como en muchas otras de las novelas policíacas de los setenta, esos breves parlamentos de los personajes negativos aparecen encuadrados en un discurso que alterna la narración y la descripción de una forma ingenuamente literaria, cargado de figuras retóricas meramente ornamentales. Encontramos, por ejemplo, frases como esta: «la noche perezosa se derramaba por las copas de los pinos y sobre la flora increíblemente hermosa de la alta barriada de las cercanías del Zoológico». Pero lo interesante es que la distancia entre este discurso elevado y el habla coloquial se borra por momentos; la propia manera folletinesca del narrador a veces se cuela en los personajes, de modo que uno de los aseres llega a decir: «¿Acaso tú dudas de mi hombría?» (99). Y otro, el Gato, le dice a su subordinado que «es de estúpidos realizar este trabajo en un carro como este, que va gritando a voces su presencia por dondequiera que transite» (95). Antes de comenzar el atentado, el jefe del grupo: «Deseémonos buena suerte».

Este personaje, que se ha infiltrado desde el exterior, da incluso una arenga donde reproduce, no ya la retórica seudoliteraria del narrador, sino la cursilería política del autor. Refiriéndose a un grupo de contrarrevolucionarios que planean sacar del país una vez llevado a cabo el sabotaje, dice que «jugarán un papel importantísimo en los planes de infiltración y creación de focos guerrilleros que vendrán a borrar de esta tierra el terror comunista, y permitirán nuevamente el desarrollo de los hombres de libre empresa» (106). Como una suerte de Anticristo, la contrarrevolución aquí no sólo ha copiado las tácticas guevaristas, sino incluso su retórica; este «hombre de la libre empresa» es una imagen invertida del hombre nuevo, pero igual de acartonada e irreal.

Esta continua intromisión de los registros literario y panfletario en el habla de los malhechores viene a provocar una especie de distanciamiento, haciéndolos casi tan inverosímiles como los propios agentes del DSE. Lo que falta en

Los hombres color del silencio, como en la mayoría de las novelas policíacas de los setenta, es justamente el placer de ese lenguaje que hace que «Los valientes» sea conocido por dos generaciones de cubanos como «Rata inmunda». Si en el dibujo animado la gente terminaba identificándose con los «gusanos», la novela policial no muestra sino el orden, la fantasía partidista: en un diálogo entre los dos guardias que custodian la entrada de la refinería, uno de ellos, siempre contento y satisfecho de su labor, ofrece una receta que alcanza a resumir los valores que presidieron aquella Cuba sin cualidades de los años setenta: «El ánimo, siempre cordial; y la conciencia, firme» (125).

Quizás la diferencia entre el dibujo animado y la novela policiaca se derive de que en esta el atentado no llega a realizarse; infiltrados por la Seguridad desde el primer momento, a los contrarrevolucionarios les hacen creer que están llevando a cabo con éxito sus planes para así poder capturar a todo el grupo junto a los otros cabecillas de la contrarrevolución que planean «exfiltrar». El humo que ven desde el Puente de Cumanayagua, que indicando el éxito del atentado daría la señal para la salida, es falso; no se ha producido la «fiesta» que sí se produce en *Los valientes*. El orden, en resumidas cuentas, no ha sido ni siquiera alterado. Del capitán a cargo de la misión, dice el narrador:

> Al llegar, apoyó los brazos en el borde y contempló el hermoso jardín que rodeaba el edificio. El cuidado en el corte de las plantas, la gran variedad de ellas, y el colorido de las flores, era algo que le servía siempre de sedante en sus momentos de mayor preocupación. Algunos metros a la derecha, en el terreno de pelota, varios de sus compañeros practicaban deportes. Y más allá, detrás de la larga cerca de barrotes pintados de negro, el ir y venir de los ómnibus, los transeúntes, la ciudad, el pueblo…, ajenos a los acontecimientos que se desarrollaban, a la nueva amenaza del enemigo común. Llenó sus pulmones de aire, y la frase «cada uno en su sitio» pasó por su mente. (1975: 217).

En el dibujo animado, en cambio, el didactismo más absoluto culmina revelando una especie de inconsciente colectivo: el deseo de destruir la «propiedad socialista» –que es, en rigor, la ideología del nuevo orden–, el reconocimiento, en última instancia, de que ese régimen que promete la felicidad colectiva es imposible. Al pintar a los gusanos como seres graciosos y ocurrentes, los realizadores insinuaban que la vida, como el arte mismo (la destrucción es un gesto estético, claramente contrapuesto al trabajo voluntario), estaba en otra parte –lejos, muy lejos del huerto de los pioneros.

Los «felices» ochenta

Más o menos un año después de salir al exilio, cuando por primera vez tuve una conexión propia a internet, descubrí el blog *Muñequitos rusos*, que llevaba en Madrid una cubana de mi generación. Gracias a los posts de «Akekure» y a los comentarios de sus lectores, más la ayuda inestimable de YouTube, fui recomponiendo unas historias infantiles de las que sólo me quedaban algunas imágenes y frases sueltas. Al cabo de quince años, después de visionarlo en ruso –que es como decir en chino– y en colores por primera vez, recuperé, por ejemplo, esa fábula del elefantico orejón que, tras comerse el fruto del árbol en que se convierte la espina regada por él, crece súbitamente hasta merecer el nombre de «Elefante».

En medio de tantos blogs centrados en la actualidad política –era finales de 2007, primeros tiempos del raulismo–, *Muñequitos rusos* aparecía como el sitio del puro recuerdo, ajeno a toda intervención artística o política. Pero esa pureza sólo podía ser conservada con un sostenido esfuerzo de desterrar a la política: en el campo donde se cultivaba la memoria de aquella etapa anterior a la caída del muro de Berlín se daba una curiosa tensión entre nostalgia e ideología. La declarada intención de Akekure de dejar fuera el tema político para no enturbiar el recuerdo compartido de aquellos dibujos animados, respondía desde luego al propósito de trascender momentáneamente las diferencias políticas, cumpliendo la fantasía de ser de nuevo niños sentados a las seis de la tarde frente al televisor Caribe. Pero esa fantasía no dejaba de resultar sospechosa de encubrir otra cuyo objeto no fuera ya la feliz infancia sino aquella etapa de amistad cubano-soviética que coincidió con la presencia entre nosotros de un buen número de productos culturales de los que, sin dudas, los más consumidos fueron justamente los muñequitos rusos.

Después de describir el curioso fenómeno de la *Östalgie* como «el deseo de regresar a una época donde uno todavía tenía esperanzas y sueños de un mundo muy distinto al de hoy, teñido por la desilusión», Akekure apuntaba:

Pero esto no se diferencia mucho de lo que experimentamos con este blog recordando a los muñequitos rusos o todo aquello que nos hizo tan felices en nuestra niñez. Al final todos sufrimos o disfrutamos la nostalgia y en el caso del sistema comunista nuestros recuerdos son más comunes (valga la redundancia)... convivimos con lo mismo: el mismo televisor, la misma pasta de dientes, las mismas colonias, las mismas compotas de manzana, el mismo uniforme, los mismos carros, los mismos juguetes y hasta los mismos espejuelos (aún recuerdo que los espejuelos míos (13 años) y de mi madre (40 años) eran idénticos pero de distinto color). Al final coincidimos más que la mayoría en nuestros recuerdos, quizá hoy no tanto en nuestros ideales políticos, pero ¿y eso que importa? (<http://munequitosrusos.blogspot.com/2006/09/ostalgie.html>)

Y, en respuesta a los lectores que le reprocharon olvidar que compartimos, además de todas aquellas cosas, «la misma falta de libertad», insistió: «Este es un blog de muñequitos, DE NIÑOS, de recuerdos, no de política ni de violencia ni de guerra».

Ciertamente, en algunas frases de Akekure era posible percibir cierta simpatía hacia el régimen castrista: la nostalgia del paraíso anterior a las preocupaciones y el estrés de la vida adulta llegaba a confundirse con la nostalgia de *aquellos* valores morales de que carece *esta* sociedad individualista y consumista. La melancolía por la pérdida de ese «paraíso de la infancia» que en palabras de Jean-Paul «todos debemos abandonar y hacia el cual todo regreso nos está prohibido por la edad, por la espada resplandeciente y cortante de la experiencia», entrañaba cierta idealización de todo un mundo perdido. No fue casual que a raíz de ese post dedicado justamente a la *Ostalgie* (uno de cuyos iconos fundamentales son Bolek y Lolek, el par de niños protagonistas de aquella serie de animados polaca que tanto vimos en Cuba) haya estallado el debate en torno a una cuestión política que, expulsada por la puerta principal, retornaba inevitablemente por la ventana de la cocina: anunciando el pistoletazo en el concierto de Akekure, un comentarista anónimo interpretó *Fantito* como una predicción alegórica de la caída del comunismo en la que Tusa Cutusa, el «animal feroz», representa al sistema represivo y Fantito al pueblo soviético en su largo camino de liberación.

Hay, me parece, aun otra interpretación posible: la monita es individualista, representa la ley de la selva, como un personaje de Pedro Juan Gutiérrez; Fantito encarna, en cambio, la bondad y la solidaridad, que muchos quieren identificar con la época dorada del socialismo cubano. Tusa Cutusa es el más interesante de los tres; como el temible megaterio de *Cien botellas en una pared*, la novela de Ena Lucía Portela, representa una amenaza indefinida, algo siniestra. Una amenaza que en la ficción, en la fantasía, es derrotada, pero que en los hechos terminó imponiéndose: en la Cuba de los noventa campean monitas y tusacutusas, presenciamos el regreso –la persistencia más bien–, de una naturaleza humana que la cultura socialista, con su dogmática obsesión con la perfectibilidad, intentó negar u ocultar. Fantito no sería el pueblo oprimido por el régimen, sino más bien esa idea de la solidaridad socialista que está en el centro de la idealización de los ochenta.

Realizado en el mismo año de 2005 en que se creó el blog *Muñequitos rusos*, *El telón de azúcar*, de Camila Guzmán, viene a ser el epítome de esa idealización. Desde la introducción misma del filme, la realizadora, exiliada del régimen de Pinochet, recuerda a la Cuba de ayer como «un lugar sin preocupaciones, sin angustia, sin violencia», donde «el dinero no tenía valor» y «lo material no tenía importancia», donde «reinaba la solidaridad», «todos nos sentíamos iguales», y «en las calles no había ni publicidad ni apuro». A pesar de que algunas de las declaraciones posteriores de sus entrevistados matizan esta imagen, y de que la propia Guzmán reconoce, al final de la película, que si no chocó con el sistema fue porque se fue de Cuba a tiempo, esta añoranza por un estilo de vida y unos valores hoy en crisis viene siendo el saldo de su documental. Se trata, por así decir, de la obra maestra de la *Ostalgie* cubana.

La *Ostalgie*, definida por Žižek como «un continuado apego sentimental al difunto "socialismo real" de la antigua RDA: el sentimiento de que, a pesar de todos sus defectos y horrores, algo precioso se perdió con su caída» (2000: 93), refleja la dificultad de toda una generación formada en el sistema comunista para adaptarse a una sociedad regida por la competencia y la iniciativa privada, o entre los más jóvenes, que eran niños cuando cayó el muro, no poco de rebeldía con algo de esnobismo. En el caso cubano, no se ha producido el tránsito de un sistema donde la vida, del todo regida por el estado, era más sosegada y segura, al mundo dinámico e individualista del capitalismo, pero las dificultades de la vida cotidiana en el «período especial» sí han sido el caldo de cultivo para una cierta nostalgia de la relativa abundancia de los años ochenta. En medio de escaseces sin cuento, se tiende a idealizar ese «mundo de ayer» en que uno podía comprar un litro de leche «por la libre» y hasta algunas manzanas en el puesto de la esquina, y se comprende que muchas personas, asfixiadas por tan perentorias necesidades, de buena gana regresarían a aquella época en que los fungibles venían «convoyados» con las clases de marxismo-leninismo, las «movilizaciones» de las MTT y las guardias del comité.

De hecho, los ochenta comenzaron con el Mariel, ese acontecimiento fundamental que nunca se menciona en *El telón de acero*. Los huevos tirados, los árboles deshojados del jardín de la embajada del Perú, los temibles perros de El mosquito: todo ello perturbaría esa imagen idílica de la década. Irónicamente, fue justo gracias a los que se fueron a riesgo de su propia vida que la situación mejoró un poco para los que se quedaron. Aquel imprevisto toque de atención hizo que el gobierno emprendiera algunas medidas liberalizadoras, como la apertura del Mercado Paralelo y, en La Habana, el Mercado Centro. Treinta años después de la nacionalización de aquella famosa tienda por departamentos, aún se hablaba de ir a Sears. Recuerdo las colas quilométricas, y el hecho absurdo, tan propiamente socialista como aquella «libreta de productos industriales» con sus inaccesibles cupones, de que hubiera que hacer una cola para entrar a cada una de las secciones del supermercado (cárnicos, enlatados, dulces, etc.). Los separadores metálicos entre las distintas colas, pintados de amarillo, daban un toque como de cárcel o de zoológico. Alguna vez una malta, un salchichón, un cake helado: no llegó a mucho más el esplendor consumista de los ochenta.

En lo ideológico, hubo también una cierta apertura, que no se tradujo sólo en la literatura, sino también en el cine y la televisión. Los ochenta fueron, sobre todo, una década costumbrista, y en este sentido me parece que recuerdan un poco a los años cuarenta. Si, como apuntaba Mañach en su artículo «La crisis de las costumbres», escrito en 1932, el género había entrado en crisis tras la independencia, en la década del cuarenta vivió un nuevo esplendor, con las originalísimas crónicas de Eladio Secades y las graciosas narraciones de Miguel de Marcos. Se diría que así como este costumbrismo reflejaba cierta resaca del proceso revolucionario de los años treinta, esa relativa estabilidad conseguida a raíz de la Constitución del 40, en los ochenta lo que el género manifestaba era el cansancio del arte partidista de los setenta, así como la relativa tranquilidad de aquellos años en que el episodio macabro de Mariel fue reprimido de la memoria colectiva. La tendencia del cine hacia la comedia, con películas tan populares como *Los pájaros tirándole a la escopeta*, *Plaff* y *Se permuta*, es muy significativa. En estas cintas ya no se trata del antagonismo irreductible entre los revolucionarios y los contrarrevolucionarios, como en el humor gráfico de los sesenta (*Palante*, *Mella*) y en la narrativa de la década anterior (Cofiño, la «novela policial revolucionaria»), sino de conflictos entre los propios revolucionarios.

En el fondo, la condición de la sátira costumbrista es su ilusión, su optimismo. Si intenta «corregir las costumbres», es porque empieza por encontrar en ellas un contenido de emoción y de imágenes locales, un valor de tipicidad, que le importa mucho hacer perdurar. Es, por eso, una sátira leve, que no quiere lastimar el retoño. Los costumbristas nos dan siempre la sensación de que están a un tiempo enemistados con su ambiente y enamorados de él. (Mañach 1939: 156)

Esta observación parece cumplirse en alguna medida en el costumbrismo amable de los ochenta. La crítica del machismo, de la doble moral, del reunionismo, del teque, de la burocracia, de la intolerancia, fueron los temas de ese humor constructivo que criticaba algunas imperfecciones del sistema, pero nunca al sistema mismo.

Otro fenómeno distintivo de la década es el auge de la ciencia ficción. José Miguel Sánchez (Yoss) ha evocado muy bien el profundo impacto que tuvo para los niños y adolescentes cubanos el estreno, en el verano de 1983, de la película de animación *Voltus V*: «Yo y tantos como yo sentimos latir la MAGIA, así con mayúsculas, en casi cada segundo de aquella historia. Todavía hoy no sé decir si el secreto estaba en que por primera vez veía robots gigantes en acción, en el mismo estilo futurista de la animación, o qué sé yo en qué» (2011: 51). Hoy sabemos que *Voltus V* no era en realidad un filme, sino algunos episodios de una serie japonesa de *anime*, que el ICAIC había unido de manera bastante burda, y además, *ad usum delfini*: ciertas escenas habían sido cortadas por motivos ideológicos. Pero eso, como bien dice Yoss, no importaba: el superrobot de la espada láser fue un fenómeno de masas, y su éxito a comienzos de los ochenta bien puede verse como una prefiguración del *boom* que alcanzaría la ciencia ficción a lo largo de la década.

Daína Chaviano recuerda que para algunos escritores de su generación cultivar ese género fue una forma de conquistar resquicios de libertad, una expresión de «rebeldía contra el canon realista que había permeado la literatura cubana durante una década» (2010: 251). Para fines de los ochenta, cuando Chaviano publica *Fábulas de una abuela extraterrestre* (1988) y *El abrevadero de los dinosaurios* (1990), la ciencia ficción había desbancado en popularidad al propio policial revolucionario, que en una especie de curioso *aggiornamento* se acercó a ella como se acercó incluso, en algunos casos, al humor. Definitivamente, el espíritu de los tiempos había cambiado. No deja de ser significativo que cuatro destacados escritores de ciencia ficción, la propia Chaviano, Alberto Serret, Chely Lima y Antonio Orlando Rodríguez hayan sido los guionistas de la popular telenovela *Hoy es siempre todavía*. Es justo una novela de ciencia ficción lo que facilita el romance entre el personaje interpretado por Thais

Valdés, la estudiante universitaria, y el personaje de Riny Cruz, el obrero que quiere «superarse» estudiando de noche.

Me parece que esta telenovela refleja muy bien el tránsito de la intransigencia de los setenta hacia el discurso de la tolerancia que se impondrá en los noventa: el parlamento de la abuela de Francisco Gattorno, en uno de los últimos capítulos, a propósito de la madre de Riny Cruz, interpretada por Isabel Moreno, es todo un manifiesto en contra de la intolerancia y el dogmatismo. Se anuncia ya «Fresa y chocolate», aunque todavía no ha llegado el momento de aceptar la santería; en *Plaff* se la presenta todavía como una superstición carente de valor cultural. En la otra gran telenovela de fines de los ochenta, *La séptima familia*, Isabel Moreno hizo el papel de la dirigente intolerante, y Alina Gutiérrez el papel de la obrera problemática, madre de un hijo salido de prisión que, tras superar un buen número de prejuicios y contratiempos, logra «reinsertarse» en la sociedad. Como en tantas obras de los setenta, la acción se sitúa en el centro de trabajo, que aquí es una fábrica de muñecas, pero el espíritu es distinto: los conflictos son más reales, los personajes menos planos. Como *Hoy es siempre todavía*, se trata de una fábula de reconciliación: más integrados y menos integrados, obreros e intelectuales, para todos ellos hay espacio en la Revolución. Es el final, el límite mismo de ese ciclo del arte socialista.

El verdadero final de la década fue, me parece, La Casa del Oro y la Plata, que como Mariel evidenció las paradojas del radicalismo comunista. Si en 1980 la violencia revolucionaria había derivado en violencia fascista, la gigantesca estafa de 1988 mostró cómo el empeño comunista por trascender la sociedad de consumo terminaba sacralizándola. De pronto, el estado anunció que comenzaría a comprar objetos valiosos –joyas de oro, plata y bronce, copas de bacarat, piezas de mármol, lámparas antiguas– en una moneda creada *ad hoc* con la que podían adquirirse, en tiendas habilitadas para la ocasión, ropa, comida y electrodomésticos que brillaban por su ausencia en las tiendas ordinarias. Como en un auténtico monopolio, los precios de estas mercancías eran mucho mayores que su precio «real» en el extranjero, así como era menos lo que el estado ofrecía a cambio de los objetos de valor. No era aquella, entonces, una operación de compra y venta según las reglas del libre mercado, sino una suerte de regreso a las prácticas feudales usadas en tiempos de la primera República por los propietarios de centrales que pagaban a los trabajadores con bonos que únicamente servían para comprar en sus propias tiendas. Sólo que ahora el señor no era el gran terrateniente, a menudo extranjero y absentista, sino el estado socialista.

De hecho, fue con semejante transacción que se completó el despojo de la pequeña burguesía cubana iniciado en los primeros años de la Revolución. Si con la Ofensiva revolucionaria las nacionalizaciones habían alcanzando a los pequeños comercios, ahora, dos décadas después, se llegaba hasta el interior de las casas y hasta de las alcobas, ya no con la violencia de la expropiación forzosa sino mediante el recurso a ese consumismo que tan satanizado había sido en los años de radicalismo comunista. Mediante aquella condicionada posibilidad de acceso a un mundo que hasta entonces sólo se dejaba entrever en las maletas llenas de «pacotilla» de los visitantes de la «comunidad», en las de los marineros que podían comprar en los puertos de países capitalistas o a través del cristal oscuro de alguna «diplotienda» reservada a los privilegiados de la *nomenclatura*, el estado consiguió apoderarse de muebles y objetos personales que habían sobrevivido a las sucesivas nacionalizaciones del patrimonio burgués.

Era tanta la tentación que, en la disyuntiva entre el reloj de oro de la abuela, el propio anillo de bodas o la lámpara que siempre estuvo en la sala de la casa, por un lado, y por el otro un televisor en colores, un pantalón nevado o una grabadora Daytron, muchos no dudaron en optar por las mercancías, aun a sabiendas de que sus pertenencias valían muchísimo más de lo que el estado pagaba por ellas. Y no faltaron quienes se entregaron a una suerte de fiebre del oro que no buscaba ya, como la histórica de los conquistadores españoles, en los territorios vírgenes del Nuevo Mundo, sino dentro de las antiguas máquinas de coser Singer –que contenían, según se decía, cierta pieza de metal valioso–, y, utilizando detectores del precioso elemento, bajo los suelos de habitaciones donde se sospechaba pudiera haber algún tesoro escondido.

La Casa del Oro y la Plata marcó el triunfo definitivo de la moda y la frivolidad sobre la austeridad y la uniformidad socialista. Como es de esperar en un contexto tan provinciano como el de la Habana de los ochenta, proliferó el mal gusto y la ostentación hortera dentro y fuera de las casas. Las sesiones fotográficas de las celebraciones de quince, antigua tradición pequeñoburguesa que nunca llegó a perderse, tuvieron su gran espaldarazo. Convertidos de la noche a la mañana en nuevos ricos, muchos de los afortunados que poseían abundancia de joyas para vender compraron unas lámparas ornamentales cuyos fláccidos filamentos, una vez conectado el equipo a la corriente, se estiraban, encendían y coloreaban mientras se oía una musiquita cursilona y el brillante penacho giraba. No era raro encontrar aquellos artefactos, símbolos de un estatus recién adquirido, en la sala de alguna casona antigua y despintada, cerca de un ventilador Órbita y de un viejo «frigidaire».

Aquella burda implementación estatal del consumismo después de tantos años de forzosa austeridad y racionamientos sin cuento, venía a demostrar uno de los singulares efectos del comunismo. Si, como señala Agnes Heller, en cierto sentido el capitalismo no existe más que en el discurso oficial de los países comunistas que lo maldice con la constancia de un conjuro ritual, ese aspecto conceptual persistía de alguna forma en la súbita posibilidad de la Casa del Oro y la Plata. Algo de simbólico poseían las baratijas en aquella Habana inmediatamente anterior a la caída del muro de Berlín: no se compraba sólo unos zapatos de marca o un televisor en color no soviético, sino también un pedazo de un mundo que aparecía investido de los valores de lo lejano y lo prodigioso. Muy a contrapelo de la doctrina y de la propaganda, de la escuela y los discursos, el sistema que prometiendo el reino de la libertad no había hecho más que engordar el de la necesidad hacía evidentes las satisfacciones de la sociedad de consumo, confiriéndole un aura que esta ya no tiene allí donde forma parte natural de la vida cotidiana. Se daba así el hecho insólito de que las mercancías equipararan o aventajaran en aura al mismísimo oro: no sólo al metal precioso en sí mismo sino incluso a prendas que poseían además un valor sentimental.

Claro que valía la pena vender las reliquias familiares, desplazarse hasta La Habana si uno vivía en provincia, hacer aquella cola kilométrica en la que, según un chiste del momento, se habían encontrado una mañana Mariana Grajales y José Martí, deseosos de tasar al Titán de Bronce y la Edad de Oro, respectivamente. Y hacerla otra vez y aun una tercera en busca de una mejor oferta. Como valía la pena dispararse las otras colas larguísimas en las escasas tiendas habilitadas para la ocasión, y dejar fuera los bolsos y los abrigos, mostrarle al vigilante de la entrada aquellos vales de extraños colores y, antes de gastarlos todos, quedarse con uno para poder seguir entrando a la tienda aunque sólo fuera para mirar.

En esta transformación de los fungibles en *mirabilia*, nueva peregrinación al fetiche de la mercancía, consistía la restauración del aura de la que hablo. He aquí, acaso, la última peripecia en la contribución de la Revolución cubana al realismo mágico: tal como en *Cien años de soledad* José Arcadio Buendía no olvida el día en que su padre lo llevó a conocer el hielo, muchos de los que entonces éramos niños podemos recordar el día que de la mano de nuestros mayores entramos a aquellas tiendas maravillosas. Yo recuerdo perfectamente mi rito de pasaje al otro mundo encantado, que culminó con un saldo escaso pero memorable: un prelavado y un pulóver, más unos zapatos de «pega-pega», de marca Ocean Atlantic.

FLÂNEUR, PROMETEO, RUINAS

En algún que otro puesto de libros viejos de la Plaza de Armas puede adquirirse, a precios exorbitantes, un curioso *Álbum de la Revolución* compuesto por postales de la insurrección contra Batista. En los primeros meses de 1959 esas postalitas se vendían convoyadas con caramelos y bombones; hoy recuerdan, como fósiles de algún lejano cataclismo, aquel tiempo en que la Revolución no estaba reñida con el mercado. Quien hojee las entregas del periódico *Revolución* en las primeras semanas de 1959 encontrará también allí abundantes documentos de ese sincretismo. «Llegue al corazón del pueblo, anúnciese en *Revolución*», recomendaba el diario, que acogió multitud de anuncios comerciales de empresas tan emblemáticas como El Encanto, La Polar, La Tropical y Hatuey, todas saludándola a Ella y de paso haciendo publicidad: «Cuando usted toma cervezas cubanas, usted también está haciendo Revolución».

Aún en el carnaval de 1960, «desfilaron, fulgurantes, el carro de Coca Cola, y el del ron Bacardí, y el de los cigarrillos Partagás; después, uno patético, que recordaba a Camilo Cienfuegos», contaba Zavattini en un diario italiano (Guevara 2002: 235). «Una gran tienda habanera se parece a cualquier otra del mundo, con la diferencia de que aquí suena la alarma y repercute; es un ejercicio de precaución», afirma el narrador en el documental *Carnet de viaje*, de Joris Ivens, mientras pasan las imágenes de los dependientes «milicianos» dirigiéndose al lugar de reunion. Corría el año de 1961: evidentemente, Ivens no captaba que esa diferencia terminaría por arruinar el parecido; grandes almacenes y milicianos uniformados representaban mundos incompatibles, lo residual y lo emergente en una historia donde ya los dados habían sido lanzados. Poco después, el gobierno cubano, del todo radicalizado en sentido comunista, intentaba no ya cubanizar o reformar el mercado sino superarlo de una buena vez. «¡Para tomarlo hay que sembrarlo!», rezaba una de las consignas del Cordón de La Habana. Como en una pesadilla orwelliana, en la Habana de los setenta, donde la memoria se ha convertido en «artefacto reaccionario» (Arenas 2002: 228), todas las cosas del pasado son innombrables: máquinas de coser Singer, Chocolate La Española, Crema Pons, pan de manteca...

Junto a las mercancías, fueron desapareciendo las multitudes y con ellas, esa figura fundamentalmente moderna, ambigua, que es el *flâneur*. Para Benjamin, el paseante decimonónico es un ser liminal, fronterizo, parapetado en el umbral de la clase burguesa. En ese híbrido entre la calle y el interior que son los pasajes, se mueve contracorriente: mientras los demás trabajan, él es ocioso. «Hasta 1840 fue, por poco tiempo, de buen tono llevar de paseo por los pasajes a las tortugas. El *flâneur* dejaba de buen grado que estas le prescribiesen su "tempo". De habérsele hecho caso, el progreso hubiera tenido que aprender ese paso. Pero no fue él quien tuvo la última palabra, sino Taylor, que hizo una consigna de su "abajo el callejeo"» (Benjamin 1980: 70). El paseante entraña, pues, una cierta resistencia al progreso irresistible que, mediante la racionalización tecnológica, acaba con la lentitud asociada al idilio campestre y la vida paradisíaca –*luxe, calme et volupté*, en el célebre verso de Baudelaire.

Pero no es en modo alguno, como el arquetípico narrador oral del ensayo sobre Leskov, una figura premoderna; él sólo es posible en esa antítesis de la comunidad orgánica que viene a ser la ciudad moderna, burguesa. «Una calle, un incendio, un accidente de tráfico reúnen a gentes libres de determinación de clase. Se presentan como aglomeraciones concretas, pero socialmente siguen siendo abstractas, esto es, que permanecen aisladas en sus intereses privados. Su modelo son los clientes que, cada uno en su interés privado, se reúnen en el mercado en torno a la "cosa común"» (1980: 79), señala Benjamin, estableciendo claramente la naturaleza heterogénea de la multitud: ese lugar –o más bien, no lugar– donde la diferencia de clase, que aún marcaba el carácter estamental del capitalismo decimonónico, es borrada sin trascenderse por ello la abstracción capitalista.

Se trata aquí de un tipo de sociedad que Marx no llegó a conocer del todo: una donde no ha habido revolución, pero donde las clases en el sentido clásico se han difuminado. Que no superado; semejante superación sólo se daría en la nueva comunidad concreta producida por la revolución, y no es un azar que los fracasos de 1848 y 1871 jalonen ese dramático proceso modernizador del siglo XIX francés donde Benjamin sigue las pistas de Baudelaire. La moderna sociedad de masas está ya *in nuce* en la «*fourmillante cité*» de *Las flores del mal*. Justo allí donde todos son extranjeros entre sí habita el *flâneur*, quien es «un abandonado en la multitud. Y así es como comparte la situación de las mercancías. De esa singularidad no es consciente. Pero no por ello influye menos en él. Le penetra venturosamente como un estupefaciente que le compensa de muchas humillaciones. La ebriedad a la que se entrega el *flâneur* es la de la mercancía arrebatada por la rugiente corriente de los compradores» (Benjamin 1980: 71).

Es evidente, entonces, que esa figura del paseante, siendo inseparable de la revolución burguesa, ha de tornarse obsoleta tras la revolución proletaria. Ahora las muchedumbres no se reúnen en el mercado sino en la plaza pública –Plaza Roja o Plaza de la Revolución. La caótica multitud se ha organizado en marchas y concentraciones de masas donde el pueblo busca manifestar su potencia. Significativamente, en ninguna de las más de cien páginas de su *Diario de Moscú* Benjamin se refiere a la *flânerie*, mientras en «Moscú», el breve artículo que escribió sobre la capital soviética, apunta: «El bolchevismo abolió la vida privada». ¿No es el paseante una de las variantes de ese «hombre superfluo» que, según afirmaba Máximo Gorki en su discurso del congreso de 1934, constituía uno de los tipos más estudiados en la literatura capitalista de Europa occidental? Gorki aludía a Turgueniev, creador del arquetípico personaje del «hombre superfluo», pero se refería sobre todo a la descendencia del mismo en una serie de antihéroes modernos, hombres que, aunque extraños a la sociedad burguesa, divorciados de ella, son incapaces de actuar para abolir su alienación.

En particular, el *Oblomov* de Goncharov representa un caso extremo de la superfluidad propia del personaje de Turgueniev. Su inacción epitomiza la parálisis de una subjetividad burguesa a la que la cultura bolchevique opuso la idea del hombre nuevo desarrollada por Chernichevski en su novela *¿Qué hacer?*, que no por gusto era el libro de cabecera de Lenin. Pues bien, en «Literatura y conciencia política en América Latina», su discurso del Primer Congreso Nacional de Escritores y Artistas, Carpentier criticó el «"oblomovismo" de la generación del 900» (1966: 65). Si Gorki, reivindicando frente a esas figuras decadentes del individualismo burgués, héroes mitológicos o históricos como Prometeo y Lenin, arquetipos de la acción y el trabajo, afirmaba rotundamente en 1934 que «En nuestro país no debe, no puede haber hombres superfluos» (1973: 255), Carpentier venía a decir más o menos lo mismo. Había que dejar atrás el «oblomovismo» de los intelectuales contemplativos, para comprometerse a fondo con la transformación de la realidad. Había que dejarse de boberías y estudiar economía política.

En la Cuba de los sesenta, movilizada en torno a las grandes campañas productivas, la figura literaria del paseante no podía más que ser rechazada como decadencia pequeño-burguesa. El más célebre de los *flâneurs* latinoamericanos, aquel que exiliado de su país y de sí mismo deambulaba por París buscando no se sabe qué, no se libró del anatema, a pesar de la probada simpatía de su creador hacia el gobierno cubano. En una conferencia sobre Cortázar, Portuondo denunciaba en 1971 la persistencia en *Rayuela* de la ideología irracional denunciada por Lukács en *El asalto a la razón*. El tipo del «inconformista» –encarnado por Oliveira– resume para Portuondo la evasión y la rebeldía que caracterizan a la cultura burguesa en su etapa de decadencia. Por su parte, otro crítico de la época, Gilberto Valdés Gutiérrez, concluía un artículo sobre la novela de Cortázar afirmando que «*Rayuela* se vislumbra como la novela de la pequeña burguesía intelectual en la época violenta de transición mundial al socialismo, como el panfleto del temor del artista liberal frente al partidismo de la clase obrera; temor que se desvanece ante el acto creador más hermoso y libre: la revolución» (1977: 59). Cosas así eran comunes en los años setenta, cuando escribir –o más bien, publicar, porque se escribió mucho para las gavetas– era prescribir, y el solo acto de salir a la calle sin rumbo fijo podía ser considerado delito de lesa conciencia revolucionaria.

Malabre, el último burgués que aún no se había atrincherado en su residencia, tenía que ser por fuerza un *flâneur*. «Estuve como tres horas dando vueltas por La Habana» (Desnoes 2003: 9), apunta en su diario. Intervenida su mueblería y también su automóvil, no le queda más que errar por una ciudad que se le vuelve cada vez más extraña, casi extranjera. Las masas revolucionarias le proveen así el *shock* que necesitaba para sacudir su aburrimiento pequeño-burgués. No había sido, como tantos escritores burgueses, un paria en aquella sociedad; sólo ahora puede ocupar el lugar marginal del artista: en el nuevo contexto, es el hombre del subsuelo –aunque su sótano sea un *penthouse*–, es Oblomov, es el extranjero, todos esos tipos de la literatura moderna. «Yo soy en el socialismo un muerto entre los vivos» (Desnoes 2003: 54), apunta. El carácter fantasmagórico del *flâneur* se acentúa, como la llama de la vela, justo antes de desaparecer.

Como el *flâneur* de Benjamin en el umbral de la clase burguesa, Malabre está en el umbral de la revolución misma, de esa «rebelión de las masas» que amenaza con invadir su espacio privado. Pues él es, en gran medida, un coleccionista; se siente más cómodo con sus objetos –«los sillones, los libros, la cama, la sábana limpia, el refrigerador, la bañadera con agua fría y caliente, el azúcar, el café, los cuadros y todo lo que hay regado por los cuartos» (2003: 16)– que con la gente. En *Los convidados de plata*, Carpentier captó también la consecuencia entre el nuevo régimen y la desaparición de ese espacio burgués que era la calle llena de anuncios publicitarios, pero también el interior del coleccionista privado. En la primera sección del relato, tras describir el frenesí capitalista de esos primeros días «en que tantísimos hombres andaban lentamente, como inseguros aún de la solidez de las aceras, por las calles de la ciudad» (1972: 335), el narrador hace el amor con su amante mientras ambos perciben el impacto, aún secreto, que la llegada de los barbudos había producido en el entorno. «Nada parece cambiado, y sin embargo, hay como una mutación, un trastrueque, una transfiguración, en la ciudad» (1972: 332). La mujer, aun cuando simpatiza con el proceso revolucionario, se pregunta si irán a nacionalizar las colecciones de cuadros de su padre.

En la tercera sección, se cuenta en primera persona el regreso de un guerrillero a su lujosa residencia del Vedado, de donde todos han huido para Miami. Al detenerse en su esquina, el narrador, que no es el mismo de la primera sección, se asombra al darse cuenta por vez primera de que el soberbio jardín «era un jardín cerrado, enclaustrado, invisible para las gentes de la calle» (1972: 340). Este jardín es desde luego el prodigioso jardín francés de la mansión aristocrática, pero también algo más: la propia consciencia burguesa, descrita por la ortodoxia marxista como una mónada. La casa está llena de obras de arte; además, en la planta baja proliferan paravanes y biombos. No faltan, no podían faltar, las estatuas mitológicas. Y no faltan tampoco los cubiertos de plata. Luego de afeitado y bañado, sentado a la mesa donde es único comensal, se le ocurre al recién llegado sacar la vajilla, como si estuvieran allí los demás miembros de la familia. Y esos platos, donde se ven retratos de los antepasados, comienzan a hablar.

La plata de aquí está, de alguna manera, en el reverso de aquella con que empieza *Concierto barroco*: «de plata los cuchillos, de plata los finos tenedores...». Aquella simbolizaba a la burguesía ascendente, enérgica, de la época de la colonia; esta otra a la burguesía condenada a morir, representada por la tía solterona, marquesa de gusto anticuado y gélida cama. Curiosamente, entre los cuadros atesorados por ella hay varios de Robert Humbert, el célebre pintor de las ruinas clásicas, símbolo de la sensibilidad decadente de la anciana aristócrata. Y es justo en relación a otras ruinas, las que ganan preeminencia en el «período especial», que reaparece el paseante, décadas después de aquella crisis de Octubre donde la crisis existencial del hombre superfluo de Desnoes se intensificó casi hasta el suicidio. El *flâneur* no es ahora un personaje de ficción sino un ente real, un escritor.

Ese escritor es, desde luego, Antonio José Ponte. En *Un seguidor de Montaigne mira La Habana* (1995), uno de los más bellos ensayos escritos en Cuba en las últimas décadas, se reanuda la estirpe de los paseantes cubanos. No podía faltar allí una reivindicación de la lectura, esa ambigua práctica que en los tiempos prometeicos había sido relegada por la actividad revolucionaria: «Ojeamos calles como lo haría un lector, las hojeamos», dice Ponte (2001: 26), y supone, un poco más adelante, en la figura del Caballero de París «el espíritu del *flâneur*» (33). En realidad, el Caballero aún vivía cuando Ponte se mudó para La Habana (murió en 1985), pero para los años ochenta ya estaba internado en Mazorra. El legendario Caballero es un vagabundo, y por ello no puede ser un *flâneur*; el paseante tiene como condición *sine qua non* esa contraparte del interior, el refugio a donde regresa tras sus erráticos paseos. El loco vive o todo afuera o todo adentro, es puro ensimismamiento o pura alteración; carece de esa liminalidad del *flâneur* –Casal, Oliveira, Malabre– y también de esa conciencia agudizada, suerte de hipersensibilidad que le deja leer en las calles de la ciudad los signos que a otros se les escapan.

Había en mi barrio, en los años ochenta, un loco muy famoso que respondía al nombre de *Política*. Tendría ya más de sesenta años, negro prieto, bastante canoso, de baja estatura. Cuando lo veíamos venir, los niños le gritábamos «*Política*, la luna es mía», y echábamos a correr, perseguidos por las recriminaciones del viejo. *Política* privatizaba lo que es, por definición, común, y estoy tentado a ver en ello una manifestación extrema, patológica, de ese «impulso de hacer suya la ciudad» que Ponte (2001: 33) percibe en el *flâneur*. Este privatiza lo público –la esquina de Sevrès y Babylone en *Rayuela*, donde el azar concurrente había cumplido un destino–, pero en el loco no hay mediación alguna, porque se puede llegar a poseer eso que está en entre el puro adentro de la casa y el puro afuera del cielo, algunas calles, pero no un astro. Justo porque no tenía casa, el loco emblemático de mi barrio se había adueñado poéticamente de la luna. Una vez *Política* pasó la noche frente al garage de casa; era, como el legendario caballero, un vagabundo, no un *flâneur*.

Flâneur es Ponte, que en *La fiesta vigilada* se define como «ruinólogo», y en el documental *Arte nuevo de hacer ruinas* (2005) aparece caminando por las destruidas calles de la ciudad. En La Habana de los años noventa la continuidad de la *flânerie* resulta estrechamente asociada a la ostensible decadencia de la ciudad. «¿Dónde acababa el paseo y empezaba la propiedad privada? Para quien decida visitarlas, las ruinas habitadas suponen esa indistinción» (Ponte 2007: 167). Es justo esta porosidad entre el afuera y el adentro, la calle y el interior que distingue a la ruina habitada de la ruina abandonada que tanto fascinaba a los románticos, lo que emparienta a aquella con la *flânerie*. Se ha señalado demasiado la influencia de Benjamin en Ponte, habría que destacar más la de otro escritor alemán: W. G. Sebald. Si Malabre, que había viajado por la Europa destruida de la posguerra, anotaba, tras ver a la gente cubana tan despreocupada en medio de la crisis de Octubre: «yo he visto las ciudades alemanas después de la guerra. Las ruinas como muelas cariadas en Berlín y Hamburgo» (Desnoes 2003: 92), Sebald ofrece en su ensayo *Historia natural de la destrucción* un singular repaso de cómo la literatura alemana lidió con esas ruinas de guerra. O más bien cómo no lidió, pues su tesis es que la conciencia del país debió reprimir el drama, y esa represión estaría en el origen del milagro económico alemán.

En su recuento de las obras escritas sobre la Alemania en ruinas de la posguerra, Sebald glosa un fragmento de una noveleta inconclusa de un escritor poco conocido, Peter de Mendelssohn.

> Según Mendelssohn el libro hubiera debido terminar cuando Torstensson, con una gabarra de las utilizadas para eliminar escombros, se dirige al mar y allí, mientras la grava se hunde en las profundidades, ve toda la ciudad en el fondo, intacta e incólume, como una especie de Atlántida. «Todo lo que arriba ha sido destruido está aquí abajo ileso, y todo lo que sigue estando arriba, especialmente la catedral, nos falta aquí. (Sebald 2003: 64)

Se trata de la misma imagen que sorprende al protagonista del relato más conocido de Ponte, «Un arte de hacer ruinas». En ambos casos, lo fantástico ofrece una curiosa posibilidad de narrar de otra manera, distinta al naturalismo y al costumbrismo, la destrucción de un país, pues en Cuba, aunque no hubo tercera guerra mundial en el 62, también hay «ruinas como muelas cariadas».

Si en sus *Estampas de San Cristóbal*, escritas y publicadas en 1925, Mañach mostraba una ciudad dinámica y moderna, que acoge a inmigrantes europeos llegados por miles, y Lezama en sus artículos del *Diario de la Marina* vertió su nostalgia reaccionaria por una ciudad de tradiciones criollas y fiestas católicas, a salvo de la impronta desustanciadora de la modernidad *à la américaine*, Ponte narra el efecto devastador de la Revolución cubana sobre la ciudad capital. «Escribo lo anterior en una casa que desaparecerá en esa marea» (2007: 181), confiesa luego de referirse a las inevitables demoliciones que en La Habana Vieja habrá que emprender. Ponte no es «el último habitante de La Habana», como le pareció al fotógrafo italiano a quien sirvió de *cicerone*, pero sí su último gran cronista, aquel a quien ha tocado dar testimonio de la etapa crepuscular que atravesamos.

Tanto Mañach como Lezama lamentaron en sus crónicas habaneras la degradación de las antiguas casonas coloniales convertidas en cuarterías, pero la «tugurización» que describe Ponte va mucho más allá de ese fenómeno propio de los tiempos republicanos. Es, más bien, la consumación de aquella invasión de La Habana por los bárbaros que tan bien reflejaba Carpentier en *Los convidados de plata*. Si para este «La ciudad estaba invadida por hombres de otra raza», se diría que Ponte extrema la metáfora; esa degradación de la que hablan los urbanistas cobra agencia en la figura de unos «tugures» que, más que ajenos, son siniestros; no ya de otra raza, sino de otra especie. La Revolución, que entonces tuvo el rostro luminoso de «esos extraños barbudos, de bragas desgarbadas –como patizambos, a veces en el andar– que circulaban por la ciudad, con la mirada lejana, puesta en otra parte» (Carpentier 1972: 333), ahora se nos aparece como avalancha de seres sin rostro, que ejercen una destrucción incesante, silenciosa como el roer del comején. El *flâneur*, condenado a desaparecer junto a la ciudad capitalista de la que formaba parte, resurge ahora en medio de los escombros de una urbe que no es ya revolucionaria pero tampoco es burguesa; una ciudad tan singular que todos los fotográfos del mundo quieren retratarla[1].

---

[1] El mejor *cicerone* de esas ruinas, el experto-nativo que guía a los extranjeros por ese paisaje urbano excepcional, es Eduardo Luis Rodríguez, estudioso de la arquitectura cubana del siglo XX que encontramos en varios cuadernos fotográficos y artículos sobre La Habana actual. En algunos escritos de Rodríguez, como «Reflections of a Casual Stroller, or the Dilemma of Architectural Preservation in Cuba», incluido en el libro *Cuba on the Verge*, reaparece la figura del *flâneur*, siempre asociado a la ruina habanera. En su introducción a las espléndidas fotografías de Robert Polidori, Rodríguez define así la ciudad melancólica fotografiada por el artista canadiense: «Not the Havana of street rumba and the wild gestures of *guaguancó*, but the slow walk with hands in the pockets. / Not of the compact multitudes marching shoulder to shoulder, but of individuals in their solitude, walking vaguely with no fixed destiny, their heads hanging low» (2001: 11). Otro paseante fundamental es Carlos Garaicoa, uno de los más reconocidos artistas plásticos contemporáneos. Garaicoa destaca la experiencia de caminar por la ciudad como uno de los orígenes de su obra: «Havana, as a city in transition, is a place where past and present intermingle, sometimes in a violent, belligerent way, as reflected in the city's architecture. Walking through the streets of Havana transforms us to feel the total absence of a model for the present. My work has evolved like a dialogue with and a meditation on the

Esta ruina por la que deambulan los nuevos paseantes, los melancólicos artistas de la Cuba postcomunista, viene siendo la antítesis de la espléndida residencia burguesa. Si esta es simbólica, aquella se diría más bien alegórica, en los propios términos de Benjamin. Recordemos que, en su libro sobre el origen del drama barroco alemán, el filósofo reivindicaba la alegoría, cuestionando esa vulgarizada concepción romántica que la contraponía al símbolo como lo abstracto a lo concreto. Si «en el símbolo, con la transfiguración de la caducidad, el rostro transfigurado de la naturaleza se revela fugazmente a la luz de la redención» (2007: 383), la alegoría sería una explicación secular de la historia como «pasión del mundo»: de lo que se trata aquí es de la decadencia física. Heredero de la gran sociología alemana que va desde Tönnies hasta Simmel, Benjamin afirma que mientras el símbolo es imagen de una totalidad orgánica, la alegoría es un «fragmento amorfo». Y es ahí donde, para él, el barroco se revela, mejor aun que el romanticismo, como el verdadero opuesto del clasicismo. Pues este se encuentra limitado a una idea totalizadora de la belleza de la que el barroco se libra por medio de la ambigüedad y la extravagancia. El fragmento es la ruina, que «es al mundo lo que la alegoría al pensamiento», y el cadáver, alegoría en sí mismo de la fugacidad del mundo en que se complace el arte barroco.

En el caso cubano, la casa íntegra, aún no arruinada, es un símbolo de la caída de la burguesía, una caída que, desde la perspectiva del Benjamin de las «Tesis sobre la filosofía de la historia», implica una cierta redención, convidados también los burgueses que comienzan a hablar hacia el final del relato de Carpentier, en una especie de discurso expiatorio. En cambio, la ruina –alegoría, cadáver, fragmento, «pasión del mundo» en las antípodas de la salvación– remitiría, como en la Contrarreforma, más a la caída bíblica y el pecado original que a los misterios de la Encarnación y de la Resurrección. En su intrincada reflexión sobre la alegoría, seguramente influida por la irreductible creencia baudelaireana en el pecado original, Benjamin llega hasta Satán, ese diablillo de cola torcida que inicia a los hombres en el conocimiento, pues es sólo para el hombre que conoce que las cosas pueden tomar una forma alegórica. Es el

---

urban space, where a ruin and many of the objects that compose it are presented as fundamental subjects of a new history» (2003: 108). No se trata ya de documentar la decadencia de La Habana, sino de vislumbrar en ella una ciudad *otra*. Lo que importa aquí es la imaginación. La decadencia de la ciudad real, como en el cuento de Ponte, hace posible la aparición de una «ciudad imaginada, ficticia».

conocimiento, y no la acción, la forma más característica del mal. Y es a él y a la contemplación que se asocia la melancolía.

Si los sesenta, años de sueños fabriles y campañas agropecuarias, fueron de Prometeo, la ruina es ahora ese espacio superfluo, teorético, donde habita el demonio.

Las Furias, la «escualidez»...

En su «Elogio de las furias», breve ensayo escrito en Nueva York en 1983, Reinaldo Arenas recordaba que el primer poema cubano, *Espejo de Paciencia*, tiene como argumento la violencia. Citando a Ernesto Sábato, Arenas reivindicaba la idea del artista como rebelde impenitente, «delegado de las Furias». «Habiéndolo perdido casi todo, aún un dios invulnerable nos inspira y sostiene, el dios de la cólera» (Arenas 2001: 306). La pérdida a la que se refería el escritor era, desde luego, la Hecatombe, el gran desastre nacional. Pero es bueno recordar que, antes de convertirse en Orden –un orden mucho más férreo, ciertamente, que aquel otro que buscaba dejar atrás–, la Revolución había sido rebelión. Y no es un azar que Arenas, el gran rebelde, haya sido un hijo suyo.

Demasiado joven para ser uno de los «jóvenes airados» de 1959, los de «Nueva generación» y *Lunes de Revolución*, Arenas estaba más cerca del grupo de literatos de El Puente. Bien pudo haber suscrito aquellas palabras de Ana María Simo, en un conversatorio celebrado en la Casa de las Américas en 1965, señalando que, lejos de pecar de exceso de actitud crítica, los escritores cubanos habían adolecido «no diría de debilidad, pero sí de una especie de dejar hacer, una ausencia de esfuerzo, de penetración, una ausencia de agudeza. Somos incapaces de clavarnos el cuchillo nosotros mismos, y por supuesto de clavarle esa navaja afilada y hacer el corte vertical a la sociedad que la Revolución exige» (1968: 79).

Son esas Furias las que toman la escena en una zona fundamental del teatro de los sesenta: «Los mangos de Caín» (1964), de Abelardo Estorino, «La noche de los asesinos» (1965), de José Triana, «Las monjas» (1967), de Eduardo Manet. Aquí se aprecia, acaso, un contraste con el cine, el cual –concebido desde el comienzo como arte de propaganda– se centró más en el tema de la violencia revolucionaria: *Historias de la revolución*, *El joven rebelde*, *Juan Quinquín en Pueblo Mocho*, *Lucía* o *La última carga al machete*; incluso las películas más intimistas, como *La ausencia*, de Alberto Roldán, abordaban de un modo u otro la lucha armada. Por su propia constitución, el cine se prestaba para representar acciones espectaculares en espacios abiertos como la manigua y la sierra, mientras que el teatro parecía condenado al interior burgués. Dentro de las tres paredes, la familia, y fue justo allí donde se desató la cólera.

En la obra de Estorino, Caín era reivindicado como el primer rebelde, aquel que desobedeció el mandato paterno, convirtiéndose en santo patrono de los objetores del dogma. Luego, en *La noche de los asesinos*, los hijos planeaban la muerte de los padres. De estas obras, sólo *Las monjas* transcurre durante una revolución; tres monjitas se han refugiado en un sótano de Saint Domingue, adonde atraen a una señora rica con el pretexto de ayudarla a escapar del cataclismo social que arrasa con su mundo; allí la matan y se apoderan de sus joyas. De fuera llegan amenazantes toques de tambor; adentro, crueldad, resentimiento y sadismo. Desobedecer al Padre, matar a los padres, monjas avariciosas que matan ingenuas señoras. No es imposible extrapolar esta obra; leerla, alegóricamente, sobre el trasfondo de la Revolución cubana. Advertiríamos así su fundamental su ambigüedad, así como ese *frisson* de horror que comparte no sólo con las piezas de Estorino y Triana, sino también con *La vuelta a la manzana*, de René Ariza, y *Dos viejos pánicos*, de Piñera, ambas consideradas políticamente incorrectas por la ortodoxia marxista-leninista de la época.

En *Verde Olivo* esas obras de filiación más o menos vanguardista fueron comprendidas como expresión de una «rebeldía antiburguesa» a la que se contraponía, desde luego, la revolución socialista. Incapaz de ofrecer resistencia a los embates del dogmatismo, el teatro derivó rápidamente hacia la temática proletaria; el escenario se trasladó de la casa al centro de trabajo, los conflictos del individuo al colectivo. Esa violencia de la transgresión, que abrevaba en la gran tradición del teatro de la crueldad y del teatro del absurdo, quedó fuera de escena, no sólo en la dramaturgia sino en toda la literatura publicada en los setenta y ochenta. En la «novela policial revolucionaria», el género más representativo de esas décadas, falta el *pathos*, el sufrimiento, el horror. Es la anodina expresión literaria de una sociedad donde no existe la crónica roja, porque no debería haber delincuencia; la que hay es sólo rezago de un pasado condenado a desaparecer.

Definitivamente derrumbado, con el muro de Berlín, ese mundo idílico del realismo socialista, las Furias regresan en los años noventa, pero no ya como figuras de rebeldía. Es esto lo que, mejor que la de ningún otro escritor de su generación, refleja la extraordinaria obra narrativa de Ena Lucía Portela. A Camila, personaje de *El pájaro: pincel y tinta china*, la primera novela de Portela,

> le gustaba jugar a ir más allá de todas las puertas, a invadir los espacios improcedentes, a no leer las escrituras, a conquistar la ciudad perversa. No se rebelaba contra nada, porque todo parecía permitido, de algún modo legal, y su rebelión no le hubiese importado a nadie. Todo consistía, me han dicho, en amputarle al sistema (no hablo de política, sino de algo quizás más consistente) su capacidad de aterrorizar. (Portela 1998: 122-123)

Esta caracterización es demasiado significativa; he aquí la antítesis, en más de un sentido, del orden totalitario que motivara la rebeldía de Arenas. Este es, para decirlo rápido, el mundo de las UMAP. «El trabajo os hará hombres», frase que se leía a la entrada de las «unidades militares de ayuda a la producción», expresaba el meollo de la ingeniería social comunista. El régimen calificaba de «vagos y parásitos» a todos aquellos que no consideraba «revolucionarios»: homosexuales, testigos de Jehová, católicos, abakuás, desafectos. «Hombres» allí quería decir «hombres nuevos», ni gusanos ni maricas. La misma violencia que el discurso desarrollista propugnaba para la transformación del medio natural, se aplicaba sobre este material humano al que había que moldear a imagen y semejanza de la futura sociedad comunista.

La politización de la vida que según Foucault distingue a la época moderna se realiza, entonces, de forma extrema en estos campos de concentración, una vez que el estado ha tomado a su cuidado los cuerpos y las mentes, en una política eugenésica que oscila entre la destrucción y la regeneración de las «lacras sociales». Superada la oposición entre lo público y lo privado característica del orden burgués, esta biopolítica implica la movilización total de la vida en torno a la defensa y la producción. En 1968, la nacionalización de los pequeños reductos de propiedad privada que aún existían vino a acabar con toda opción de resistencia al sistema comunista; tres años después, quedó eliminada incluso la posibilidad de abandonar legalmente el país, consumándose la biopolítica totalitaria. Los campos de concentración se habían cerrado, pero ahora toda la isla era un gran campo.

A ese mediodía del totalitarismo en torno a los diez millones de toneladas de azúcar respondió Arenas denunciando, en «El central», la relación entre la Ley del Servicio Militar Obligatorio, los carteles «donde se nos muestra el futuro» y la «gran plantación de caña donde se nos aniquila el presente» (Arenas

2001: 56). En sus piezas de teatro experimental, el propio Arenas presentaba la dicotomía fundamental de una época donde la única rebeldía posible es la imposible fuga. «¡El que saque la cabeza se la cortamos!»; «¡Ya llegamos a las cien mil posturas de café!, ¡Acude al llamado de la patria! ¡Que no quede un grano en el suelo! ¡Para tomarlo hay que sembrarlo! ¡Que no quede ni una caña en pie! ¡Están ustedes entrando en el Plan Monumental del Cordón de La Habana! ¡Guerra a muerte a los peludos y a los gusanos! ¡Comandante en Jefe, Ordene!» (Arenas 1986: 28-29), ruge el coro entre otras consignas, mientras la pareja obsesionada por la huida es perseguida y condenada por el Gran Hermano.

Fue justo ese deseo de escapar lo que produjo, en abril de 1980, la crisis de Mariel, que Arenas no desaprovechó. Basta comparar aquellos hechos con el éxodo masivo del verano de 1994 para advertir las diferencias entre ambas épocas del castrismo. Frustrado el conato de protesta popular gracias a la rápida intervención de los contingentes paramilitares que impidieron que la revuelta se extendiera a los barrios periféricos de la ciudad, el gobierno dio completa libertad para irse, presentando la estampida como una emigración eminentemente económica. No hubo esta vez «marcha del pueblo combatiente»: lejos de ser repudiados, los balseros fueron celebrados –no, desde luego, en los medios oficiales, pero sí abiertamente por la gente en la calle. Cuando Mariel, el *show* habían sido los actos de repudio, quedando la salida absolutamente fuera de escena: después que entraban en El Mosquito, nadie veía más a la «escoria». En 1994, en cambio, todo fue *show*: los preparativos del viaje, la construcción de las balsas, la despedida junto a la costa. Pero al ser la travesía mucho más insegura y peligrosa, la obscenidad se trasladó, forzosamente, a aquella muerte que no pocos –no se sabe cuántos– encontraron en la espantosa soledad de la alta mar.

Si los ominosos actos de repudio de abril de 1980, esa explosión de violencia en parte espontánea y en parte organizada, habían sido la contraparte de una literatura que había desterrado la transgresión y la crueldad, la crisis de los balseros viene a ser parte del contexto social de una literatura donde hay cierto espacio para ellas, como lo hay para la vida privada, en sentido burgués. El estado, omnipresente persecutor en Arenas, se ha retirado un poco, de modo que la rebeldía al estilo de los sesenta pierde algo de sentido. «Mis personajes, ya lo dije, no tienen familia: nacieron del aire, de los árboles, del fuego mismo» (Portela 1998: 47); esta ausencia, deliberadamente resaltada por el autor, marca una importante diferencia con aquellos rebeldes parricidas. No se trata ya del conflicto generacional, ni de aplicar a la sociedad aquel cuchillo afilado que decía Ana María Simo.

La sombra del caminante, segunda novela de Portela, es al respecto una obra fundamental. Aunque se manifiestan también en becas y escuelas al campo, las Furias que aquí encontramos no remiten tanto al contexto revolucionario, como a la propia naturaleza humana:

> ¿Quién dijo que las personas son crueles? Las personas son maravillosas. No hay nada tan maravilloso como las personas. Lo que ocurre es que, por su híbrida condición a medio camino entre ángeles y bestias, las pobres personas experimentan un miedo tan lacerante, devorador, acerbo, implacable y sañudo, que para aliviarlo necesitan del sacrificio humano. Sangre y chamusquina en los altares. (Portela 2001: 35)

Lorenzo tiene una cicatriz en la espalda: ha sido torturado. Gabriela[1] ha sufrido los golpes de las negritas que le llamaban, con desprecio, «blanquita». Justo haber pronunciado esta palabra le cuesta la vida a la instructora de tiro, al comienzo de la novela, durante una sesión de preparación militar en La Colina universitaria.

«Un esquizoide literario que de repente descubre con todo el cuerpo ardiendo y un insoportable dolor de cabeza, que el sol de Cuba —metáfora de metáforas— puede ser tan deslumbrante como el que rebrilla en la costa norte de África para volver difíciles las pieles claras» (Portela 2001: 77). A pesar de la alusión a *El extranjero*, aquí no se trata —o por lo menos no sólo— del crimen sin sentido, como el de Meursault. Este asesinato está motivado por la memoria indeleble de la violencia, de un abuso estrechamente relacionado con las diferencias de raza y sexualidad. Antes relegadas, supuestamente superadas en la figura *in statu nascendi* del hombre nuevo, estas regresan con fuerza ahora que este ideal se va a pique. «Negra de mierda», «blanquita»: son estas palabras, no las de aquellas consignas gubernamentales que perseguían a los personajes de Arenas, las que como aguijones atormentan a los personajes de *La sombra del caminante*.

Tras el crimen, Gabriela/Lorenzo huye; entra en un cine donde pasan una película francesa sin subtítulos, luego deambula por la ciudad en la noche de la tormenta del siglo, cruzándose con variopintos personajes. Calada/o hasta los huesos, tiritando de fiebre la/lo encuentra Aimée, «la Mujer más Generosa del Mundo», que ha salido a comprar cocaína. Negra fea de origen muy humilde,

---

[1] El protagonista de la novela es siempre Gabriela y Lorenzo, pero quién es en cada momento está dado por el punto de vista de la narración. El personaje no es consciente de esa dualidad; no tiene, como el mítico Tiresias, la experiencia de haber sido hombre y mujer.

ahora casada con un italiano rico, ella también está marcada; hace años fue violada brutalmente por varios hombres, que la dejaron estéril y firmaron su «trabajo» con una quemadura de cigarro. «Su lema era olvidar, olvidar lo más posible» (2001: 217), pero Aimée no lo consigue. La cicatriz de Lorenzo la lleva a recordar una y otra vez su propio «viaje al infierno»: «el dique se ha roto y la avalancha de asociaciones es ya indetenible» (2001: 243). El encuentro con Gabriela/Lorenzo no hace, entonces, más que precipitar el desenlace, el único posible, ese «punto final» que «necesitaba, con urgencia» (2001: 244) desde el día mismo de la agresión. Ni Gabriela ni Lorenzo ni Aimée pueden escapar a su dolorosa memoria; el olvido, como el sueño, es opuesto a la voluntad: además de alcohólica y drogadicta, Aimée es insomne. Hojo Pinta, a quien Gabriela/Lorenzo encuentra en el cine, es en cambio un personaje feliz: «el hombre sin memoria afectiva, sin rencores, sin intríngulis» (2001: 151).

Aquellos no quieren más que olvidar; Hojo no tiene memoria: en este punto los personajes principales de *La sombra del caminante* son la antítesis del personaje más popular de la narrativa cubana de estos últimos años: Mario Conde. Conde es, ante todo, un «cabrón recordador» (Padura 2005b: 138). El personaje de Padura representa a una generación que practicó cierta rebeldía juvenil en los setenta: pelo largo, pantalones tubito, música rock... Fueron reprimidos, forzados a sacrificarse por un futuro que al cabo nunca llegó, pero aquellos fueron, a pesar de todo, los años más felices. Conde aún pertenece al grupo de amigos de su época preuniversitaria, mientras que a la Camila de *El pájaro: pincel y tinta china* «no le interesaban los grupos ni los lamentos a coro, era una loquita solitaria. No le atraía para nada la idea de engrosar las filas de «una parte de la juventud cubana –había que dejar bien claro que sólo se trataba de una parte, con reconocer su existencia ya era suficiente– que ante la crisis se mostraba desesperanzada y cínica» (Portela 1998: 123).

No es casualidad que las historias de las Cuatro Estaciones, aunque publicadas a lo largo de los años noventa, transcurran en 1989, inmediatamente antes de la caída del muro de Berlín. Su denuncia de la burocracia, de la corrupción, de la doble moral, emparentan a estas novelas con cierto arte crítico de los años ochenta, obras contemporáneas de la *perestroika* que rozan, por así decir, el límite del arte socialista. Se ha destacado demasiado cómo Padura rompe con la «novela policial revolucionaria»[2]; habría que advertir más aquello que,

---

[2] El propio Padura lo hace, en *Pasado perfecto*, al incluir una alusión paródica a ese ciclo narrativo. Cuando Mario Conde y el sargento Manuel Palacios van a casa de un presidente de

a pesar de todo, sigue teniendo en común con ella. Es obvio que los malvados de *Pasado perfecto*, *Vientos de cuaresma*, *Máscaras* y *Paisaje de otoño* no son ya los «lumpen» y «gusanos» del realismo socialista, sino dirigentes corruptos, «pinchos» homófobos, simuladores oportunistas, pero también lo es que, al desenmascararlos, la intervención justiciera de Mario Conde termina reconciliando a los lectores con un orden social que no resulta nunca radicalmente cuestionado.

La purga renueva el vínculo entre los lectores y la Revolución misma, o por lo menos esa parte de la experiencia revolucionaria que se considera auténtica. Lo mismo ocurre, en *La novela de mi vida*, con el descubrimiento de la verdad, que conduce al protagonista –un Conde más estudiado y con peor suerte– al reino anterior al desastre de la dispersión y el fracaso. En esta novela, que no es ya policíaca, Padura vierte más material en el molde de la nostalgia, sólo que ahora, en vez del pre de la Víbora del Conde y el Flaco, es la Escuela de Letras de Fernando Terry y «Los socarrones», y no son sólo los años y la adversidad lo que separa al grupo de amigos, sino la sospecha de una delación y las muertes lamentables de dos de ellos. Historia conmovedora de la amistad y el reencuentro, *La novela de mi vida* entraña a todas luces una alegoría de la reconciliación, un *romance* nacional.

Sólo al volver a Cuba puede Fernando Terry recobrar su paraíso, posible o efectivo: el amor de Delfina, la certeza de que no hubo delación. Hay, por debajo de la mezquindad de los hombres y de la miseria de una Habana tan destrozada como dolarizada, una pureza que permanece intocada, en el fondo de una *matrioska* cuyas piezas son el país, la ciudad, el barrio, el grupo de amigos. A diferencia de tantos personajes de los «novísimos», y en particular de los de Ena Lucía Portela, los protagonistas de Padura –Mario Conde sobre todo– son seres fundamentalmente arraigados, que habitan ese terreno sentimental donde «las cosas eran distintas [...] no sé si más románticas o menos pragmáticas» (2005b: 70).

En *La sombra del caminante*, en cambio, no hay reconciliación. O la hay, pero sólo antes de la muerte. Tras el delirio de la fiebre y en medio del éxtasis de la coca, Aimée hace el amor con Lorenzo/Gabriela, en una larga escena de

---

los CDR a hacer una «verificación», rechazan su oferta de entrar a la casa, a lo que este responde: «Pero, óigame, teniente, qué raro está eso de que ustedes no entren a sentarse y entonces yo les pueda brindar un cafecito acabado de colar, ¿eh? Yo creía que cuando dos policías venían a un CDR siempre tenía que pasar eso, ¿verdad?» (Padura 2005a: 89).

aliento lírico donde esta, que a pesar de haberse entregado a muchos hombres nunca llegó a gustar de ellos, descubre el placer con una mujer; aquel, homosexual, se acuesta por vez primera con alguien del otro sexo; y ambos, blanquitos, encuentran abrigo en el cuerpo tantas veces despreciado de una mujer negra. Luego La Mujer Más Generosa del Mundo decide suicidarse, suicidarlos. Machuca pastillas en un mortero, y las echa en un recipiente donde ha vertido una botella de whisky. Después de revolver, no queda más que sentarse a tomar la «sopa mágica». El crimen cometido al principio de la novela no tiene castigo, quizás porque como ha sugerido Pérez Cino (2002) en su reseña de la novela, la culpa –y el castigo– son anteriores.

Nunca se sabe, además, si ese asesinato fue investigado por la policía; esta es una de esas obras que, como se ha señalado de otras novelas de Ena Lucía Portela, establecen una cierta relación con el género, pero no llegan a ser, no son en modo alguno, policíacas. Hay un violador, o asesino en serie, de nombre Daniel Fonseca, que para enorme frustración de Lorenzo sigue acaparando la atención en los noticieros televisivos; y en este personaje secundario se me antoja otra diferencia fundamental con las novelas de Padura. Porque si es cierto que en estas los criminales no son ya los desintegrados y contrarrevolucionarios del realismo socialista, también lo es que los crímenes siguen teniendo un motivo, cierta racionalidad. Ese «gasto», la intransitividad de quien mata por placer o por compulsión, absolutamente censurado en la narrativa policíaca de los setenta y ochenta, no aparece tampoco, o no del todo, en las Cuatro Estaciones de Padura.

Significativamente, tras resolver su último caso en el otoño de 1989, Mario Conde abandona la policía, «porque no quier[e] seguir revolviéndo[se] en la mierda, en la mentira, en la falsedad» (2005c: 246-247). En cierto sentido, él no inaugura una nueva novelística; más bien viene a cerrar el ciclo de la «novela policial revolucionaria». El final del policía da comienzo al escritor; liberándolo de temores e inmundicias, hace posible el cumplimiento de una vocación literaria estimulada, desde la adolescencia, por la lectura de los relatos de Salinger –en particular «For Esmé –With Love and Squalor», (mal) traducido este último término como «escualidez»–, que a lo largo de la tetralogía es contrapuesta al tipo del escritor oficialista, representado por el personaje de Miki Cara de Jeva.

Al final, Padura recurre a la *mise en abyme*, que aparece también, aunque de una manera más sofisticada, en *La sombra del caminante*. Si la novela de Portela culmina en ese suicidio entendido, metafóricamente, como acto de magia, la serie de las Cuatro Estaciones termina con ese otro «acto mágico» que es la creación literaria. Superando su proverbial abulia, Conde se sienta a escribir *Pasado perfecto*, una historia «tan escuálida y conmovedora que ni siquiera el desastre de ese día de octubre y de todos los otros días del año, podrían vencer el acto mágico de extraer de su cerebro aquella crónica de dolor y amor, vivida en un pasado tan remoto que la memoria trataba de dibujar con tintes más amables, hasta hacerlo parecer casi bucólico» (2005c: 281). Esa crónica agridulce es, aparentemente, la antítesis de la narrativa épica de Miki, quien «escribía sobre la alfabetización, sobre los primeros años de la Revolución y la lucha de clases» (2005a: 170), pero su función, su lugar en la economía que conforman la política y la literatura, acaso no sea tan distinta. Porque es obvio que las historias de lucha de clases no tienen ya sentido en los años noventa; lo que el estado necesita ahora son otros fundamentos. Y en *Pasado perfecto* y las sucesivas novelas del Conde, publicadas a lo largo de la década, el desastre resulta superado o paliado; la memoria, virtud suprema, es siempre balsámica.

En las antípodas del bucolismo con que termina la serie de las Cuatro Estaciones, *La sombra del caminante* es un viaje al fondo de la noche, trayecto escalofriante donde, huyendo de su propia sombra, el protagonista se ve reflejado en una visión de ilimitado horror. En algún momento de esa noche tormentosa, Gabriela/Lorenzo se topa con alguien cuyo rostro a primera vista parece un Picasso de la etapa expresionista pero más de cerca recuerda al retrato de Isabel Rawsthorne de Francis Bacon:

> una fisonomía chorreante cual vela de sebo, medio reventada pelota de carne enrojecida en algunas partes y violácea en otras, blancuza y blandengue aquí y allá, los labios hendidos, una línea que apenas oculta los dientes y la nariz un colgajo, ese ojo traslúcido con el párpado sin pestañas a media asta, gelatina turbia ceniza bajo la protuberancia frontal que se desborda y pende [...] (Portela 2001: 192)

Pero Gabriela no siente lástima; no se siente, como otros, reconfortada enfrente de esta pobre mujer que, según ella misma refiere con desparpajo, ha sido monstruosamente deformada por el ácido sulfúrico. Porque —razona— la circunstancia de ella no aligera la suya; el sufrimiento es intransferible; esa criatura a quien el ácido ha convertido en lo que la mirada inclemente de Francis Bacon, en el límite mismo del arte moderno, de su vocación destructiva, convertía a quienes retrataba —pura carne viva, eso que queda cuando todo lo demás se ha esfumado, el horror que proviene, en palabras de Kundera, del «carácter accidental del cuerpo humano» (Kundera 2009: 10)–, es una víctima, otra más, no un sacrificado redentor. Piensa Gabriela: «¿Quieres que te revele mi secreto...? Pues bien, ahí te va: yo debo ser por dentro igual que tú por fuera...» (Portela 2001: 194).

LRC: una lección de anatomía

En los ochenta, cuando yo era niño, le preguntaba a las personas mayores: «Compañero, ¿me puede decir la hora?» Una vez, a fines de los noventa, unos niños me preguntaron: «Señor, ¿me puede decir la hora?». No sólo comprendí de golpe que estaba definitivamente exiliado del reino de la infancia, sino que también los tiempos eran, definitivamente, otros. «Todavía me dijeron señor», escribe Fernández Retamar en «Con las mismas manos» (López Morales 1984: 259). Él, que trabajaba voluntariamente construyendo una escuela, querría que le hubiesen llamado «compañero», pero aún persistían los usos de antes, en aquellos primeros años que el propio poeta llamó «tiempos de transición». En los setenta, ya el «compañero» estaba naturalizado; uno de los saboteadores disfrazados de agentes cubanos en *Los hombres color del silencio* le dice «señor» a un obrero cuando se dirige a él para pedirle una llave «Stickson», revelando así su falta de «integración».

«Señor» y «compañero» constituyen, ciertamente, palabras centrales de dos lenguas en pugna. Lo que las distingue no es, para usar los términos de la lingüística, la denotación, sino la connotación: tienen el mismo referente, pero una hace parte del lenguaje burgués mientras que la otra representa metonímicamente al lenguaje comunista. Es esta dicotomía la que entra en crisis en los años noventa. Entonces, el «compañero» va dando paso al «señor», que regresa como esos otros signos del antiguo régimen que son los árboles de Navidad, los regalos del día de Reyes y los empleados domésticos.

Su desuso implica también el anacronismo, o por lo menos el cambio de sentido, del término «gusano», con el que conforma sistema. A pesar de lo que han dicho algunos defensores del régimen, la autoría de este no corresponde a la CIA. En un artículo publicado hace algunos años en *Juventud Rebelde*, Jorge Risquet Valdés se refiere a un Memorando de William K. Harvey, oficial de operaciones de la CIA para Mangosta, dirigido al Jefe de operaciones de la agencia, fechado en Washington el 6 de agosto de 1962. «En este documento la CIA estructura el lanzamiento mediante una campaña del "símbolo de la resistencia" contra el gobierno cubano con el nombre de "gusano libre". En su fundamentación, el funcionario parte del conocido término "gusano", empleado por los revolucionarios para designar a los lamebotas internos del enemigo. Debía parecer un fenómeno espontáneo de la contrarrevolución interna» (Risquet Valdés 2006: 3). Es decir, la campaña contrarrevolucionaria no creó el epíteto, sino que lo adoptó de la jerga revolucionaria, de manera semejante a cómo los insurrectos cubanos se apropiaron del calificativo denigrante que le daban los españoles.

José Antonio Portuondo quiso retrotraer, por cierto, hasta la patriótica contienda de los mambises el uso revolucionario de la palabra en cuestión. En su conocido ensayo «El diversionismo ideológico en torno a José Martí» (1974), escribió:

> Hay en su diario de campaña *De cabo haitiano a Dos Ríos* una anotación, quince días antes de su muerte, del 4 de mayo, extraordinariamente bella. Es un solo párrafo donde narra el fusilamiento de Masabó, un hombre valiente, miembro del Ejército Libertador, que había robado, había violado, que había infringido, en suma, el código militar y el viejo Máximo Gómez lo somete a Consejo de Guerra. El Consejo de Guerra lo condena a muerte y cuando se lee la sentencia, Martí escribe esta frase: «Este hombre no es compañero nuestro, es un vil gusano». Es formidable descubrir cómo Gómez y Martí utilizan ya términos nuestros, de nuestros propios días, y los contraponen: el compañero y el gusano, las dos posiciones extremas, polares de nuestra Revolución que no admite otras. O se es un compañero o se es un gusano. Ya eso está en Martí, con la misma tajante forma antitética con que lo usamos hoy. (Portuondo 1984: 328)

Para ponderar el tamaño de la falacia de Portuondo basta con recordar no ya que, a pesar de su intransigente independentismo, Martí llegó a reconocer como patriotas a ciertos autonomistas e incluso a anexionistas, sino sobre todo que a quien llama gusano no es a un opositor a la independencia sino a un asesino y violador que, además, es juzgado en un consejo de guerra porque ha infringido el código militar. La terminología del «gusano» y el compañero no venía de Martí sino de aquellos que sustituyeron totalmente la política por la guerra, que es por naturaleza dicotómica: los nazis. Como ha recordado Hannah Arendt, en el Tercer Reich los judíos no fueron eliminados en calidad de enemigos políticos, sino de «alimañas». Asimismo, después de acabar con la sociedad civil y establecer un estado permanente de psicosis de guerra en que la dicotomía del revolucionario y el gusano (patriota-traidor, comunista-burgués) se identifica con la oposición entre la nación y el imperialismo, el régimen cubano ha deslegitimado a una disidencia a la que no deja de negarle la condición de oposición política: los «gusanos» son mezquinos, mercenarios, traidores, delincuentes...

Recuerdo que la edición cubana de *El mundo de ayer* añadió, en el pasaje en que Stefan Zweig cuenta cómo durante su viaje a la Unión Soviética alguien le puso disimuladamente en el bolsillo una nota manuscrita alertándolo de que las cosas en aquel país diferían mucho de la imagen ofrecida por las autoridades, una nota al pie que advertía que aquella era una estrategia «utilizada por los gusanos de todas las épocas». El «gusano», esa categoría que la doxa comunista quiso transhistórica, es ya, por suerte, historia. Los «gusanos» que se fueron en los sesenta se convirtieron en «mariposas» una década después; de las remesas de aquella «escoria» vive hoy en parte el régimen de Castro, el mismo que como parte de la «ofensiva revolucionaria» de 1968 decía de quienes esperaban su salida del país que «mientras más gusanos sean, mejor los van a recibir allá; mientras más vagos, más parásitos, más lumpens, más contrarrevolucionarios, mejor los van a recibir allá», y prohibía «el «trapicheo» de paquetes desde Estados Unidos a Cuba».

De pronto, la palabra «gusano» va adquiriendo connotación positiva. Hay un tácito reconocimiento de que los que, haciendo un paralelo con aquellos «cristianos viejos» que en tiempos de los Reyes Católicos se diferenciaban por la antigüedad de su sangre cristiana de los «nuevos» cristianos, cabe llamar «gusanos viejos», tuvieron siempre la razón. Los que, negados a integrarse, desentonaban en medio del entusiasmo colectivo, ahora ven con satisfacción que la mayoría de la gente se despolitiza, cuando no se «vira», convirtiéndose en gusanos nuevos. Son cada vez más los que, como ellos, en vez de hablar de la «Revolución» dicen «esto» o «esta mierda». En lengua muerta se va convirtiendo aquella que se impuso en Cuba a medida que el proceso revolucionario se radicalizaba en sentido comunista y la esfera pública, como la sociedad toda, se uniformaba; esa *Lengua Revolutionis Cubanae*, como cabría llamarla, siguiendo el latinismo de Victor Klemperer, que reflejaba, como la LTI (Lengua del Tercer Reich) tan brillantemente analizada por el filólogo alemán, la militarización de la sociedad y la polarización del mundo de los valores en torno al absoluto revolucionario, las continuas apelaciones al pueblo y al heroísmo, la ridícula celebración de todo como histórico, la profusión de epítetos y siglas, la erosión de la frontera entre el lenguaje hablado y el escrito hasta hacer de todo discurso «apelación, arenga, incitación» (Klemperer 2001: 33).

Klemperer señala cómo el rechazo de la ideología nacionalsocialista a la filosofía, considerada como una actividad decadente e intelectual a la que se contraponía una «concepción del mundo» basada en la síntesis y la inmediatez, caracteriza a todo el sistema de la LTI. En Cuba podría afirmarse que este papel de *Weltanschaung* fue desempeñado por el marxismo-leninismo, que se erigió en verdad definitiva frente a los extravíos idealistas o metafísicos de la «filosofía burguesa». En su versión más vulgar, *diamat* e *istmat* ofrecían una rápida respuesta a todos los problemas, una clave preciosa para resolver los misterios de la historia y de la naturaleza, un método infalible con que desenmascarar científicamente las mistificaciones de la ideología burguesa. Semejante fantasía, suerte de versión *kitsch* del ideal ilustrado de conocimiento y transformación del mundo, no hace sino convertirse, como sabemos, en un oscurantismo de nuevo tipo. En curiosa dialéctica, lo que se presenta como ciencia no es más que pura ideología, el lenguaje de la ciencia —ese que nos hacía repetir en la escuela que «el ser social determina la conciencia social» como si de la primera ley de Newton se tratara— se convierte en un lenguaje religioso con su ortodoxia, su herejía y su infidelidad.

Las muchas analogías entre la LTI y la LRC no implican, sin embargo, una comunidad ideológica fundamental, sino más bien la naturaleza totalitaria de ambos regímenes. No es que el nazismo haya sido en algún sentido un modelo para el régimen cubano, sino que aquel asimiló, por intermedio del fascismo italiano, muchas prácticas y tópicos de su enemigo bolchevique, y la LRC combinó, por su parte, los temas de la extrema izquierda provenientes del marxismo soviético con una retórica nacionalista celebratoria del sacrificio patriótico que se remontaba al siglo XIX. Internacionalismo proletario, nacionalismo revolucionario, populismo tercermundista: he ahí los principales ingredientes de esa lengua que, entre los encendidos discursos de Martí y los kilométricos discursos de Castro, ha encadenado por décadas el espacio público y el tejido de la comunicación social en Cuba.

«Sobre estos elementos se está accionando con fuerza», dice uno de los funcionarios del municipio Playa, refiriéndose a los «buzos» que han hecho de la recogida de artículos y materias primas en los tanques de basura de la capital su medio de vida. Junto a sus testimonios, francos y realistas, tenemos en el documental *De buzos, leones y tanqueros* (2005), de Rafael Vera, el de esos funcionarios que aún amalgaman la jerga burocrática con la axiología comunista.

«Hay que reducir el número de buzos, porque es una mala imagen la que se le da al turismo», dice otra compañera. La profunda crisis de esa lengua, que es la de todo un sistema que identifica a la nación con el estado y la patria con la revolución, se aprecia significativamente en *Existen*, de Esteban Insausti, donde toman la palabra «algunos de los locos más famosos de La Habana». Uno de ellos habla con esa lengua que se diría ya nadie en su sano juicio usa en Cuba. Él dice estar de acuerdo con la mesa redonda; afirma querer «a Fidel y al Tercer Mundo», «el comunismo, el *light*», «quisiera que no hubiera más libreta, y que todo fuera por libre mercado»; dice que «la solución que pudiera haber para quitar el período especial» es «hacer convenios con otros países menos con Rusia hasta que no vuelva a ser la Unión Soviética».

Asimismo, en un cuento de Pedro Juan Gutiérrez, leemos:

> A través de la ventana yo veía en el edificio de al lado a la mujer vieja, canosa, quizás un poco abandonada y sucia. Sentada en un balance se mecía furiosamente y cantaba sin pausas y mezclando estrofas de La internacional, el Himno Nacional, la Marcha del 26 de Julio, el Himno de los Alfabetizadores, el de las Milicias, de nuevo La internacional y lo repetía todo. A veces se callaba un poco, como para tomar aire, y preguntaba: ¿Quién es el último? ¿No hay último en esta cola? ¿Quién es el último para el pan? Bueno, si no aparece el último, yo soy el uno, ahh, lo siento, estoy preguntando y nadie me responde. Compañeros, ¿quién es el último?». Y de nuevo comenzaba: «No habrá César, ni burgués, ni Dios». (1998: 106)

La posibilidad de leer estos discursos delirantes en el sentido en que en su introducción a *El Padre mío* Diamela Eltit comprende el habla del mendigo esquizofrénico como una expresión de Chile y de la crisis de lenguaje sobrevenida a raíz del golpe de estado es tentadora. La perorata de los locos presenta, en jirones, los residuos de la historia reciente del país, esa marcha heroica acompañada siempre de retóricos discursos. Se diría que en el «período especial», cuando la crisis económica impone el abandono de la ideología y la concentración de todas las fuerzas en la dura «lucha» cotidiana, únicamente los locos conservan a su modo aquella pesada carga de palabras. No por gusto el documental de Insausti acompaña sus testimonios con imágenes de antiguos noticieros: el corte de caña, los logros agropecuarios, la gente en CDR, los discursos del comandante en Jefe...

Dedicado a Nicolás Guillén Landrián, el filme se inspira en aquellos montajes singulares de los mejores documentales de Nicolasito. ¿No estaba, de cierta manera, anunciado, prefigurado o diagnosticado todo en algunos de ellos? *Coffea Arabiga*, el más conocido de los documentales didácticos del ICAIC, logra captar la dimensión pesadillesca de aquella locura colectiva que procedía directamente de los discursos del Comandante en Jefe. El loco de la colina hablaba de cifras, prometía abundancia de leche, se enfrascaba en explicaciones sobre vacas, injertos y abonos, mientras el país entero se movilizaba en «batallas» muy parecidas, aunque menos exitosas, que las que llevara a cabo Mussolini en la Italia de los años treinta. Tres años después, en *Taller de Línea y 18*, ya la lengua de la Revolución cubana, esa lengua de cederistas y federadas, compañeros y personales, producciones y emulaciones, aparece como puro absurdo, el cuento de un idiota significando nada. Lo que debía ser el paraíso de la comunicación, allí donde toda posible oscuridad o doble sentido fueron desterrados por decreto, es eso: mundo de i-diotas; la comunicación es imposible desde que el espacio del yo en que se fundamenta todo diálogo ha sido conquistado por la lengua del estado. Una reunión de obreros comunistas es una puesta en escena de teatro del absurdo: he ahí, como en el discurso del loco de *Existen*, todo el horror del sistema.

Ahora que de aquella paideia marxista que pretendió convertirnos en hombres nuevos no quedan sino algunos adefesios lingüísticos en la jerga de ciertos intelectuales oficialistas, analizar esa lengua moribunda como si fuera ya una lengua muerta, puede ser una provechosa lección de anatomía. Sus dos figuras claves son, me parece, el epíteto y la antonomasia. Es lengua llena de epítetos que reflejan un maniqueísmo fundamental: socialismo y capitalismo, compañeros y gusanos, virtud y vicio, bien y mal. El *glorioso e invicto* Comandante en jefe, la ley *asesina* de ajuste cubano, el bloqueo *genocida*... Su otra figura central es la antonomasia: la «libreta» es la de Abastecimientos: el «comité» es el de Defensa de la Revolución, el «Partido» es el Comunista, la «Seguridad» es la del Estado, y así el Comandante (en Jefe), la Federación (de Mujeres Cubanas), la Revolución (de 1959). Algunas antonomasias, como «beca», reflejan además el cambio de sentido de algunas palabras: en una transferencia metonímica, el término pasó a denominar el lugar físico, la escuela donde los estudiantes becados por el gobierno vivían internos. En los últimos años, con la desaparición de las escuelas en el campo, me parece que se está produciendo un regreso al significado original de la palabra.

«Fidel» ha sido la palabra clave de la LRC. En el número del 30 de enero de 1961 de *Lunes de Revolución*, Edmundo Desnoes publicó un artículo titulado «Martí en Fidel Castro». Cuando lo recogió, revisado y ampliado, en su libro de ensayos *Punto de vista* (1967), el título pasó a ser «Martí en Fidel». Se había consumado ya esa transición al compañerismo absoluto. El nombre del líder representa la cercanía impuesta: Él ha estado en todos lados, en los noticieros, en las vallas, en las casas… Ha estado sobre todo su nombre: Fidel. Fidel, antonomasia de las antonomasias, viene siempre con epítetos: *glorioso, invicto, Comandante en Jefe*. Y he aquí que su último epíteto es justamente «compañero». Cuando el *Granma* ponga «Reflexiones del señor Castro», entonces se habrá roto el hechizo. Mientras tanto Cuba vive a la sombra de Fidel.

Se podría imaginar que, cuando se reediten, de aquí a cien años, las novelas de la época revolucionaria, será preciso un glosario, como aquel de términos afrocubanos que añadió Carpentier al final de su *Ecué-Yamba-O*. Palabras como «beca», «pionero», «cuadro», «vanguardia», «delegado», «integral», «movilizado», «oficoda», «parametrar», «comecandela», «diversionista»…, no podrán faltar ahí.

La pobreza irradiante

«Nuestra revolución», le dijo Carlos Franqui a Claude Julien, «tiene algo de pistolera y algo de franciscana». El periodista francés añadió de su propia cosecha:

> Y estos personajes de color subido, barbudos como Cristo, soldados de pelo recogido como los piratas de Lafitte, guerreros de largo pelo castaño que les cae sobre los hombros, negros de amplio sombrero, respiran todos una suavidad franciscana, heredada de varias generaciones en contacto con la tierra y la pobreza, en la humillación y la desesperanza. (Julien 1961: 115).

En 1959, este costado franciscano era fundamental en el imaginario de la Revolución: los barbudos representaban una cierta verdad telúrica y a la vez profundamente espiritual, algo que había estado allí, inadvertido, y que súbitamente se revelaba en la llegada de los rebeldes a la capital.

Los últimos serían los primeros. Que esos fueran los años en que el recién creado ICAIC se acercó al neorrealismo no es casualidad: la visita de Cesare Zavattini representa muy bien aquel espíritu franciscano de 1959 y 1960, anterior a la radicalización comunista de la Revolución. Hubo, sin embargo, en la poesía una figura que encarna aun mejor el momento cubano del neorrealismo: Rolando Escardó. Antes de 1959, Escardó había librado lo que Piñera llamó, muy gráficamente, «la Batalla del Hambre». «Como todo miembro de familia escogida, había sufrido la carencia, la verdadera, la que acrece los bienes misteriosos, los dones de aquel espíritu que sobreabunda» (Escardó 2004: 245-246), escribió por su parte Lezama en su necrológica de *Lunes*, reiterando el tópico origenista de la «pobreza irradiante». Y Vitier, tras destacar el vallejismo auténtico del poeta, describía las jornadas del 59 junto a Escardó en *jeep* y uniforme verde olivo, ya como director de una «zona de desarrollo agrario».

Esa manera en que, al decir de Vitier, «Escardó se posesionaba de La Habana», ciertamente lo emparenta con esos otros pobres llenos de espíritu que pueblan las crónicas de 1959: los guerrilleros de *Los convidados de plata* de Carpentier, el soldado que Casey encontró junto al Cristo de La Habana… «Era como si de los sótanos hubiera subido a los balcones radiantes. El rey que siempre había sido se despojaba de sus harapos», apunta Vitier (Escardó 2004: 249).

Podría decirse que la muerte accidental de Escardó, a fines de 1960, marca simbólicamente el fin de esa fase neorrealista, que coincide a su vez con la declaración del «carácter socialista de la Revolución». Lo que había de profundamente cristiano en el neorrealismo no podía ser compartido desde una perspectiva ortodoxamente marxista. Podríamos citar a Mirta Aguirre, crítico de cine del periódico *Hoy*, pero mejor será citar a Cabrera Infante, que en su reseña de *La strada* en *Carteles* (noviembre de 1956), reproducía él también los tópicos de la crítica marxista:

> Es aquí donde aparece la falla de un film hermoso, amargo y perfecto. Sus personajes son pobres de solemnidad, casi parias. […] Su pobreza, su miseria –moral y física– no es una condición humana, es una imposición social: el pobre no es pobre porque quiere, el bruto es bruto a pesar suyo. ¿Podrá una simple conversión en términos casi divinos redimirlo de su angustiosa situación de derelicto? Y los que le han arrojado allí, los que le han forzado a esa vida, ¿serán a su vez tocados por la gracia y le libertarán del yugo físico, como él ha sabido liberarse de la cadena espiritual? Esas son preguntas que Fellini y la mayoría de los cristianos –«Mi reino no es de este mundo»– no sólo no contestan, sino que apenas se plantean. (1999: 136)

Si el neorrealismo se acerca a la representación chaplinesca del proletario como pobre, esto es, como objeto de caridad cristiana, para los marxistas de lo que se trata es, a la inversa, de presentar al pobre como proletario, esto es, como sujeto revolucionario: la pobreza no será ya, en modo alguno, un valor: «en el setenta, tendremos la abundancia», rezaba la consigna. «Alguien habló entre ustedes ahora de los 10 millones, y los 10 millones son una batalla ganada de este país […] Y los 10 millones forman parte de esa batalla mayor que es la batalla contra el subdesarrollo, contra la pobreza», proclamaba Fidel Castro en su histórico discurso del 10 de octubre de 1968.

Es en este clima de inminente desarrollismo que se produce la visita de Oscar Lewis. En su primera estancia en Cuba, en 1946, el antropólogo norteamericano había conocido el barrio insalubre de Las Yaguas, y además había realizado durante dos meses una encuesta en una comunidad azucarera de un pueblo de la provincia de La Habana. Con el triunfo de la Revolución, Lewis vio una oportunidad única para estudiar cómo el proceso socialista afectaba esa «cultura de la pobreza» que él había investigado en sus clásicos estudios sobre México y Puerto Rico. No fue hasta marzo de 1969 que, después de conseguir el permiso del gobierno de Estados Unidos y una autorización personal de Castro, Lewis logró comenzar su trabajo de campo en la isla. El Proyecto Cuba, como se llamó, tendría una duración de tres años y comprendería dos partes: la primera en la ciudad de La Habana, la otra en zonas rurales. Pero esta última no llegó a desarrollarse: a fines de junio de 1970 fue suspendido el trabajo y todas las grabaciones de los últimos tres meses fueron confiscadas por la Seguridad del Estado. El antropólogo y su esposa abandonaron Cuba, y pocos meses después Oscar Lewis murió. Por suerte, una parte de las cintas grabadas durante el primer año habían sido llevadas a Estados Unidos antes de la interrupción del proyecto, y es a partir de ese material que Ruth Lewis y Susan Rigdon prepararon los tres tomos titulados *Cuatro hombres*, *Cuatro mujeres* y *Vecinos*.

En su correspondencia privada, Lewis reconoció que sus apreciaciones iniciales sobre la desaparición de la cultura de la pobreza bajo el socialismo habían sido demasiado optimistas. En una carta a un colega norteamericano, fechada el 17 de abril de 1969, apuntaba, por ejemplo: «It is also clear that many of the traits of the culture of poverty persist in this housing project. I believe it was overly optimistic in some of my earlier evaluations about the disappearance of the culture of poverty under socialism» (Rigdon 1988: 279). En este sentido, su caso es semejante al de Karol y Dumont, la publicación de cuyos libros, como señala el propio Lewis, fue uno de los factores que propiciaron el abrupto cierre del Proyecto Cuba: Castro, que antes se jactara ante el antropólogo de que la isla era quizás el único país socialista donde se podía hacer libremente una investigación de ese tipo, ahora temía que el resultado ofreciera una imagen negativa del país, como había ocurrido con *Cuba, est-il socialiste?* y *Les guerrilleros au pouvoir*. Uno de los encuestados de Lewis era abiertamente crítico del régimen, y ello fue usado por Manuel Piñeiro, alias *Barbarroja*, para justificar la decisión del gobierno. Desde el comienzo, todo el trabajo de Lewis había sido vigilado por la seguridad del estado, que tenía intervenidos los teléfonos y contaba con varios informantes entre el grupo de cubanos que trabajaban como ayudantes en la encuesta sociológica.

El cierre del Proyecto Cuba vino a evidenciar, entonces, el desencuentro entre el discurso del régimen y una realidad refractaria; más optimista aun que el propio Lewis, había sido la consigna: en el setenta, no teníamos precisamente la abundancia. Para algunos, como el sacerdote nicaragüense Ernesto Cardenal, la carencia no era, sin embargo, defecto sino virtud. En su testimonio *En Cuba*, escrito a raíz de su larga estancia en la isla entre 1970 y 1971, Cardenal observa con agrado que no se veía a nadie comprando ni vendiendo nada. «La gente *paseaba* por las calles. Caminaban despacio y se veía que paseaban; nadie corría tras el dinero [...] "Muchos dirán que La Habana es triste", le dije a Benedetti, "porque aquí no hay la alegría burguesa, pero aquí hay la verdadera alegría"» (1982: 17; énfasis del original). Frente a la kilométrica cola de Coppelia, apunta: «La cola es tan grande porque todos pueden pagar esos helados que son seguramente los más sabrosos del mundo».

En los noventa, regresa la cuestión de la pobreza en la última ola de turistas revolucionarios. El caso de Santiago Alba es, al respecto, revelador:

> Se camina por las calles arboladas del Vedado o por el barrio un poco pueblerino de Guanabacoa o incluso entre los soportales sudados de Habana-Centro y se siente enseguida un bienestar físico, el paso se ralentiza, la respiración se acompasa, la piel se suaviza, el oído se agudiza, el tacto avanza, la úlcera se calma, la migraña cede, la miopía se cura, e inseparable de esta milagrosa vuelta a la salud se percibe con sorpresa —como una floración— que *aquí hay más hombres y más cosas* que en otras partes del mundo: es sencillamente que no hay publicidad. [...] Se sube a la azotea de una modesta casa de la calle Chávez, por encima de la ciudad adormecida, acariciada por una tímida luz amarillenta, y se siente enseguida, cabeza arriba, la fragilidad del compañero, la necesidad de cuidar a alguien, la fortuna de otra voz, la llamada de un argumento, la urgencia de narrar un cuento, la capacidad para inventar un teorema: es que se ha hecho realmente de noche. La Revolución, por así decirlo, ha liberado *las caras* y ha nacionalizado las estrellas. (2005b: en línea)

La tesis es clara: la falta de publicidad proporciona automáticamente una vuelta a la salud y nos devuelve la noche —y por extensión el mundo y la humanidad— que han sido escamoteados por las luces artificiales del capitalismo tardío. Es evidente que las miserias de la vida cotidiana en la Cuba del «período especial» son fácilmente sublimadas por este tipo de anticapitalismo romántico. De los apagones, por ejemplo, se podría decir que al liberarnos de la tiranía de las luces eléctricas nos permitirían regresar a las velas y las lámparas de queroseno. Y, como dice Bachelard en *La llama de una vela*, «con la lámpara volvemos a la guarida de la ensoñación de las casas de antaño» (1992: xxi). Una mentalidad como la del propio Alba podrá encontrar en ese regreso una valiosa posibilidad de recuperar el auténtico mundo material escamoteado por el capitalismo: al apartarnos de la televisión, que no hace sino suplantar fraudulentamente el mundo real, y acercarnos a las lámparas que a diferencia de los bombillos nos devuelven la mirada, el apagón será ocasión propicia para reunirnos en torno de ellas y, como nuestros antepasados alrededor de la hoguera, contar un cuento. Llama y relato, hogar y ensoñación: todo ello, cimiento de la verdadera comunidad destruida por el mercado y la publicidad, nos devolverá la familiaridad con lo que Bachelard llama «la sencillez primera de las cosas».

La apología de la pobreza que deriva de tales argumentos confluye, desde luego, con la celebración católica y nacionalista de la «pobreza irradiante» que Vitier realizó en sus numerosas intervenciones como ideólogo maestro del «período especial». «La pobreza como austeridad y decoro, virtud fundadora de nuestros mejores hombres, tradicional "sensatez" de la familia media cubana» –señala Vitier en su conversación con Rolando Sánchez Mejías– «es un valor que debemos seguir oponiendo a la insensatez consumista convertida en "modelo" mundial por Norteamérica» (1997: 253). Se trata, tanto en el caso de Vitier como en el de Alba, de discursos que retienen de la derecha clásica, contrarrevolucionaria, tópicos fundamentales como el de la autenticidad de la lentitud y, sobre todo, la necesidad del límite. De hecho, para Alba el ascetismo, garantizando la «finitud irremplazable de la tierra, es la condición misma de toda alegría y de toda civilización». Así:

> En Cuba faltan cosas, pero no muchas, quizás sólo una o una y media, y estoy seguro de que cuando les permitan respirar, cuando puedan liberar toda su potencia acumulada de la mordaza imperialista, la alegría y la civilización seguirán asociadas a esta idea de la «bastanza» comunicativa, de la poquedad multiplicadora en cuyos bordes germinan salvajemente el ingenio, la solidaridad, el amor y el sentido común. (2005b: en línea)

La pobreza irradiante se convierte, entonces, en la nueva mitología del castrismo, cuando ya la del hombre nuevo se ha gastado. Incluso en acercamientos que no buscan hacer la apología del régimen, sino más bien retratar las dificultades de la vida cotidiana en Cuba bajo el «período especial», como el documental *Mecaniqueros* (2005), de Joanne Michna, aflora una cierta mirada primitivista, que culmina estetizando la «lucha» propia de los cubanos. En una escena de este filme, por ejemplo, uno de los «mecaniqueros» necesita un encendedor de tubos de luz fría y su colega lo manda a ver a un señor mayor que, sin conocerlo, le hace uno a partir de un tubo de pasta de dientes usado y se lo da sin cobrarle nada. ¿No se sugiere así que la carencia produce, por un lado, creatividad, y solidaridad por el otro? Si antes, en los sesenta, muchos turistas revolucionarios señalaban que la alegría de los cubanos inmunizaba a la revolución de la perversión estalinista, ahora estamos frente a una nueva mitología con esa estetización de la pobreza que, si bien no convierte la necesidad en libertad, como muchos apologistas del régimen cubano, sí la troca en virtud.

Multitud de escritos sobre la Cuba del período especial firmados por extranjeros −introducciones de catálogos, relatos de viajes, reportajes periodísticos− se encuentran en esta línea. «This is not just a story about Cuba, but about what people were like before the world started spinning too fast to jump off», leemos, por ejemplo, en la contraportada de *The Handsomest Man in Cuba: An Escapade*, de la australiana Linette Chiang, que recorrió Cuba en bicicleta en un viaje de tres meses entre 1999 y 2000. Y en el prólogo a *Cuba, mi amor*, Xavier Zimbardo, después de dedicar páginas y páginas a celebrar el ritmo de los cubanos en las manifestaciones políticas, y su prodigiosa capacidad para el «invento», apunta que «in this country, which is like no other, everything is a story of emotion and fervor rather than of reason» (2003: 4).

Todo lo cual recuerda aquel breve artículo de Benjamin sobre Nápoles, escrito en 1925 en colaboración con Asja Lascis. Después de señalar que en esa ciudad italiana la confusión del espacio público y el espacio privado propicia un valioso sentido de comunidad, Benjamin afirma que «even the most wretched pauper is sovereign in the dim, dual awareness of participating, in all his destitution, in one of the pictures of Napolitan street life that will never return, and of enjoying in all his poverty the leisure to follow the great panorama» (1996: 417). En la ciudad descrita por Benjamin ocurren las cosas más fantásticas: en el cuarto o quinto piso de un edificio de viviendas, hay vacas; como los animales nunca salen a la calle, sus pezuñas han crecido tanto que ya no pueden tenerse en pie. En La Habana de los noventa, señalan muchos de los extranjeros fascinados con la Cuba del «período especial», había puercos en los apartamentos, pero estos, como convivían con sus dueños, no hacían honor a sus nombres, de lo limpios que estaban. En algunos casos, como aclara el pie de una de las fotos de *Old Havana*, de Claudio Edinger, se les extirpaban las cuerdas vocales, para evitar que los ruidos delataran su presencia, pues la crianza en espacios urbanos fue declarada ilegal. Y recoge una tétrica leyenda urbana el insólito caso de un desdichado cerdo al que, impulsados por el hambre, sus dueños le amputaron una pierna, para seguir engordándolo hasta fin de año, cuando finalmente fue sacrificado.

La literatura cubana de la época documenta, por cierto, también la existencia de estos puercos urbanos: en «Cerdos y hombres o El extraño caso de A» y *Las bestias* de Ronaldo Menéndez, el cerdo representa un mundo de abyección que culmina en el canibalismo y la deshumanización absoluta; un profesor cría a un negro como si fuera un cerdo; el cerdo se come a un negro. De lo meramente costumbrista, se pasa a un terreno de la alucinación; la pobreza no es irradiante, sino perversa; ella hace posible fantasías que en otro tiempo nadie se atrevería a cumplir. En *Manteca*, la extraordinaria obra de teatro de Alberto Pedro, la historia es, desde todo punto de vista, más familiar. El cerdo mantiene a los tres hermanos encerrados en su apartamento para que no salga el mal olor, adquiriendo, desde luego, más de un sentido. Es eso, la pobreza, el escándalo de estar «criando un puerco en los umbrales del año dos mil, a escondidas en un edificio de apartamentos, desafiando las leyes sanitarias que han hecho posible el florecimiento de las ciudades del planeta» (Pedro 2009: 291), como reconoce Pucho. Pero también algo valioso que la Cuba de los noventa habría aprendido tras tres décadas de experiencia socialista. «Ni la política ni el trabajo ni la religión. Lo principal es la familia y ese animalito mantenía unida a lo que se salvó de la familia» (2009: 297).

«Hay que hacerlo», la primera frase de la obra, recuerda, por cierto, a piezas de los sesenta como «Los mangos de Caín», de Abelardo Estorino, «La noche de los asesinos», de José Triana, y «Las monjas», de Eduardo Manet, donde la cólera tomaba la escena. En particular, en las obras de Estorino y de Triana, la rebeldía pasaba por el fratricidio y el parricidio, respectivamente. En la obra de Alberto Pedro, en cambio, el Acto no es otro que matar a un animal que, a fuerza de convivencia, es casi parte de la familia. «Si no hubieras tenido que verlo todos los días, a cada instante, a cada hora, sería distinto. Pero lo tienes que ver siempre, verlo ahí, a cada minuto» (Pedro 2009: 290). Ciertamente, basta haberle dado un nombre para que el cerdo pasara de ganado a mascota. Aunque hay sangre al final de la obra, no hay en *Manteca* rebeldía, no hay sacrilegio. Las Furias se han ido a otra parte.

Algo semejante se encuentra, me parece, en ese magnífico documental que es *Suite Havana*, posiblemente la mejor película cubana del «período especial». Hay en esta obra una fundamental ambigüedad, que explica que haya sido aclamada lo mismo por los partidarios del régimen que por sus detractores. Si estos vieron en la película un testimonio de la miseria y la degradación provocada por décadas de dictadura, aquellos encontraron una prueba de la resistencia ilimitada del pueblo cubano. «Los que sólo ven casas maltrechas, viejos carros y rostros apesadumbrados no entienden esta ciudad, este país único», escribió Enrique Ubieta en *Juventud Rebelde*. Se diría que el neorrealismo, que en los sesenta, tras el fracaso de *El joven rebelde*, apenas dio frutos en Cuba –las películas que marcaron el despegue del cine cubano, a fines de la década, se alejaban claramente de esa estética, y el proyecto de *Cuba mía* quedó en un guión de Alfredo Guevara–, parece finalmente encontrar su obra maestra cubana.

Lo cual no deja de tener cierta lógica, si pensamos que en 1960 apenas había semejanza con la situación de la Italia de la posguerra. «Italia estaba en ruinas», dice Fellini en la entrevista sobre el neorrealismo reproducida en *Lunes*. Cuba, en cambio, no había salido en modo alguno arruinada de la lucha antibatistiana. El propio Castro, en sus intervenciones de 1959 en Estados Unidos, señalaba que la Revolución cubana era la única que había triunfado en un país donde no existía crisis económica alguna. Pensando en tantas novelas italianas y centroeuropeas, el rebelde de *Los convidados de plata* que tras tomar parte en la batalla de Santa Clara regresa a su lujosa residencia del Vedado, admite: «tenía que confesarme que rodaba entre avenidas hermosas plantadas de árboles hermosos, orladas de casas hermosas con jardines hermosos, que jamás parecieron haber sabido de días difíciles» (Carpentier 1972: 340).

Estos vendrían luego: la guerra, la destrucción, lenta pero contundente, sería la Revolución misma. Así pues, la analogía con la situación propiamente neorrealista se da más en los años noventa que en los sesenta. Es ahora, en el «período especial», que emerge, entre las ruinas, la pobreza cubana. Ya no es la Habana invadida por los bárbaros, como en 1959. Es una que, consumada la fatal invasión, parece remitir más a aquella del Escardó que luchaba a brazo partido contra el Hambre. Refiriéndose a los «Poemas en la Plaza del Vapor», señalaba Piñera que «por primera vez se nos ofrecía una Habana donde el sol es enfriado, hielo el calor y el ruido sordera» (Escardó 2004: 219). ¿No hay algo de eso hay en La Habana taciturna de Fernando Pérez?

En los sesenta, la vida se había vuelto excepcional: lo que definía a aquella nueva Cuba era el extrañamiento: no tanto el valor intrínseco de los campesinos, romantizado en crónicas de la época como «El centinela del Cristo» de Casey, sino el *shock* que se produjo cuando estos vinieron a la gran ciudad. De la campaña del millón, esos miles de guajiros traídos a la Habana, alojados en el Hotel Habana Libre y en casas particulares de habaneros que los acogieron voluntariamente, lo que importó no fue sólo el gran acto en la Plaza de la Revolución, sino su extrañamiento. Reinaldo Arenas, que a sus dieciséis años era uno de ellos, describe aquello como su primer contacto con «otro mundo; un mundo hasta cierto punto multitudinario, inmenso, fascinante» (2006b: 76). Las fotos de las revistas de la época mostraban a los guajiros en la playa por primera vez, subiendo una escalera eléctrica, ante un semáforo, contemplando los modernos edificios del Vedado.

Por primera vez, documental de Octavio Cortázar que muestra las reacciones de los campesinos de una zona apartada del Oriente cubano ante la llegada del cine móvil vino a ser el epítome de ese extrañamiento: no es casual que las primeras imágenes que ven, sin poder dejar de reírse, son de Chaplin: la particular situación le devuelve al séptimo arte la magia que tenía en los comienzos. Ellos se ríen, claro, pero no ya, o no sólo, como nosotros, de los descalabros del pobre Charlot, sino también del prodigio mismo del cine. En cierto sentido el medio, como en la teoría de McLuhan, era, en esta particular situación, el mensaje. Y el mensaje era, claro, la Revolución. De hecho el cine, que apenas estaba desarrollado en Cuba antes de 1959, fue entre todas las artes la que más llegó a identificarse con la revolución.

Ahora, en los noventa, estamos en las antípodas: no hay novedad, extrañamiento, sino el presente eterno de la «lucha», una cotidianidad hecha de minúsculas batallas contra la carencia y la adversidad. Es justo esa nada cotidiana que otros artistas expresan mediante procedimientos más cercanos a la sensibilidad vanguardista y existencialista, lo que se muestra en *Suite Havana* desde una especie de realismo franciscano. Aquella «dimensión moral del neorrealismo» que Zavattini reivindicaba en su célebre ensayo, la voluntad de narrar hechos mínimos sin intromisión de la fantasía, de encontrar una cierta poesía en lo banal, que cada uno sea actor de sí mismo, la «fe ilimitada en las cosas, en los hechos, en los hombres» (Guevara 2002: 268), caracteriza en buena medida a la película de Fernando Pérez. No ya la maravilla espectacular que el Indio Naborí versificaba en *Granma* –los niños guajiros que ven las luces eléctricas y creen que son estrellas, la negra que era criada y ahora es presidenta de su CDR–, sino esa otra, menos aparente, que todos llevaríamos dentro: la llamita inapagable del amor de dios.

Curiosamente, a una obra como *Suite Habana* se le podrían hacer objeciones idénticas a las que el marxismo ponía al neorrealismo, las que Cabrera Infante hizo a *La strada*. Pues aquella pregunta por quienes al pobre «han arrojado allí, los que le han forzado a esa vida», tampoco se la plantea Fernando Pérez.

Uno de los críticos más lúcidos de *Suite Habana*, Rolando Sánchez Mejías, apuntaba, a propósito:

> Se diría que lo que aparece en *Suite Habana* por arte de cámara tiene su propia naturaleza. Que lo que la cámara capta es una tautología tan real como la realidad. Pero no es así, o lo es a medias. El «problema cubano» tiene su explicación en la política, en la historia, no en la ontología, y la cámara, aunque nos haga señales como una sibila muda, aunque nos muestre a viejos parapléjicos y herrumbrosos carteles revolucionarios, se identifica no pocas veces con la música dulzona –¿acaso no somos un país musical?– que acompaña a la cinta. Eliminada la música, el filme habría sido mejor. Nadie lo duda. Se hubiera quedado solo, el filme, con la propia mudez que trata de objetivar. Entonces pediríamos que nos muestre las grietas que la cámara no vio o tuvo prohibido ver. (2004: 34)

Este reparo fundamental recuerda también la crítica del marxismo al naturalismo: quedarse en la superficie, no mostrar las causas de las cosas. Ciertamente, la pobreza es «naturalizada» y a la vez «espiritualizada» en *Suite Habana*. Su fuerza estética, su poesía, hace perder de vista eso que otros documentales contemporáneos, como *De leones, buzos y tanqueros* y *Buscándote Habana*, evidencian mejor. Basta visionar esta última película de la joven documentalista Alina Rodríguez para comprender cuán especial es la pobreza castrista: tan exclusiva de Cuba como nuestra libreta por antonomasia son las prohibiciones a la emigración interna que hacen aun más dura la vida a los orientales que en busca de una mejoría se trasladan a la capital. Atrás han quedado los tiempos en que el régimen, considerando a La Habana foco de debilidades burguesas y a Oriente cuna de valores revolucionarios, intentó superar el «capitalinismo habanero»; la capital sigue siendo el sitio donde, gracias al turismo y al invento, hay más oportunidades de «luchar». Como, además, el peligro de rebelión popular es allí mayor, por la libreta «dan» más cosas que en las provincias del interior. Esta diferencia, señalada por una guantanamera residente en uno de los numerosos asentamientos más o menos insalubres de la periferia de la capital, ilustra ya toda la tragicomedia de la vida cubana. Es cierto que los habaneros son unos privilegiados porque reciben siete u ocho huevos mientras en Guantánamo «dan» solo tres o cuatro, pero también lo es que todos los cubanos, al depender del estado para subsistir, son unos míseros.

Mientras la «cultura de la pobreza» que en los sesenta Oscar Lewis estudió en los suburbios de las urbes latinoamericanas se caracteriza por la desconfianza hacia el estado y las instituciones, esta otra cultura de la pobreza que ha producido el castrismo está condicionada por la omnipresencia del estado: la pobreza no es consecuencia de la negatividad de un estado que desatiende y margina a amplios sectores populares, sino de la positividad de un estado socialista que al tiempo que evita a la gente morir de hambre y enfermedades curables, reprime las fuerzas productivas para que los súbditos no se independicen de su tutela y pretendan convertirse en ciudadanos. Claro índice de la preeminencia del igualitarismo sobre la libertad en el régimen socialista, la *libreta* es el símbolo mismo de la sujeción: somos iguales ante Castro, gracias a la Revolución que da y quita, que prohíbe y deporta. La pobreza castrista es en parte consecuencia de la ineficiencia económica del régimen y en parte dispositivo de control político: ocupados todo el tiempo en la lucha «cotidiana», los cubanos apenas tienen tiempo ni energías para pensar en cambiar nada.

Constantemente acosados por la policía, discriminados por habaneros que injustamente los culpan de «lo mala que está la cosa en La Habana», estos pobres «palestinos» están, como todos los cubanos, solos frente al estado. No les queda más que insistir, como el padre de familia que muestra su casucha de lata y cartón, en que la Revolución se hizo en Oriente y son los orientales quienes la sostienen, que todos los del barrio van a las marchas antiimperialistas y participan en la Batalla de Ideas. Su mujer, que entre lágrimas ha contado cómo por ser ilegal le han negado la cuota de leche correspondiente a su hija pequeña, afirma que está segura de que «Fidel» no sabe eso, porque él no lo permitiría: «Si hay alguien a quien Fidel protege es a los niños, a los ancianos y a las embarazadas». «Fidel no desampara a nadie», dice también la señora camagüeyana que ha construido su «apartamento» en una piscina abandonada, pero la evidencia es justo la contraria; la conversión en «palestinos» de aquellos a los que la Revolución supuestamente redimió de la miseria y el olvido refleja un desamparo general.

Cuando se pregunta, después de recordar que una valla situada a la entrada de la ciudad llama a La Habana «la capital de todos los cubanos», si ellos, siempre en peligro de deportación a sus provincias, no son cubanos, el negrito guantanamero no evidencia únicamente la soledad de los «palestinos». Todos estamos determinados por el estado y al tiempo desamparados; todos somos más o menos «palestinos» en nuestro país.

«Todos nosotros»

En 1973 el fotógrafo José A. Figueroa expuso en la galería Vedado un conjunto de instantáneas publicadas durante varios años en la revista *Cuba*, en las que ensayaba un «estudio tipológico del "cubano"». «Concebida originalmente con el título de *Todos nosotros*» –cuenta Cristina Vives– «fue manipulada inconsultamente por la institución bajo el nuevo nombre de *Rostros del presente, mañana*, unida a un texto sin firma que adjudicaba a la exposición un sentido apologético –del que carecía– hacia los sectores obreros que «construían la nueva sociedad» (Vives 2001: 140). He aquí, quintaesenciados, nuestros años setenta; otro ejemplo de aquella *doxa* que, oficialmente establecida en el Primer Congreso Nacional de Educación y Cultura, dominó hasta bien entrada la década de 1980. El celo inquisitorial por atajar cualquier atisbo de heterodoxia se dirigía, en este caso, a la propia identidad nacional.

No es casualidad que la canonización de Guillén por la crítica marxista-leninista de esos años destacara el elemento revolucionario sobre el afrocubano. Para los comunistas, no era el haber dado expresión a la Cuba mestiza lo que convertía a Guillén en el «poeta nacional», sino la dimensión socialista de su obra, que anunciaba ya, en el desierto de la «república neocolonial», la época de la amistad cubano-soviética. Por muy adelantado que fuese, todo eso que alcanza a resumir la noción de «transculturación» no sobrepasaba el límite de la ideología burguesa; en 1974, la doctora Aguirre no dejaba lugar a dudas: «Cuba no es fundamentalmente, como no lo es ningún país, su composición étnica [...] es, sobre todo [...] la contienda entre explotados y explotadores» (1982: 36).

«Todos nosotros» es un concepto inclusivo, pero estático –la identidad, aunque sea lábil, implica siempre cierta fijeza, una persistencia del ser. El título que impuso la institución apuntaba, en cambio, al «desenvolvimiento revolucionario» que informa la doctrina del realismo socialista; a lo que se añadía el énfasis, en las palabras introductorias citadas por Vives, por distinguir la clase obrera de la nación en su conjunto. Ambas rectificaciones son, desde luego, complementarias. Si, como quiere el marxismo-leninismo, el revolucionario debe juzgar el presente en función del futuro, ese juicio comporta necesariamente la discriminación entre los factores «progresistas» y los «reaccionarios», aquellos que en el presente prefiguran el futuro de esos otros que, como plomo en los bolsillos, entorpecen la marcha hacia ese radiante mañana.

A propósito de la narrativa de la «novela de la Revolución Cubana», Ambrosio Fornet apunta: «el pasado sobrevive en el presente no sólo a través de sus elementos dinámicos, sino también de los estáticos, que tienden a reproducir los valores del individualismo y las sutiles coartadas de la "naturaleza humana"» (1995: 26). En artículos, prólogos y notas de contraportada –como aquella de *Winesburg, Ohio* (1977, colección Cocuyo) donde se advertía a los lectores que Sherwood Anderson «no pensó que la frustración de sus personajes era inherente al régimen capitalista, y que su remedio era un ordenamiento social más justo, no el refugio en el misticismo y la irracionalidad»– se repetía esa idea medular: la naturaleza humana no existe, es un invento de la ideología burguesa. Desde tan radical punto de vista, tampoco la cubanidad existía propiamente.

Al respecto, los escritos de Sartre y Simone de Beauvoir a raíz de su visita a Cuba en 1960 habían sido pioneros: la Revolución cubana, decía ella, venía a demostrar que «la condición de los hombres no está absolutamente cerrada y definida»; lo cual equivalía, por cierto, a confirmar la tesis central de su ensayo *El pensamiento político de la derecha*, publicado en 1954. Sartre desarrolló, por su parte, la idea de que la revolución manifestaba «los límites del pesimismo burgués» en la medida en que se basaba en la subversión de una ideología fatalista que por décadas había aherrojado a los cubanos al círculo vicioso de la industria azucarera y la corrupción política. La naturaleza humana era un mito; la cubanidad era otro; aquella era la base del capitalismo, esta del neocolonialismo. Así como, para la ortodoxia marxista, la literatura moderna –existencialista, nihilista, expresionista, naturalista...– no reflejaba al hombre como tal sino más bien el crepúsculo capitalista, los discursos pesimistas sobre el país –«A Cuba no la arregla ni el médico chino. Los cubanos están podridos, sin remedio» (Soler Puig 1960: 149), dice un personaje de *Bertillón 166*– no reflejaban ninguna realidad cubana, sino la propia ideología burguesa con su fundamental falacia: en ellos, decía Sartre a sus lectores cubanos, «se insinuaba, en la sombra, una teoría de la naturaleza humana que convertía vuestras miserias en un destino inmutable» (1960: 9).

El filósofo anunciaba, así, la crisis de las nociones tradicionales de la cubanidad, e incluso de la idea misma de la cubanidad, que domina la historia intelectual de Cuba en las décadas del sesenta y del setenta. En los primeros años de la Revolución, esta noción crítica convive, sin embargo, con otro discurso de corte nacionalista, chovinista incluso. Frente a aquella tradición letrada de estirpe autonomista que describía al pueblo cubano como incapaz y defectuoso, la Revolución venía ser una nueva «vindicación de Cuba». A un año del triunfo revolucionario, durante una cena conmemorando el nacimiento de Martí, se preguntaba Fidel Castro:

> ¿Por qué se pudo alcanzar la victoria? ¿Por qué avanza la revolución? Se logró todo porque había virtudes en nuestro pueblo y esas virtudes fueron el fruto de las semillas que sembraron los fundadores de nuestra república; de la semilla, de la abundante semilla que sembró nuestro Apóstol, José Martí. (Desnoes 1967: 23)

Si había una idiosincrasia cubana, esta era desde luego positiva: no el cubaneo de la «isla de corcho», asociado a lo que comenzaba a llamarse despectivamente «seudorrepública» (tal como en el período fascista se llamó «Italietta» a la Italia de Giolitti), sino la cubanidad fundacional del siglo XIX, recobrada por la gesta de los rebeldes y el subsiguiente renacimiento nacional. En fecha tan temprana como marzo del 59, Raimundo Fernández Bonilla cuestionaba en *Ciclón* la «desdichada descripción del carácter cubano» que Vitier había ofrecido en *Lo cubano en la poesía*: ligereza, incapacidad para tomar nada en serio, bucolismo; todo ello había sido desmentido por «la experiencia poética de origen, la experiencia de la Sierra» (1959: 67). «Las viejas aseveraciones que daban de nuestras gentes una estampa frívola, capaz de ceder al influjo del mejor postor, se han derrumbado ante la realidad de una conciencia revolucionaria cada día más alerta y más lúcida», señalaba, por su parte, Heberto Padilla en su crónica del 2 de enero (1961: 32).

Debemos, desde luego, a Lezama la versión más conocida, poética y barroca de esta idea: «Se decía del cubano que era un ser *desabusé*», pero «el 26 de Julio ha roto los hechizos infernales» (1981: 20). Este artículo, «El 26 de Julio: imagen y posibilidad», se publicó en el año crucial de 1968; ya para entonces la influencia creciente del marxismo desacreditaba no sólo las celebraciones metafísicas, idealistas, de la cubanidad al estilo de Lezama sino también las investigaciones más positivistas de psicología social, toda vez que las mismas contribuían a escamotear la realidad de la lucha de clases con ideologemas nacionalistas. Así como la imagen no constituía ninguna «causa secreta de la historia», la identidad no era un enigma por descifrar, sino más bien una trampa de la ideología burguesa; la pregunta misma por «lo cubano» ya no tenía sentido[1].

Recordemos aquella significativa frase de Guevara, claramente en las antípodas de las aseveraciones de Castro citadas arriba, según la cual «No es que este pueblo haya hecho la revolución porque sea así, es así porque hizo la revolución». La Revolución, desde esta perspectiva, tenía poco de nacional; las virtudes que exhibía el pueblo –ese conjunto de valores socialistas que el propio Guevara epitomizaba: compañerismo, altruismo, laboriosidad, intransigencia revolucionaria– eran consecuencia de haber «entrado en revolución», no al revés. Era el fuego purificador de la guerra revolucionaria, y su continuación en la diaria batalla por la «construcción del socialismo», no la educación como recomendaba la tradición de los letrados republicanos, lo que había regenerado al pueblo cubano.

El elemento nacional, idiosincrásico, es crucial, sin embargo, en el imaginario romántico de la Revolución cubana a lo largo de los años sesenta. Si el de las democracias populares, dominado por la burocracia y el dogmatismo, era, en palabras de Sartre, «el socialismo que venía del frío», este era uno que venía del calor, de los trópicos: «Los hombres que han combatido durante dos años en la Sierra como leones, apenas sienten una música, el ritmo afrocubano, comienzan a estremecerse como hojas cuando se alza el viento, y todo aquello que puedan tener bajo la mano, se transforma en tambor», escribía Cesare Zavattini en un periódico italiano, a su regreso de Cuba (Guevara 2002: 204). Películas documentales como *¡Cuba sí!* (1961), de Chris Marker, y *Salut les cubains* (1964), de Agnès Varda, reproducían una mitología fundamental del castrismo: no ya que los cubanos fueran alegres, sino que esa idiosincrasia constituía un anticuerpo contra los virus de la burocracia y del militarismo.

---

[1] Significativamente, en el periódico *Revolución* y su *magazine* literario conviven esos dos discursos; se los encuentra, incluso, en un mismo autor, como es el caso de Calvert Casey. La conocida crónica «El centinela del Cristo» estaba más bien del lado nacionalista de Castro y Lezama: «Era como si la esencia de la nacionalidad [...] hubiera estado oculta y ahora reapareciera» (Casey 1964: 114). En el preámbulo a *Cuba. Transformación del hombre*, uno de los primeros volúmenes editados por la Casa de las Américas, el escritor se acercaba, empero, a la concepción marxista de Sartre: «una práctica lúcida ha cambiado en Cuba la noción misma de ser humano; [...] Todas las teorías sobre la inmutabilidad de la naturaleza humana son falsas» (1960: 4).

Playa Girón y la Crisis de Octubre vinieron a ser la prueba de fuego de esa alegría cubana que tanto maravillaba a los observadores extranjeros. En su crónica «De la invasión», firmada en noviembre del 60, el argentino John William Cook señalaba:

> La revolución, al convertir los problemas nacionales en quehacer de todo el pueblo, determina que los episodios de la política interna y externa se traduzcan en música. «Pero la reforma agraria va», «Venceremos», «Con OEA o sin OEA», «los yankis son guanajos (pavos)», son algunas de las composiciones que se corean y a cuyo compás bailan las parejas. Pues bien, nada de eso ha cambiado ante el peligro de la invasión, respecto a cuya inmanencia nadie abriga dudas. (1972: 27)

«La gente –acabo de regresar de una vuelta por la calle– se mueve y habla como si la guerra fuera un juego» (Desnoes 2003: 92), apunta el protagonista de *Memorias del subdesarrollo*, en medio de la Crisis de Octubre.

Estas observaciones recuerdan, por cierto, aquel pasaje memorable de *La isla que se repite* donde Benítez Rojo cuenta cómo la «cierta manera» en que dos negras viejas caminaban bajo su balcón le dio la certeza de que no se produciría la catástrofe nuclear. «Sólo diré que había un polvillo dorado y antiguo entre sus piernas nudosas, un olor de albahaca y hierbabuena en sus vestidos, una sabiduría simbólica, ritual, en sus gestos y en su chachareo». (xiii) En aquellos días de octubre de 1962, la levedad de ese andar despreocupado representaba una atávica resistencia a la súbita grandilocuencia de la historia: frente a los misiles soviéticos, absoluta extrañeza plantada en suelo cubano, ellas encarnaban una cierta ancestralidad caribeña. Así, con esa gracia, con esa ingenuidad, habían caminado, posiblemente, otras tantas mujeres negras en los duros tiempos de la plantación. Acaso la propia Cecilia Valdés, chancleteando por las sucias calles habaneras que las señoras blancas, siempre enfundadas en sus corsets y montadas en sus quitrines, no pisaban jamás. Así, a pesar de todo.

La crisis de Octubre, deduce Benítez Rojo, no la ganó Kennedy ni Jruschov, «la ganó la cultura del Caribe junto con la pérdida que implica toda ganancia». Surge, enseguida, sin embargo, la objeción posible: ¿cómo es que, si «el Caribe no es un mundo apocalíptico», se llegó a aquella situación en que la tercera guerra mundial parecía a la vuelta de esquina? Significativamente, la Revolución haitiana, ahora tan de moda en el contexto académico donde se gestó *La isla que se repite*, es una ausencia notable en el libro de Benítez Rojo; ¿sería también ella parte de la historia de violencia y apocalipsis que la cultura caribeña busca conjurar mediante el ritmo y la *performance*, o más bien parte orgánica de esa misma cultura? Ciertamente, el elemento carnavalesco del evento revolucionario queda impensando o desapercibido en la celebración de la cultura caribeña que ofrece *La isla que se repite*.

Este elemento fue, sin embargo, decisivo en los dos o tres años que siguieron a la caída de Batista, los de la «revolución con pachanga[2]». Afirmaba Walterio Carbonell en 1961:

> La Revolución ha podido transformar la estructura del país sin grandes obstáculos de tradición, costumbres y estilo de vida, esto se debe a que el pueblo cubano ha asimilado importantes aspectos de la psicología africana. La cultura africana ha ablandado y debilitado la estructura reaccionaria de la familia española. Por algo se dice «Revolución y pachanga» en lugar de «Revolución y Santiago». (1961: 30)

Este costado carnavalesco de la Revolución fue destacado una y otra vez en las crónicas y apuntes de los turistas revolucionarios de los sesenta. Desde *La fête cubaine* (1962), reportaje de la periodista francesa Annia Francos, a comienzos de la década, hasta *Enero en Cuba* (1969), diario de Max Aub, y «Some Thoughts on The Right Way (For Us) To Love the Cuban Revolution» (1969), ensayo de Susan Sontag, ya en los pródromos del desencanto, esas dos actividades fundamentales de la «construcción del socialismo» que son la «preparación militar» y el «trabajo productivo» aparecen como suavizadas por la ligereza tropical, estilizadas en graciosa estampa que, por así decir, «atenizaba» lo espartano de la movilización revolucionaria.

Curiosamente, en las notas que tomó Michel Leiris durante su visita a la isla en 1967 aparecen también dos mujeres negras; dos mujeres negras que, como las de Benítez Rojo, representan algo precioso, poético, difícil de definir con palabras. Pero estas observadas por Leiris son jóvenes, y en vez de caminar por la calle trabajan en un campo de fresas –seguramente en las alturas de

---

[2] «Françoise Sagan, no sé si irónicamente o no, llamó a la nueva situación de Cuba revolución con pachanga. Se equivocó en la conjunción que une los dos sustantivos. Más justa es la expresión revolución y pachanga, pues en Cuba se baila y se canta, sí, como antes, mejor que antes, pero se trabaja denodadamente, al mismo tiempo, por realizar el sueño de la sociedad industrial y autosuficiente» (Salazar Bondy 2003: 197). También Cabrera Infante, en «La marcha de los hombres», atribuye a Françoise Sagan la autoría de la denominación de «revolución con pachanga». En los dos artículos sobre Cuba publicados por la escritora francesa en *L'Express* en agosto de 1960 (recogidos en *Maisons Louées*, 2008, L'Herne), no aparece, sin embargo, la frase.

Banao, donde se había inaugurado en 1965 uno de los tres «planes piloto», focos comunistas que en las rurales entrañas de la isla irían acelerando la transición al «reino de la libertad». Vestidas con sencillas blusas y pantalones verde botella, las muchachas se las arreglan para dar a su atuendo y su peinado cierta elegancia, un toque de moda o distinción. La más delgada y vivaracha –anota Leiris– había puesto en su sombrero de pajilla una pequeña pluma, lo cual, unido a las botas y los guantes de trabajo, le otorgaba un cierto parecido con aquellas coquetas heroínas que en las comedias de Shakespeare aparecen travestidas como caballeritos.

Este cuadro representa, desde luego, las maneras libres, originales, que el socialismo adoptaba en Cuba:

> N'est-ce pas dans ce style sans lourdeur –le seul qui reflète ses buts– que la révolution devrait toujours être menée: comme on aime, comme on danse, comme on s'adonne sportivement à un dur exercice et comme s'il importait, pour le résultat futur aussi bien qu'en soi, d'accomplir en beauté ce qui doit être accompli de pénible ou de périlleux, quant on a jeté son gant à a la face du Mauvais Ange? (Leiris 1976: 144)

Se diría que estas jóvenes realizan el ideal guevarista del trabajo como arte, esa utopía compartida en los sesenta por pensadores tan influyentes como Marcuse. Si, según aquel poema de León Felipe que Guevara gustaba citar, a lo largo de la historia humana nadie había «cavado al ritmo del sol, cortado una espiga con amor y con gracia», Leiris venía a dar testimonio de que en Cuba se estaba produciendo el milagro.

Y ello no sólo por haber erradicado la propiedad privada –fuente de la alienación–, pues después de todo eso había ocurrido en los países soviéticos, sino también gracias al peculiar modo de ser de los cubanos. La idiosincrasia no significa, en la visión de Leiris, resistencia al socialismo en sí, sino a su congelación estalinista. Si para Benítez Rojo las ancianas negras eran portadoras de una tradición encarnada en esas formas más o menos rituales de sublimación de la violencia de la historia colonial que son la música y la danza, en las jóvenes estudiantes de Leiris la idiosincrasia, lejos de resistir, más bien colabora con esa historia de renovación humana que es la revolución socialista; su modo de ser de algún modo anuncia, al tiempo que va realizando ya, ese final del camino donde no existirá la violencia y el trabajo no será más una pesada carga. Como si el comunismo viniera a reintegrar, en los nuevos cañaverales y campos de cultivo, la rigurosa plantación y los toques de tambor de las tardes dominicales, el futuro prefigurado en los jóvenes trabajadores voluntarios y la memoria ancestral del cuerpo caribeño.

Benítez Rojo es «negrista»; su celebración del ritmo y el carnaval como subversión de la razón occidental –a la que subyace, mucho más que las ideas posmodernas de Lyotard o Deleuze mencionadas en su libro, la teoría carpenteriana de lo «real maravilloso» americano– corre el riesgo del exotismo al revés, esto es, de reproducir la mirada europea, reificando lo propio como «otro» irracional, mágico, auténtico… También Leiris, quien era etnógrafo además de surrealista, corre ese riesgo; en su percepción de Cuba se confunden una y otra vez las dos extrañezas, la del trópico y la de la revolución. Pero no había que ser surrealista ni tampoco extranjero para escribir cosas así; mucho contribuyeron los escritores cubanos a aquella imagen «tropicalista» de la revolución. En su crónica del desfile por el segundo aniversario del 1 de enero, Cabrera Infante apuntaba, por ejemplo: «Hay una gran alegría y la frase Revolución con pachanga […] se vuelve verdadera, porque hay una gran alegría dondequiera: esa increíble alegría cubana que llena de fiesta la ocasión más solemne». Y un poco más adelante:

> en Cuba se está creando ante los ojos del mundo un hombre diferente, una mujer diferente, y es esto lo que hace que Cuba sea tan diferente a España o a Francia o a Checoslovaquia o a Alemania, cualquiera de las dos Alemanias, o a la misma Unión Soviética y no sé si también a China, pero sé que es diferente y fascinante y casi única. (1961: 40)

Aquí, nuevamente, las dos mitologías fundamentales del castrismo –la «revolución con pachanga» y el «hombre nuevo»– se hacían una: la alegría de la que hablaba Cabrera Infante era la tradicional «alegría cubana», no la alegría internacionalista de los trabajadores soviéticos pintados en los cuadros del realismo socialista, ni tampoco la «verdadera alegría» que una década después Ernesto Cardenal distinguiría de la «alegría burguesa». La revolución en Cuba era singular, y a esa originalidad no era en absoluto extraña la idiosincrasia nacional. Es justo cuando el colorido del régimen castrista se destiñe, en esos años grises en que la isla apenas suscita para los intelectuales extranjeros más interés que la anodina Bulgaria o la fría Polonia, que la diferencia entre lo nacional y lo socialista se acentúa, imponiéndose el canon que determinó el cambio de «Todos nosotros» a «Rostros del presente, mañana».

La coda de esta historia es bien conocida: en los noventa la crisis del marxismo-leninismo trajo consigo el regreso de la identidad nacional. Ahora, el título original de aquella serie fotográfica de José Manuel Figueroa podría ser la consigna misma del oficialismo. Se habla cada vez menos de «obreros» y más de «mambises»: «el futuro de nuestra patria será un eterno Baraguá» (1990), «Declaración de los mambises del siglo XX» (1997). Junto a esta retórica numantina, predomina la celebración de una «identidad» que viene a representar, en estos tiempos de crisis económica e ideológica, un nuevo margen de tolerancia. Relegada la lucha de clases, lo cubano resurge en su dimensión más mitológica: utopía, resistencia, posibilidad... La nación se vuelve femenina, maternal, acogedora. Es la hora de *Fresa y chocolate*, donde religión y homosexualidad, antes expulsadas del cuerpo nacional, son oportunamente reintegradas y el hermético Lezama Lima, antes marginado a favor del poeta comunista Nicolás Guillén, emerge como figura tutelar. Irónicamente, la cena lezamiana es celebrada justo cuando ya sus ingredientes no se encuentran, como diría el genio popular, ni en los centros espirituales. Pues es justo la carencia material lo que el estado busca desesperadamente llenar, por un lado con el capital simbólico de la tradición nacionalista, y por el otro con las ganancias del turismo. No por azar se llamará *Paradiso* una de las agencias turísticas creadas en los años noventa.

Desde otro registro, mucho menos elevado y patriótico, el tema musical más popular de la década insiste, curiosamente, en la cuestión de la identidad. «Somos lo que hay, lo que se vende como pan caliente [...] Somos lo máximo». «Lo que hay»: pura existencia donde caben todos, pues falta el juicio revolucionario; «lo máximo»: reivindicación nacionalista que no es, sin embargo, una solemne «vindicación de Cuba». Significativamente, Pedro Juan Gutiérrez toma estas frases como epígrafe de *Un rey en La Habana*, obra donde, al igual que en los cuentos de la *Trilogía sucia*, se da buena cuenta del retorno de la Cuba tropical, imprevisiva, sobrevividora. Si, como afirmaba Desnoes en su ensayo «La imagen fotográfica del subdesarrollo», «el cuerpo es lo único que tienen los pobres» (1967: 79), la *Trilogía sucia de La Habana*, ese tratado de la picardía criolla de los años noventa, bien podría llevar esa frase como epígrafe. «La miseria destruía todo y destruía a todos, por dentro y por fuera. [...] Así que al carajo la piedad y todo eso» (Gutiérrez 1998: 173).

Esta pobreza no tiene nada de irradiante; nada de franciscana, nada de espiritual: los pobres no tienen más que cuerpo, como el propio Rey. El cubano, no sólo en la narrativa de Pedro Juan Gutiérrez sino en buena parte de la literatura del «período especial», aparece como un ser no ya *desabusé* –desengañado–, sino más bien desamparado. No por gusto la obra tutelar de la década es *La isla en peso*, ese gran poema cubano de la intemperie, reverso no sólo de los amables interiores del criollismo origenista sino también del bucolismo nativista de algunos pintores de la vanguardia. A las aguas mansas y los acogedores framboyanes de la serie de paisajes cubanos de Víctor Manuel, Piñera parece replicar con una pregunta retórica –«¿Quién desdeña ahogarse en la indefinible llamarada del flamboyán?»–, convirtiendo la arcadia en pesadilla, Gauguin en Munch. La sombra de los árboles, la placidez del entorno y suave brisa que se respira en los cuadros de Víctor Manuel invitan a la siesta; la insularidad, en el poema de Piñera, condena al insomnio.

El framboyán –se diría– ya no da cobijo; es elemento, angustia, desastre. Aludiendo al famoso eslogan del Partido Auténtico que presidiera la campaña electoral de Grau San Martín, Ena Lucía Portela ha escrito en su extraordinaria novela *La sombra del caminante*:

> ¿por qué no decirlo? ¿verdaderamente por qué no decirlo?, la cubanidad es amor. Por ello nuestro desamparo es enmascarado, perverso, hipócrita, menos obvio que el de otros en otras capitales. Infamias, abusos, crueldades, abandonos, heridas, quemaduras, sufrimientos y soledades se ocultan entre los pliegues del gran amor nacional. (Portela 2001: 77)

La cubanidad es de nuevo coartada, problema, campo de batalla.

Los factores del país

«¿Cuándo se jodió el Perú?» –se pregunta un personaje en una novela de Vargas Llosa. ¿Dónde comenzó la Hecatombe? –nos preguntamos. ¿Cuál es ese punto desde el cuál la historia parece desenvolverse con la fuerza ciega de un destino? ¿Fue acaso el 26 de julio de 1953, cuando con su descabellado ataque a un cuartel de Santiago de Cuba un oscuro abogado llamado Fidel Castro entró en la historia de manera semejante a cómo de adolescente cierta vez, en el colegio de Belén, se había lanzado en bicicleta contra un muro? ¿O el 10 de marzo del año anterior, cuando el golpe de estado de Batista vino a interrumpir la constitucionalidad, haciendo posible la emergencia del nuevo caudillo y, al cabo, de la férrea dictadura legitimada a partir de su victoria en la Sierra Maestra?

Son éstas preguntas «policiales», pero irresolubles; cuando se busca el comienzo de la catástrofe se puede ir siempre más atrás; ¿por qué no la Revolución del 33, en la que Batista entró como taquígrafo y salió como «hombre fuerte» del país? Y así, buscando un «crimen original», llegamos a la última guerra de independencia. Ahí, por alguna razón, nos detenemos. Por lo menos yo me detengo. Porque la Guerra del 68 fue necesaria: Cuba necesitaba su grito de Yara, su quema de Bayamo y su rescate de Sanguily; nombres que poner a las futuras escuelas, efigies para billetes y monedas, materia épica para los libros de historia. Pero quizá esa guerra legendaria era del tipo de cosas que en la vida de un país, como en la de un individuo, basta hacer una sola vez. La Guerra del 95, ¿no fue innecesaria? La cadena de preguntas «policiales» nos conduce entonces a una pregunta distinta, contrafactual: ¿cómo sería la historia de Cuba si la Guerra del 95 no hubiera ocurrido?

En caso de haber triunfado la vía autonomista, quizás la isla hubiera conseguido un autogobierno provincial y, a la larga, se hubiera independizado de España sin los traumas de una contienda en que, por causa de la tea incendiaria y de la reconcentración de Weyler, se perdió no sólo buena parte de la riqueza cubana sino también casi la mitad de la población del país. Organizada para «impedir a tiempo que los Estados Unidos se [extendieran], con esa fuerza más, sobre nuestras tierras de América», la guerra propició la intervención norteamericana y con ella la mediatización en que nació la República, así como el caudillismo de los tiempos de «generales y doctores». Y todo ello –la promesa martiana de la República «con todos y para el bien de todos», las sucesivas frustraciones de la «seudorrepública»– se fue acumulando a modo de reserva nacionalista que la Revolución de 1959 explotaría hasta sus últimas consecuencias. A diferencia de los países de Europa del Este, donde el comunismo fue producto de la victoria de la URSS sobre el nazismo, el castrismo tiene raíces nacionales[1]. No es un azar que justo en el último país latinoamericano en independizarse se haya establecido el único sistema comunista del hemisferio occidental. Como ha apuntado el historiador Louis Pérez Jr., aquella guerra, culminación de una contienda extendida por tres décadas, no fue sólo el último capítulo de las luchas independentistas hispanoamericanas, sino también el inicio de algo nuevo; algo que, de alguna manera, culminaría en el estado totalitario. ¿Tenía entonces razón Eliseo Giberga cuando afirmó en la Asamblea Constituyente de 1901 que José Martí había sido el hombre más funesto de la historia de Cuba?

---

[1] En palabras de Rafael Rojas, «el nacionalismo revolucionario, efectiva mezcla de mitos (el de la «revolución inconclusa»), ideologemas (el de la «justicia social»), símbolos (el de Martí, el de Fidel), no es una invención del castrismo, sino al revés: es un imaginario político, fuertemente impregnado en la cultura colonial y republicana, que facilita el *ananke* de la Revolución de 1959 y el establecimiento del régimen comunista en 1961» (1998: 10). En *Nacionalismo y revolución en Cuba.1825-1998*, el autor de seudónimo Julián B. Sorel se remonta hasta los orígenes mismos de la nacionalidad, cuando los mitos de la revolución y del nacionalismo emergen como principales animadores de las guerras de independencia. Estas producen un nuevo mito, el de la «revolución inconclusa», que enriquecido con las nuevas ideas marxistas y estatistas en boga en Occidente en los años veinte, dominarían el escenario político social cubano posterior a la caída de Machado: ese caldo de cultivo de batistianos, auténticos y ortodoxos del que emergió Castro. Muy parecida es la tesis expuesta por Carlos Alberto Montaner en su conferencia «Cómo y por qué la historia de Cuba desembocó en Fidel Castro». Un personaje tan estrafalario e inexperto como Castro pudo contar con el apoyo de todo un pueblo sólo gracias a un sistema de valores y creencias que se habían ido sedimentando en la conciencia colectiva desde mucho tiempo atrás: el mesianismo, ligado a la debilidad institucional; «una cultura revolucionaria, violenta y guerrera»; la idea de que el bienestar social tenía que provenir de la acción niveladora del estado. Formado en esos valores tan poco democráticos, el pueblo cubano no pudo oponer resistencia y el andamiaje institucional de la república se desmoronó de un soplo. «Castro era, y hacía, en suma, lo que triste e insensiblemente se había inculcado en el país a lo largo de muchísimo tiempo. La sociedad plantó la semilla y abonó la tierra. Un día, esta dio su fruto» (Montaner 2000: 77).

Para los escépticos de fin de siglo, la independencia no era sino una catástrofe que hundiría al país en la anarquía, la barbarie y la dictadura. En su panfleto *Cuba Libre. Anexión o independencia*, publicado en Nueva York en 1898, Francisco Figueras señalaba, por ejemplo, los muchos obstáculos que hacían poco recomendable la República: clima tropical, falta de educación democrática, heterogeneidad racial, etc. Figueras usaba el lenguaje de la ciencia, un lenguaje positivista que proclamaba la superioridad de la raza anglosajona sobre la latina. Según él, una «ley fatal de la herencia» pesaba sobre los pueblos «sembrados por España en América» (1898: 30), y las dictaduras y caudillos latinoamericanos eran sus frutos; en cambio, los anglosajones «parecen haber descubierto el secreto de la mecánica social, como han resuelto también el secreto de la mecánica física» (1898: 34).

No quedaba, pues, más solución que la anexión, y Puerto Rico estaba ahí como ejemplo. Por un lado, la guerra había sido un desastre. Por el otro, la anexión era «producto de leyes eternas que dirigen la mecánica social» (Figueras 1898: 41): como, según la gravitación universal, los astros pequeños tienden hacia los grandes, la isla de Cuba gravitaba naturalmente hacia los Estados Unidos. El protectorado, según Figueras, no era la solución, pues este no podría garantizar el orden público interno. Unos años después, los sucesos de 1906 que desembocaron en la segunda intervención norteamericana harían que Figueras viera confirmadas sus tesis y desempolvara un largo escrito terminado en 1899, *Cuba y su evolución colonial*.

En su célebre ensayo «Nuestra América» Martí había dicho que «El premio de los certámenes no ha de ser para la mejor oda, sino para el mejor estudio de los factores del país en que se vive» (1984: 120). Sin embargo, Martí mismo jamás emprendió este tipo de estudio; su discurso, repleto de metáforas, se mantiene siempre en un nivel poético, una suerte de retórica de la profecía cuya autoridad, como ha demostrado Julio Ramos, procede más de la literatura que de la ciencia. Mientras en aquel ensayo Martí invierte la perspectiva civilizadora de Sarmiento en una enérgica reivindicación del «hombre natural», los estudiosos de los factores del país, como Figueras y el joven Fernando Ortiz, no hacen sino continuarla, desarrollando una crítica del mestizaje autóctono que procedía justamente de aquellos discursos sociológicos e ilustrados que Martí intentaba trascender o desplazar.

En el prólogo de *Cuba y su evolución colonial*, fechado en 1906, Figueras confiesa que siempre lo ha guiado la fe en la evolución: primero autonomista, luego, convencido de que España no era Inglaterra, saludó la revolución, pero más tarde empezó a preocuparle la «finalidad de la guerra» (1959: 4). Exiliado en Nueva York, se puso a estudiar a Cuba, para ver si «las impurezas eran adventicias o congénitas», y así se convenció de la incapacidad de la isla para ser una nación independiente. Su alegato descansa en la descripción, nada rara entre los letrados positivistas de entonces, del carácter cubano como «infante, cuyo rostro maculado, pero inocente, lleva consigo desde la cuna el hierro de los desórdenes paternos» (1959: 6). Dadas las fatalidades de una idiosincrasia determinada por la raza y el medio, analizar al cubano es, para Figueras, diagnosticar una enfermedad, leer en la evolución histórica y la vida cubana un conjunto de vicios que se resumen en una frase: «debilidad de carácter». La indolencia, la afición al juego y al baile, entre las costumbres privadas, y entre las públicas la tendencia al personalismo y al militarismo, son algunos de los rasgos que parecen verse confirmados por la «reciente y fulminante caída de la república» que lleva a Figueras a culminar su minucioso estudio del proceso cubano.

Si el castrismo se ha legitimado en una doctrina de la historia de Cuba que privilegia el discurso independentista, Figueras representa muy bien a ese otro polo cuya discrepancia con Martí no es sólo de fondo, sino también de forma; su estilo seco, con pretensiones científicas, pródigo en autoridades sociológicas, se sitúa decididamente en las antípodas de ese «lenguaje nervioso, cálido y cromático, hecho de imágenes audaces, de elipsis, de sentencioso vigor, de sustitución de sustancias por aspectos y de raciocinios por deslumbramientos» que caracteriza, como bien captara Mañach en su fundamental ensayo «El estilo en Cuba y su sentido histórico» (1999: 205), a la prosa independentista. Si Martí decía que «no hay razas», Figueras replica no sólo que sí las hay, sino que ello está en el centro del «problema cubano»; si Martí, preguntado sobre a qué Cuba se refería en sus optimistas discursos sobre la futura guerra, aclara que habla «del subsuelo», Figueras observa siempre a ras de suelo; a la «reivindicación de Cuba» del uno, responde la crítica de Cuba del otro.

El debate entre autonomismo e independentismo no era sólo sobre la posibilidad o conveniencia de Cuba como nación independiente –al fin y al cabo para muchos autonomistas la autonomía no era sino un momento necesario antes de la inevitable independencia– sino también sobre la posibilidad de una Cuba *nueva*; la revolución era, para Martí, la superación radical del orden colonial, de ahí que en sus discursos pronunciados en los aniversarios del Grito de Yara celebre una y otra vez la guerra redentora como origen de una comunidad nacional. La violencia revolucionaria viene a ser una purificación del pecado de la esclavitud y de las lacras de aquel sistema opresivo: la tea incendiaria no fue sólo la *ultima ratio* de los mambises, sino también una emblemática expresión de ese sentido profundo de la revolución como *tabula rasa*. Más realistas, los autonomistas percibían el otro lado de la guerra: el desastre económico, la ruina que al cabo provocó, el que no había razón alguna para creer que sería breve.

En un discurso de 1878, Rafael Montoro decía: «hay el radicalismo revolucionario, que ha causado todos los grandes desastres que llora el mundo moderno; y hay la democracia liberal y progresiva» (1994: 143). La oposición al radicalismo independentista se unía, en el discurso autonomista, a una cierta indefinición en cuanto a la cuestión de la cubanidad. En 1887, Antonio Govín reconocía la especificidad cubana como una fatalidad –«Cubanos somos y cubanos hemos de ser aunque nos pese» (1994: 149)–, pero ponía el énfasis en otro lugar, el liberalismo: «No basta con ser cubano: es preciso ser bien cubano liberal». Por su parte, Nicolás Heredia llama en 1892 a que «la cuestión se dilucide entre españoles y españoles, españoles que quieren vivir a la antigua y españoles que quieren vivir a la moderna» (1994: 156). La clave estaba, acaso, en esta idea ilustrada de la modernidad. Español a la antigua era el almirante Cervera, último representante del *décalage* técnico-militar del decadente imperio español, que repetiría, en las costas de Santiago de Cuba, la humillante derrota de la Armada Invencible.

Si una de las consignas del 98 en España fue cerrar el sepulcro del Cid, abandonar la ambición épica de la España hidalga, la de los cubanos que vemos la Guerra del 95 como otro desastre bien podría ser cerrar el sepulcro de Martí, regresar al posibilismo político representado por los autonomistas. Repetir, con Mañach, que

> Nada más fútil ni primario que condenar de plano las actitudes moderadas y transaccionales cuando se las mira, retrospectivamente, desde la altura de los grandes logros históricos. La política, por excelsos que sean los ideales que la rijan, es siempre mediación, y su terreno no suele ser el reino de los absolutos, sino el de lo posible. Consiste el instinto político en descubrir dentro de la circunstancia, todo el máximo de posibilidad que encierra. (1943: 18)

Mañach escribía estas palabras en 1943, en un discurso sobre Miguel Figueroa; curiosamente, Figueroa fue, por así decir, el más cálido, popular, de los oradores autonomistas, aquel cuya oratoria estaba más cerca de las masas cubanas; tanto que en la semblanza que de él incluye en los *Cromitos cubanos*

Manuel de la Cruz se las arregla para apenas mencionar su pertenencia al Partido Liberal Autonomista.

Este libro fundamental del canon independentista revela, de nuevo, cómo la oposición entre separatismo y autonomismo no estaba sólo en las ideas, sino en el estilo mismo. La semblanza de Antonio Zambrana es, al respecto, muy significativa, por haber tenido este una primera fase independentista y haberse convertido más tarde en autonomista. «El orador autonomista es el cadáver parlante del orador revolucionario» (1975: 64), afirma de la Cruz. Según él, la vida se había retirado del verbo de Zambrana; Cuba, la «virgen india», «gentil amazona del tribuno de la República», trocado en «huesosa y estirada inglesa de cutis color de nata, de ojos de cristal azul, fría, reflexiva, cuidadosamente peinado el ralo cabello color de esparto seco» (1975: 64). Montoro era, desde luego, el blanco fundamental de las críticas de Manuel de la Cruz. «Más que un orador cubano es un cubano orador» (1975: 49), dice, y el matiz es fundamental: la oratoria de Montoro era fundamentalmente española; le faltaba el calor de lo cubano. En vez de los paisajes sembrados de palmeras añorados por Heredia, Montoro veía la montaña nevada de la Sierra de Madrid. El autonomismo, en Montoro, no tenía sin embargo nada de positivismo francés ni inglés, y sí mucho de idealismo hegeliano.

Es justo eso lo que reivindicaba, ya en tiempos de la República, Antonio Sánchez de Bustamante y Montoro en el folleto *La ideología autonomista*, publicado en 1933 y dedicado a la memoria de su abuelo. Sánchez de Bustamante escoge, para ilustrar la vinculación del pensamiento autonomista con la filosofía hegeliana, su concepción del paso histórico de la colonia a la nación independiente. La colonia es un siervo histórico que sólo se libera al convertirse en Estado, deviniendo protagonista de la Historia Universal.

> Por eso el autonomismo retrocede con temor ante la improvisación del Estado cubano, sin que nuestra sociedad se halle en la situación de plenitud y de energía, de población y de riqueza, de organización y de cultura que evite su caída –extraída violentamente de la vida española– en el caudal de otra vida más fuerte. (1933: 84)

Sánchez de Bustamante alude, claro, a la gravitación cubana hacia los Estados Unidos, luego de obtenida la independencia. Explicado por Sánchez de Bustamante, el autonomismo concibe a la Historia como algo impregnado de razón, como la vida misma de la Razón, realizándose al través de las «formas inevitables del proceso dialéctico, y cumpliendo un plan divino»

(1933: 79). Por eso se distingue del liberalismo francés, de raíz enciclopedista, que decide rehacer la sociedad desde el punto de vista de la razón humana y que, para Sánchez de Bustamante y Montoro, era una forma de radicalismo. La razón del autonomismo a lo Montoro no era, desde luego, la razón en la caballería de Martí, sino una razón toda paciencia y cautela. Ya decía de la Cruz que «Jamás el Satán de la rebelión, con su armadura y su corcel de batalla, ha enturbiado la pureza de la fe autonomista de Montoro» (1975: 54). No se podía violentar a la Historia, sólo preparar ese proceso de autodescubrimiento que culminaría por llevar a la nación cubana, más tarde o más temprano, a la «vida estatal».

Si contrastamos este folleto de Sánchez de Bustamante y Montoro –no sólo en el contenido, insisto– con algunos ensayos de José Manuel Poveda escritos en la década de 1910, advertiremos de nuevo la dicotomía en su forma más pura. Cuando tanto los separatistas como los oradores autonomistas eran venerados por igual como padres fundadores de la nación, Poveda toma partido en su ensayo «El juicio del Gran Lugarteniente sobre los autonomistas». Se trata de una vehemente reivindicación de Maceo, que según el poeta santiaguero tenía clara conciencia de que con la guerra «no se trataba únicamente de libertar políticamente al país: fue formar el espíritu colectivo, fundar la conciencia cubana» (1981: 158). En los autonomistas «no hay una pasión ni una creación» (1981: 160), y la intervención norteamericana vino a frustrar el sacrificio, consagrando el triunfo de los autonomistas. La paz de San Juan, para Poveda, era de nuevo la paz del Zanjón.

Décadas después, el 1 de enero de 1959, en su discurso del parque Céspedes, Fidel Castro evocaba la figura de Antonio Maceo. Sólo unos días atrás, el 24 de diciembre, había realizado una visita a su madre, y cuenta:

> cuando regresaba por el camino que cruza a través de los Mangos de Baraguá, en horas de la noche, un sentimiento de profunda devoción a los que viajábamos en aquel vehículo, nos hizo detener allí, en aquel lugar donde se levanta el monumento que conmemora la Protesta de Baraguá y el inicio de la Invasión. En aquella hora, la presencia en aquellos sitios, el pensamiento de aquellas proezas de nuestras guerras de independencia, la idea de que aquellos hombres hubiesen luchado durante 30 años para no ver logrados sus sueños, para que la República se frustrara, y el presentimiento de que muy pronto la Revolución que ellos soñaron, la patria que ellos soñaron sería realidad, nos hizo experimentar una de las sensaciones más emocionantes que puedan concebirse. (Castro 1959: en línea)

Allí Castro señalaba: «El poder no ha sido fruto de la política, ha sido fruto del sacrificio de cientos y de miles de nuestros compañeros»; y era justamente eso lo que garantizaría, esta vez, que la Revolución no se frustrara. Castro habla aún de República, pero ya en su discurso de Columbia, sólo una semana después, decía «Ahora la República, o la Revolución, entra en una nueva fase»; la indistinción se convertiría pronto en disyuntiva; la República sería, había sido, la política, y la Revolución otra cosa. El mismo 1 de enero Castro había dicho que «los ojos de toda América» estaban fijos en Cuba, y que nuestro país merecía ser uno de los primeros países del mundo por su «valor, inteligencia y firmeza». La ambición de hacer de Cuba un país influyente, y de sí mismo un conductor de pueblos, era, pues, anterior a la deriva comunista del proceso revolucionario. Si, como ha escrito Raymond Aron, «la democracia es, en el fondo, el único régimen que confiesa, o mejor aun, que proclama que la historia de los Estados está y debe estar escrita en prosa y no en verso» (2002: 34), ella era desde luego incompatible con las ambiciones del Primer Ministro. Castro siempre ha querido escribir la historia en verso: los poemas se llamaron Construcción Simultánea del Socialismo y el Comunismo, Plan Lechero «Niña Bonita», Zafra de los Diez Millones… Si la política era, como recordaba Mañach en su semblanza de Miguel Figueroa, el arte de lo posible, ¿qué ha sido la revolución sino el arte de lo imposible?

No extraña, entonces, que la oposición intelectual al castrismo reivindique la tradición autonomista, al tiempo que parece regresar, por momentos, a aquellos discursos críticos de los letrados republicanos. Rolando Sánchez Mejías comprende, por ejemplo, al castrismo como consecuencia de una cierta precariedad histórica nacional:

> El totalitarismo no es entonces, como se ha querido ver, sólo un engendro venido desde afuera para desviar al país hacia un modelo extemporáneo: tal vez sea mejor observarlo como el animal que llevamos dentro, seres aún coloniales, instituciones nunca maduras, que cualquier cazurro, sea o no oriental, puede mancomunar bajo este o aquel pretexto redentor, bajo la «sed de patriotismo». Y si el totalitarismo ha prendido, no ha sido sólo por «marco histórico», sino también debido a razones «emocionales»: necesidad de hallar asidero en la vida nacional, de vincularnos a un proyecto político estable con determinado capital de «redención». Quizás tengamos que ver el totalitarismo cubano como culminación de la Colonia. (2009: 167)

Si en *Cuba y su evolución colonial*, publicado en plena segunda intervención norteamericana, Cuba parecía condenada a la violencia, la inestabilidad y el subdesarrollo, ahora, ante el marasmo del totalitarismo en su última fase, reaparece el discurso de la decadencia cubana en las reflexiones de Sánchez Mejías. Se diría que, más de un siglo después, la vieja polémica entre Martí, con su vindicación de Cuba, y Figueras, escéptico de las virtudes que el Apóstol atribuía al pueblo cubano, adquiere nueva vigencia a la hora de hacer balance del castrismo.

Ciertamente, la necesidad de dar cuenta de la Hecatombe nos acerca al espíritu de aquellos discursos de la crisis en que los letrados y escritores cubanos desarrollaron a lo largo de la República los tópicos de la decadencia cubana y la frustración nacional. El más original de aquellos ensayos, «El *pathos* cubano», de Lino Novás Calvo, veía en los espectros de los aborígenes muertos una especie de maldición que condenaba a la isla a una frustración perpetua. Novás parte del señalamiento de la diferencia de Cuba, entre el resto de las demás naciones de Hispanoamérica, que constituye «la ausencia de raza autóctona a partir del primer siglo de colonización» (1935: 211). Pero no lamenta, como podría esperarse, que ello haya condicionado la falta de una rica cultura virreinal, comparable a la que hiciera florecer el barroco de Indias en el Perú y la Nueva España, tan elogiado por Lezama, años después, en *La expresión americana*. Según Novás la población autóctona no hubiera valido tanto por sus aportes culturales, como por la resistencia que habría ofrecido a los colonizadores. Ese «vencido muerto» que fue el aborigen cubano no dejó sino «una herencia negativa: es la herencia de los muertos, que sufren aún, como una oculta profecía talmúdica, los actuales pobladores de la Isla».

Luego de exterminar a aquella población tan poco vital que se caracterizó por el suicidio masivo, los colonizadores nunca pudieron sentirse vencedores:

> Desaparecida la población indígena, la población que ahora ocupa su lugar tiene ante sí una tierra blanda y caliente, pródigamente abierta a la semilla y una muralla de agua que la pone a salvo de las agresiones vecinas. Por tanto, hay aquí espacio para una familia un poco cansada, procedente acaso del sur de España, que se halle con ganas de pasar unas largas vacaciones y regresar, al fin, a su tierra con la nostalgia del trópico. Otros hombres y otras mujeres de su vecindad irán a renovar esa familia. No hay en Cuba espacio para grandes hechos, o sea, empresas difíciles de acometer. (Novás Calvo 1935: 214)

Para eso está el «continente indómito», lugar de las búsquedas de El Dorado y epopeyas renacentistas. Hasta la configuración del suelo es para Novás un indicador de la anomia del país: las lomas cubanas, suaves y dispersas, conforman un «conglomerado geológico, mas no una armazón férrea, no un esqueleto vertebrado». Ni siquiera las guerras de independencia le impiden colocar a Cuba entre las naciones «pobres, dispersivas y débiles»; aunque reconoce que fueron obra de «héroes y mártires», insiste en que el grito de Yara no llegó sino a Oriente. Luego, la tea incendiaria, la reconcentración de Weyler, la intervención norteamericana, las miserias de la República.

Ahora bien, ¿no ha sido la Revolución del 59 uno de esos grandes hechos que según este sombrío cuadro Cuba no estaba dotada para llevar a cabo? «El *pathos* cubano» fue escrito en 1934, poco después del fin de la insurrección contra Machado. Novás afirma que las últimas generaciones rebeldes se plantean «la empresa a llevar a cabo que se impone categóricamente a un pueblo traicionado, la necesidad ineludible de una reconquista» (1935: 226). Pero es justo así, como absoluta reconquista del país sobre la neocolonización yanqui y culminación de las luchas independentistas del siglo xix, que la revolución de 1959 se ha convertido en nuestra Revolución por antonomasia. ¿Es el castrismo un esfuerzo por llenar ese vacío en el origen que habrían legado los primeros pobladores de la isla? ¿O más bien otra demostración de la maldición de los suicidas, de ese *pathos* cubano que, condenados como Sísifo, los cubanos no logramos superar?

Lástima que Novás no se haya referido a su extravagante teoría de 1934 en los artículos que publicó en *Bohemia Libre*, denunciando la conversión de Cuba en un estado comunista, tras asilarse en la embajada de Colombia en agosto de 1960. Dejaba atrás sus libros, sus cuadros, un manuscrito con tres *nouvelles* sobre la Guerra Civil española. Novás moriría en Estados Unidos en 1983, tras dos largas décadas de exilio. Nacido en una pobre aldea de Galicia, de niño había sido enviado por su madre a Cuba, en 1912, a trabajar con un lejano tío. Fue taxista, boxeador, carbonero, carrero, entre otros tantos oficios, y el conocimiento de primera mano que así adquirió de la vida de las clases bajas del país propició en gran medida que, a partir de los años treinta, en sus relatos el lenguaje popular entrara con fuerza inusitada en la alta literatura –«He sido el primero en escribir puta, nalgas y... otras expresiones crudas, plebeyas y bruscas en la *Revista de Occidente*» (Romero 2010: 35), reconocía Novás en una carta de 1933. Había comenzado su carrera de escritor publicando poemas de temática proletaria en la *revista de avance* y en 1931 había regresado a España, como corresponsal de la revista *Orbe*. Allí lo pilló la guerra civil, en la que participó como miembro del Quinto Regimiento y reportando desde el frente para varias publicaciones anarcosindicalistas. En la contienda, en la que estuvo a punto de ser fusilado por causa de una falsa denuncia, vio cosas que, según confesaría después, bastaban para hacerlo vomitar toda su vida, y tras la victoria de los nacionales logró cruzar, en harapos y moralmente derrotado, a Francia y regresar a Cuba en 1940.

En la década siguente Novás, aun cuando nunca perteneció al partido, estuvo cerca de los comunistas cubanos, pero se fue desencantando hasta separarse totalmente de esa ideología. Por esos años publica sus dos grandes libros de relatos: *La luna nona y otros cuentos*, en 1942, y *Cayo Canas (Cuentos cubanos)*, en 1946. Este subtítulo es significativo: anima esos relatos el viejo afán de captar los rasgos distintivos del país, pero lo consiguen de una manera extremadamente novedosa, universal. Quizás por ser, en alguna medida, un extranjero, Novás pudo oír mejor que otros esa lengua vernácula que aún no había entrado auténticamente en la narrativa cubana, palabras crudas y plebeyas que no estaban, sin embargo, exentas de poesía. Quizás también por ser él mismo un desclasado, libre de los prejuicios de la estirpe burguesa, consiguió captar la parte más violenta del país, esas zonas oscuras donde persistía, incluso, un pasado de piratería y esclavitud.

En su ensayo «Novela por hacer», de 1940, Novás afirmaba: «Cuba es, posiblemente, el país de Latinoamérica donde existe una mayor riqueza de motivos para la novela. La atmósfera es aquí, contra lo que pudiera parecer, de lo más inquietante, impregnada, como está, de contradicciones, cruces, yuxtaposiciones y esencias dramáticas de todo tipo» (2008: 401). Son esos motivos los que encontramos plenamente desarrollados en sus grandes cuentos de los años treinta y cuarenta. Los gallegos y los negros, esas dos figuras centrales del teatro bufo y alhambresco, aparecen allí elevados a otra categoría, que el propio escritor llamó «trágica»; lejos del folclore, los personajes están metidos en una lucha contra otros hombres y contra los elementos, en la que serán desde luego derrotados. Para Novás, los ciclones simbolizaban esa fatalidad, la inseguridad fundamental que caracterizaba la vida de un país donde todo dependía de los vaivenes del precio del azúcar.

Figuras borrosas de inmigrantes, carboneros y contrabandistas, haitianos importados para la zafra, negros y mulatos supersticiosos, chinos impenetrables. Solares truculentos, la ciudad seductora y despiadada, los barrios de las afueras, los inhóspitos cayos, esa manigua donde, tras la hoguera de carbón y la nube de mosquitos, parece que los árboles bailaran... ¿No están, aquí, al fin, «los factores del país», o al menos algunos de ellos? Pero trascendida ya la dicotomía del autonomismo y el independentismo, porque no es el pueblo idealizado y virtuoso de la martiana «reivindicación de Cuba», pero tampoco las masas bárbaras e incultas censuradas por los letrados de la colonia y la república. Una negra que se da candela porque tiene a un blanco en la cabeza, y la madre, enloquecida, que cuenta que su hija «se volvió contra su piel y la quemó. Mi hija está ahora en el infierno de los negros ardiendo hasta que llegue allí un blanco que tiene que ir a darle su piel para que pueda subir al cielo de los blancos» (Romero 2010: 112); una gallega analfabeta que, viviendo en un barrio de negros donde es discriminada por ser la única blanca, quiere ser negra: ahora toda esa gente anónima y plebeya tiene la palabra…

Y Novás Calvo comprendió muy pronto que el régimen castrista iba a hacerlos callar. Siendo como era un renegado del comunismo desde los tiempos del Pacto Ribbentrop-Molotov, no sucumbió, como tantos otros, a la tentación totalitaria. En la serie de artículos «Cuba, primer estado bolchevique de América. Etapas de liquidación de una democracia», Novás recordaba que el castrismo no había ocultado demasiado sus intenciones; por televisión, Castro había dicho en 1960: «La democracia nunca ha funcionado en América Latina. Nuestro fin es la total dirección (por el estado). Democracia verdadera es aquella en que cada ciudadano tiene un fusil» (1961: 13). Pero casi nadie oiría esas denuncias de *Bohemia Libre*. En 1961, ¿quién iba a prestar atención a Lino Novás Calvo, si el mismísimo Jean-Paul Sartre elogiaba a la Revolución cubana como la más original del mundo?

Décadas después, la historia le ha dado la razón. No sólo en lo relativo a la naturaleza dictatorial del régimen de Castro, que el propio Sartre terminó reconociendo, sino en lo que tiene que ver con «los factores del país». Esa cuestión de la cubanidad que al filósofo francés le parecía una mera falacia burguesa resurge hoy como enigma, problema aún por resolver. En aquel ensayo de 1940, Novás señalaba que Cuba era «un país que ha sido despojado de todo, menos del dolor de ese despojo» (2008: 405), y que tocaba a la novela «recoger ese dolor, capitalizarlo». La frase parece tener hoy, consumada la Hecatombe, más actualidad que nunca. En las décadas transcurridas desde entonces, muchos de esos motivos, y otros que aparecieron después, han sido realizados en grandes novelas cubanas, pero hay aún cosas pendientes. ¿Dónde está, por ejemplo, la novela sobre la «guerra de los negros» de 1912?

Si bien a Novás la novela se le resistió –en una carta de 1939 contaba a su amigo José Antonio Portuondo que tenía en mente una novela cubana «de ahora», y otra «de antes de 1931», pero de todos sus esfuerzos sólo salieron retazos de obras abortadas–, él sigue siendo el maestro cubano de la novela por hacer.

Catedrales en el futuro

Muchos años después, el hijo del coronel Lezama Rodda recordaría aquella mañana del 30 de septiembre de 1930 en que siendo muy joven participó en una manifestación de estudiantes contra la dictadura del general Machado. En aquel ciclo de conferencias organizado por la FEU en 1959, Lezama Lima sostuvo, además, que Martí había sido «el preludio de la era poética entre nosotros, que ahora nuestro pueblo comienza a vivir, era inmensamente afirmativa, cenital, creadora» (1981: 94). Algunos años después, no frente al pelotón de fusilamiento pero sí en vista del inquietante recrudecimiento de ese orden de funcionarios y policías que nunca habían oído hablar de Dánae y poco del Nilo, Lezama precisaría: «Siempre he sido un escritor revolucionario porque mis valores son revolucionarios» (Bianchi Ross 2009: 93). Para fines de la década del sesenta, el escritor insistía en comprender la revolución de 1959 como una especie de cumplimiento de un destino nacional que él había oscuramente convocado en su obra; si aquel episodio de rebeldía universitaria había marcado «el comienzo de la infinita posibilidad histórica de lo cubano», haber participado en el mismo podía entenderse como otra evidencia del encuentro de lo histórico y lo poético, la historia y la leyenda. A la sombra de los héroes románticos de la Revolución del 30 –Mella, Villena, Pablo de la Torriente Brau–, Lezama sería aquel que recoge silenciosamente el legado de los fundadores, un vínculo secreto entre las dos revoluciones que jalonan la historia de Cuba en el siglo xx.

Mientras Lezama reivindicaba así su condición de vate nacional y «escritor revolucionario», en los años sesenta, tan distintos a aquellos «años de *Orígenes*» que siguieron al desenlace de la revolución antimachadista, la cuestión de la «literatura revolucionaria» adquiría básicamente dos interpretaciones contradictorias: una, formalista, asociada al vanguardismo, otra cercana al realismo socialista. Para la primera, la revolución constituía una *performance*, algo que se produce en la escritura; para la segunda, algo que existe fuera del texto y que el escritor debía representar con un método que no puede ser otro que el realismo. No deja de ser significativo que justamente un autotitulado «heredero» de Lezama, Severo Sarduy, haya sido anatematizado en varios de los escritos que en los setenta oficializaron esta idea de la «literatura revolucionaria». Lezama, con su estilo idiosincrásico y su oscuridad metafórica, desde luego quedará fuera de la polis socialista –de hecho, su respuesta a la encuesta de *Casa de las Américas* en 1969, uno de sus últimos escritos publicados en Cuba, representa un postrer esfuerzo por integrarse en una Revolución en la que ya el discurso de las eras imaginarias era tan disonante como el pistoletazo en el concierto de la conocida imagen de Stendhal.

Sin embargo, no debe pasarse por alto que en su centro la escritura de Lezama es extraña al tipo de revolución literaria frente a la cual la crítica cubana de los setenta (Portuondo, Retamar, Leante, Marinello) prescribió su ortodoxia realista-socialista. A pesar de la interpretación del propio Sarduy, el barroco de Lezama es esencialmente diverso al «Barroco de la Revolución», ese neobarroco subversivo que opone una ilimitada proliferación verbal a los lenguajes comunicativos de la costumbre y el poder burgués. El de Lezama es más bien un barroco «clásico», esencialmente contrarreformista. Más que de la revolución antiburguesa al modo barthesiano, su reivindicación del barroco hispánico –ese arte desmesurado que marcó la resistencia de la Monarquía Católica a la racionalidad protoilustrada de la Europa renacentista– porta el signo de la reacción «antimoderna», en tanto busca contrarrestar el nuevo protestantismo que, como el neotomista Jacques Maritain, Lezama descubre en gran parte de un arte contemporáneo marcado por el afán de dividir y carente de la alegría matinal de la catolicidad.

En su ensayo sobre Chesterton, escrito en 1946, después de burlarse de la imagen del hombre divulgada por el evolucionismo –«El hombre que en la catedral medioeval cantaba *el pan de los ángeles se ha vuelto vianda del viajero*, fue en un tiempo un animal arbóreo que los diestros profesores Huxley hacían subir o bajar de la capa de los árboles para darle más riqueza en los centros superiores del cerebro» (2010: 96)–, Lezama toma partido por el catolicismo participante de Chesterton, que buscaba «unir de nuevo el siglo xix con la tradición» (2010: 98). El positivismo del ochocientos, esa cultura materialista no representaba un progreso sino más bien un retroceso; retirada la Gracia, ¿qué queda sino un nuevo hombre de Cromagnon?

> Ese hombre del pre-historicismo –señala Lezama– tiene estrechas relaciones con el hombre libre a la prusiana. Porque la libertad sólo tiene sentido en Dios,

para Dios, en acto para el acto y en cuanto el hombre quiere actuar sin ser regido por el sentido en el tiempo, se desconoce el tejido sutil de la historia secreta, lo que podemos llamar el silencio que se realiza. (Lezama Lima 2010: 99)

Y esa libertad vacía del hombre emancipado de dios no se encuentra sólo en el individualismo protestante sino también en los gestos inútiles del decadentismo finisecular y en el fastidio de los poetas románticos, que habían perdido lo que Lezama llama «el encantamiento medioeval», esa salud que emanaba directamente de los misterios del cristianismo.

Sería difícil encontrar una perspectiva desde la que ver en este discurso «valores revolucionarios», como lo es hallarlos en la imagen de La Habana como ciudad que «conserva aún la medida del hombre» ofrecida por Lezama en sus artículos del *Diario de la Marina*. Cerca de Pound y de Claudel, escritores que combinaron un ideario conservador con una práctica literaria renovadora, Lezama se nos aparece como un «modernista reaccionario», ejemplar de una especie que, como el ornitorrinco en las taxonomías de los naturalistas europeos de la Ilustración, no tenía cabida en la clasificación binaria dominante en los años sesenta. Acaso, la originalidad de Lezama, o al menos buena parte de ella, radique justamente en esa exterioridad suya en relación a la dicotomía entre el realismo de inspiración socialista y el formalismo de estirpe vanguardista.

En una nota del citado ensayo sobre Chesterton, Lezama distingue entre «la sustancia de la unanimidad del católico» y la «simpatía universal de los estoicos» (2010: 100), para tomar partido por la primera sobre la segunda, que ciertamente alcanza una nueva formulación, trocado el pesimismo del mundo antiguo por el optimismo del mundo del progreso, en la Ilustración, esto es, el reconocimiento de la universalidad de lo propiamente humano, de una libertad que se realiza, en última instancia, no en Dios sino en el hombre mismo. Esta reafirmación de la catolicidad recuerda, desde luego, el famoso diálogo teológico entre Florita Squabs y la señora Augusta en el tercer capítulo de *Paradiso*. Allí la protestante opone destino y voluntad, lo cual al narrador le parece tan absurdo como Lutero reivindicando la rebeldía mientras dedicaba su principal obra a su señor. La católica replica que

> la voluntad también es misteriosa, cuando ya no vemos sus fines es cuando se hace para nosotros creadora y poética. Su *voluntad* –añadió subrayando– quiere escoger siempre entre el bien y el mal, y escoger solo merece hacerse visible cuando nos escogen. Si por voluntad aplicada al bien nos diesen monedas correspondientes,

la gloria –añadió sonriéndose– tendrá tan sólo esa alegría *cantabile* de la casa de la moneda. [...] El católico sabe que su acto tiene que atravesar un largo camino, y que resurgirá en forma que será para él mismo un deslumbramiento y un misterio. (Lezama Lima 2002: 39)

Aquí las palabras claves son «creadora» y «poética»; al oponer destino y voluntad el protestante pierde el misterio mismo; la predestinación termina, paradójicamente, sancionando una libertad sin límites, y lo que Lezama en su ensayo sobre Chesterton llama la «contradicción primera» cede paso al «paradójico modo», las paradojas propias de ese individualismo que caracteriza al «hombre ridículamente contemporáneo», aquel que se empeña en vivir en el siglo renunciando a la secularidad, a su herencia de veinte siglos de catolicismo siempre renovado. Es ese protestantismo de fondo el que subyace para Lezama al arte crepuscular del siglo xx. Si las paradojas de la libertad son, de Kafka a Camus, el gran tema de la literatura moderna, el autor de «San Juan de Patmos ante la Puerta Latina» prefiere desarrollar esas otras paradojas de la tradición cristiana, encarnadas en aquella frase de Tertuliano que le sirve para definir a la poesía, y a la vez, significativamente, a la Revolución. Estas no son ya paradojas –toda paradoja es pagana– sino Misterios, y el mayor de ellos es la poesía misma. En la encuesta de *Casa de las Américas* por el décimo aniversario del 1 de enero, Lezama afirmaba:

En vísperas de la Revolución yo escribía incesantemente sobre las infinitas posibilidades de la imagen en la historia. Entre las sorpresas que ofrece la poesía está la aterradora verificación del antiguo es cierto porque es imposible. Comprobaba por el mundo hipertélico –lo que va más allá de su finalidad– de la poesía, que la médula rige al cuerpo, como la intensidad se opone en lo histórico a lo extenso. En una palabra, cómo los países pequeños pueden tener historia, cómo la actuación de la imagen no depende de ninguna extensión. Inauditas sorpresas, rupturas de la casualidad, extraños recomienzos, ofrecía la imagen actuando en lo histórico. Y de pronto, se verifica el hecho de la Revolución. Nuestra historia se vuelve un sí, una inmensa afirmación, el *potens* nuestro comienza a actuar en la infinitud. (1968: 132)

A la luz de estas ideas sobre la encarnación histórica de la poesía, de ese «medievalismo» que en uno de sus últimos escritos Lezama reivindicaba como la raíz de Latinoamérica, podemos comprender mejor aquella frase suya, en la entrevista concedida a Reynaldo González:

la más firme tradición cubana es la tradición del porvenir. Es decir: pocos pueblos en la América se han decidido a entrar con tanta violencia y decisión, como un zumbido presagioso, en lo porvenirista. Pudiéramos decir que el cubano tiene sus catedrales y sus grandes mitos construidos en el porvenir. (Bianchi Ross 2013: 145)

¿No recuerdan estas palabras aquel extraño vaticinio de Yvan Goll, en los años cuarenta, según el cual «A lo largo de los cañaverales, en el fondo de las galerías de las minas de cobre, en las salinas, en las fábricas de tabaco, en las destilerías de ron, algunos saben que de la miseria actual surgirán castillos encantados, jardines niniveos, pueblos refinados ante los cuales palidecerán las glorias del antiguo Oriente» (1976: 68)?

El desarraigo de la «factoría», la pobreza de nuestro barroco colonial: conocemos los esfuerzos de Lezama por llenar ese vacío, sus extravagantes lecturas del *Espejo de paciencia*, su *Antología de la poesía cubana*, la extraordinaria labor documental que realizó en el Instituto de Literatura y Lingüística –allí donde, cien años antes, había tenido su sede la Sociedad Económica de Amigos del País. Una sólida tradición letrada la había, sí, en el siglo xix cubano, pero catedrales no. *Paradiso* sería esa catedral que los cubanos no habíamos tenido, supliendo la proliferación de palabras a la faltante piedra fundacional. La otra sería la Revolución.

En este punto crucial, de nuevo el cotejo con Sarduy arroja más diferencia que similitud. En «*Refugies cubains*» Sarduy insistía en la necesidad de preguntarse qué de nosotros «se hizo visible, palpable, con el brote de la revolución, lo que de nosotros mismos ocupó el poder o la escena» (2000: 63). La Revolución –«España inquisitorial y África tribal»– era en esencia «un regreso de lo reprimido» (2000: 66). Me parece que este planteamiento de Sarduy reproduce no poco de *El laberinto de la soledad*, donde Octavio Paz interpreta la revolución mexicana como el regreso de la cultura precolombina, de ese México ritual, sacrificial, reprimido durante tres siglos de colonia y uno de república. Pero en Cuba no hubo guerra florida ni barroco de Indias. ¿No es significativo que sea justo allí, y no en México ni en Perú, donde hayan surgido las teorías sobre el barroco más influyentes en América Latina? Se puede ver en ello una compensación: Carpentier, Lezama, Sarduy harían de palabras ese barroco que no hubo en piedra y oro, y no es azar que esas palabras hayan fructificado en esa otra zona del continente donde tampoco hubo cultura virreinal y todo lo grande, por así decir, comenzó como en Cuba en el siglo xix: el Río de la Plata, que a pesar de su nombre fue también tierra baldía sin Potosí y sin Dorado.

Ahora bien, ese barroco por defecto en Lezama alimentaba una visión no ya freudiana sino más bien claudeliana, colombina, de la cubanidad. Si para Sarduy esta es «una superposición de estratos, una acumulación de herencias turbias», para Lezama es «posibilidad, ensoñación, fiebre porvenirista» (Bianchi Ross 2013: 145). No un «trabado y nudoso enmadejado» de África inquisitorial y África tribal, sino otra cosa nueva donde esos orígenes históricos quedaban, de alguna manera, trascendidos. Más que de la tenebrosa España del Santo Oficio, esta cubanidad procede de la España visionaria, mesiánica, de Vasco de Quiroga y Hernando de Soto; la España del ramo de fuego en el mar, no la del requerimiento y la quema de los veinte amujerados de Cayo Puto. La Revolución no repetía fatalmente a la cultura cubana, sino que venía a cumplir algo que, aunque prefigurado en el *Diario* de Martí, aún no había alcanzado su lugar en la historia. No era repetición sino creación, poesía; cuando Fina García Marruz cuestionó a Sarduy en *La familia de Orígenes*, tachándolo de «criticista», no estaba siendo del todo infiel al espíritu y la letra de Lezama.

Fue justamente ese peculiar nacionalismo poético, forjado en el yermo del retraimiento de la marea revolucionaria de los años treinta, lo que llevó al Maestro a convertirse en un *fellow-traveler* de la Revolución de 1959[1]. Un nacionalismo que, a diferencia del nacionalismo de la *revista de avance*, esencialmente modernizador –en sus dos vertientes, la comunista (Villena, Marinello) y liberal (Mañach)–, estaba animado por la imaginación medieval de Lezama, su nostalgia de un estado trascedente, donde la poesía tomara cuerpo, forma tangible, en la historia. «Cuando el pueblo está habitado por una imagen viviente, el estado alcanza su figura, pues la plenitud del estado es la coincidencia de imagen y figura», dirá Lezama en «Triunfo de la Revolución Cubana» (2009: 190).

«Siendo tan católico, fue tan amante de su pueblo cuando llegaban las auroras de las revoluciones» (2010: 91), había escrito de Chesterton en 1946,

---

[1] Después de la Revolución de Octubre, el término «fellow traveler» (*poputchik*, en ruso) se usó para denominar a los escritores que simpatizaban con la revolución, pero no tomaban parte activa en ella o no estaban totalmente comprometidos con la ideología bolchevique. En *Literatura y revolución*, Trotski dedicó un capítulo a «The Literary "Fellow-Travelers" of the Revolution». «They do not grasp the revolution as a whole and the communist ideal is foreign to them» (2005: 62), apuntó, sosteniendo que estos escritores eran nacionalistas, burgueses, idealistas o conservadores, apelativos que habrían de convertirse en verdaderos anatemas en el período estalinista. De hecho, luego de que el realismo socialista se convirtiera en doctrina oficial en 1934, no hubo ya más «fellow travelers» soviéticos.

y lo mismo se le aplica, palabra por palabra. La idea de la poesía como *potens* y la de de Cuba como «posibilidad infinita» vienen a coincidir en Lezama, en tanto la Revolución será leída *sub specie poiesis*, y a la vez como cumplimiento de la nación, de un destino poético inscrito en el origen. El tema maestro del origenismo –la identidad última de lo cubano y la poesía– parecía alcanzar una confirmación histórica, mientras se consumaba aquello que había sido «figurado» –y habría que otorgarle a la palabra su sentido medieval– el 30 de septiembre de 1930, pero también en la muerte de Martí, y más allá, en el título del poema de Balboa y hasta en el *Diario* del Almirante.

Surgido del vacío posrevolucionario de «los años de *Orígenes*», de ese ensimismamiento emprendido por un grupo de jóvenes poetas lectores de Eduardo Mallea y de Leon Bloy, con afán de rescatar unas esencias cubanas extraviadas o corrompidas en el lodazal de la República, el nacionalismo poético lezamiano pudo encontrar confirmación en la Revolución cubana. Sí, los países pequeños podían tener historia, lo importante no era la extensión sino la intensidad, pero he aquí que, por extraña peripecia, la isla convertida súbitamente en centro del mundo, integrada en esa nueva catolicidad que en el siglo XX ha sido la Revolución, se volvía más insular que nunca, pesadillesca como «La isla en peso» de Piñera o los cayos infernales de ciertos cuentos de Novás Calvo, justo aquella intemperie a la que Lezama y sus cofrades de *Orígenes* habían opuesto tradicionalmente el interior de la quinta criolla y la amabilidad de los vitrales que tamizaban los rayos del sol tropical.

Así lo reconocía, en privado, el propio Lezama, como evidencia una anécdota relatada por Jorge Edwards en el prólogo a *Persona non grata*:

> «Y usted», dijo, «¿se ha dado cuenta de lo que pasa aquí?»
> «Sí, Lezama», le contesté.
> «¿Pero se ha dado cuenta», insistió, «de que nos morimos de hambre?»
> «¡Sí, Lezama! ¡Me he dado cuenta!». Como sucedía siempre en esas reuniones, la comida, la bebida, los tabacos, habían sido conseguidos gracias a mis prerrogativas diplomáticas, detalle que el poder calificaría como una provocación intolerable».
> «Es de esperar que ustedes, en Chile, sean más prudentes», dijo el poeta.
> «Es de esperar», dije. (1982: 5)

Este diálogo se producía a comienzos de 1971, una década después de la declaración del carácter socialista de la Revolución. Esta recomendada prudencia, contemporánea de la nostalgia por los tiempos republicanos que encontramos en algunos pasajes de la correspondencia de Lezama[2], viene siendo una revancha del majá sobre la sierpe, de la prosa sobre la poesía, de la realidad sobre la imaginación visionaria, y anuncia ya esa quiebra del sistema poético lezamiano que sentimos en algunos de los poemas de *Fragmentos a su imán*, donde la pobreza no resulta ya más irradiante.

Es esta escritura en crisis, una escritura crítica donde el discurso de la resurrección poética parece tambalearse, la que podría reivindicarse en momentos en que el legado del autor de *Paradiso* se encuentra en disputa. Para la oficialidad queda el nacionalismo poético, la casa-museo y la cena lezamiana al alcance exclusivo de los nuevos ricos[3]. Para la literatura viva, un Lezama que se aparta del camino real del origenismo para discurrir por trillos manigueros que no conducen en modo alguno a «las cúpulas de los nuevos actos nacientes». Si Lezama afirmaba no tener biografía, ese Lezama del futuro no tiene rostro propio ni residencia fija.

---

[2] Carta a María Zambrano, 23 de mayo de 1976: «Qué linda su evocación del nacimiento del alba en La Habana, cuando la luz comienza a separarse de la noche con una gran semejanza con el color de los moluscos. Sus evocaciones de La Habana, tan viva en Ud. me llevan como *a un tiempo sin tiempo, que fue tal vez el mejor de todos nosotros*, en alegría, en virtudes nacientes y en el llamado que nos llevaba a cumplimentar casi, como sin sentirlo, como una misión que se cumple de la manera más sumergida y misteriosa, pero la reminiscencia vuelve con sus laberintos indescifrables al principio y que después se nos regala como una fruta que en la noche impenetrable cae en nuestras manos» (2006: 232; énfasis mío).

[3] En el programa de «Con dos que se quieran», muy revelador de esta última etapa del «deshielo» poscomunista, el presentador, Amaury Pérez Vidal, recuerda que se filma en los «legendarios estudios del ICAIC, cerca de Prado y Trocadero, el barrio de Lezama», y al final pide invariablemente a los invitados que hablen de «Cuba».

Arenas y Sarduy, facetas de la página en blanco

Más o menos contemporáneos, ambos de provincia, homosexuales, narradores experimentales: Severo Sarduy y Reinaldo Arenas tenían no poco en común. De los muchos escritores cubanos satirizados en *El color del verano* Sarduy es, sin embargo, uno de los que peor parados salen. «¿Sabrá Zebro que él sobra lo mismo si escribe *Kobra* o quema todas sus obras, volutas de falsos sevres?» (Arenas 1991: 63), reza uno de los malignos trabalenguas de Arenas. La novela lo retrata, además, como una «mulata rumbera y anciana, nacida en el Camaguey durante la época de Agramonte y mantenida en París por una momia» (1991: 207), que al llegar a esa ciudad se las arregla con sus malas artes para desplazar a la mismísima Condesa de Merlin de los salones literarios. En una de las cartas intercaladas, la propia María de las Mercedes, *alter ego* del autor, lamenta todo el «daño» que le ha hecho «ese maricón raza negra y cuna pordiosera», «ser satánico» nacido en las «planicies camagüeyanas» (1991: 257).

Arenas, evidentemente, se identificaba con esa posición de víctima; en *Antes que anochezca*, él acusa directamente a Sarduy de sabotear la publicación de su obra. Cuando, tras salir de Cuba, intentaba desesperadamente recuperar el manuscrito de *Otra vez el mar* que en los setenta había hecho llegar a Sarduy, por entonces asesor literario de las Editions du Seuil, este habría negado tenerlo en su poder; habría sido sólo gracias a Jorge y Margarita Camacho, quienes habían conservado otra copia, que Arenas no tuvo que reescribir la obra por tercera vez. Ello, sin embargo, no fue óbice para que hasta fines de 1987 las relaciones entre ambos escritores fueran excelentes, como evidencian las cartas cruzadas que se encuentran en la papelería de Arenas en la Biblioteca Firestone de la Universidad de Princeton, así como otra carta publicada en *Necesidad de libertad*, fechada en abril de 1983 y firmada justamente por la Condesa de Merlin. Fue la salida de la edición francesa de *Otra vez el mar* lo que provocó la ruptura, convirtiendo a la «adorada Chelo» en Zebro Sardoya, el cómplice choteo en vengativa saña. En una carta escrita en noviembre de 1987 Arenas insinúa que su editor le tiene envidia, y lo acusa de plagiar a Lezama[1]. Se queja de errores en la traducción, de la falta de ilustración en la carátula del libro, del reducido tamaño de la letra, de ciertas imprecisiones en la nota de contraportada.

Aun cuando, como en lo relativo a esto último, pudiera haber alguna razón en las recriminaciones de Arenas, es obvio que su intempestiva reacción contiene mucha injusticia. Si hubiera que buscarle un origen, más allá de la idiosincrasia de Arenas, sería acaso la paranoia propiciada por la difícil coyuntura en que tuvo que desarrollar su obra, la experiencia de quien, perseguido y encarcelado en Cuba, se vio en el exilio marginado por la izquierda a causa de un discurso anticastrista que, por cierto, Sarduy nunca compartió públicamente. Incluso cuando fue objeto de durísimas críticas por parte de intelectuales oficialistas como Fernández Retamar, Ambrosio Fornet y César Leante, el autor de *De dónde son los cantantes* no replicó de forma inmediata y contundente. Su distanciamiento de la cuestión cubana contrasta con el furibundo anticastrismo de Arenas, esa intransigencia que provocó la polémica con Ángel Rama, aumentando «la cortina de silencio» de la izquierda latinoamericana en torno a él.

Arenas, acaso, comparaba la cómoda vida de Sarduy en Francia con ese rosario suyo de privaciones y dificultades que no acabaron con la salida de Cuba. En su carta de noviembre de 1987 apelaba a la ironía: ¿cómo podía él, nacido en las afueras de Cacocún, hacerle sombra a alguien como Sarduy? El tono es el de quien percibe su circunstancia desventajosa, pero a la vez se sabe un talento superior. En el escarnio al que somete la obra del otro –tu obra es grande, como Mahoma, Cristo, o Tomasito la Goyesca–, va la certeza de la mayor trascendencia de la suya. En un ensayo sobre «La cultura popular en la actual narrativa latinoamericana» fechado en marzo de 1981, Arenas había señalado a Sarduy, junto a Cabrera Infante, como «uno de los escritores más importantes de la narrativa contemporánea», pero su referencia a esos «lujosos y a veces congelados arabescos barrocos» (2001b: 156) dejaba ya entrever una cierta reserva. En otro ensayo, «Una cultura de la resistencia», escrito sólo unos meses más tarde, afirmaba que a lo largo de la tradición cubana «sus mejores autores, sus mejores artistas han hecho sus obras en el desamparado exilio o

---

[1] Esta carta es reproducida íntegramente por Rubén Gallo en su artículo «Reinaldo Arenas and Severo Sarduy: Notes Towards a History of a Friendship Gone Awry». Gallo traduce la carta al inglés, pero no ofrece el original en español.

en el acoso desesperado, tanto en este siglo como en el pasado» (2001b: 35). Y ahí Arenas se incluía, evidentemente, pero no a Sarduy, que no había sufrido ninguna de esas dos circunstancias.

Esta diversidad de contexto ofrece, acaso, una clave importante para ponderar la diferencia entre ambos autores, una diferencia que hasta cierto punto acaba imponiéndose a todo lo que compartían. Sarduy, seis años mayor que Arenas, había entrado en la «corriente literaria» en los años cincuenta, con la revista *Ciclón*. En 1959, cuando Arenas viaja por primera vez a La Habana como parte del millón de campesinos invitados a la celebración del 26 de julio, el camagüeyano era uno de los colaboradores del periódico *Revolución*; como casi todos los escritores de su generación, es un ferviente castrista; firma manifiestos de compromiso intelectual, escribe alguna que otra décima a favor de los fusilamientos. Cuando Arenas regresa a la capital dos años después, becado por el gobierno revolucionario, ya Sarduy se ha ido a París, de donde nunca regresará. Es entonces que Arenas «entra en la corriente»; la revolución será para él, como para miles de cubanos pobres, la apertura de inauditas posibilidades, esperanza al cabo desmentida de la manera más rotunda. En unos años, pasará de escritor premiado a proscrito, de joven promesa a peligroso delincuente. Aquella afirmación de un personaje de Miguel de Marcos –«La historia de la humanidad, en todos los tiempos, está hecha con esa pasta trágica y risueña: con huidas, con fugas, con evasiones, como si el destino del hombre fuera el de llevar pegado un esbirro a sus talones» (1976: 378)–, le viene a medida; de esa pasta está hecha la novela, mejor la tragicomedia, de la vida de Arenas, así como su literatura, con la que casi se confunde.

Mientras tanto, Sarduy compone su obra en lo que, en aquellos tiempos de guerra fría, se llamaba, con razón, «el mundo libre». Ese mundo conformado, en palabras de Arenas, por «los países democráticos, a pesar de sus defectos, donde no hay campos de concentración, ni archipiélagos Gulag, ni hospitales para los demasiado lúcidos» (2001b: 313). Atrás han quedado los tiempos en que *Las flores del mal* y *Madame Bovary* provocaron escándalos, en que Oscar Wilde fue condenado por ofensa a la moral y las buenas costumbres; las clásicas perversiones son hoy más o menos aceptadas por la sociedad burguesa, lo único que sigue siendo transgresor es la escritura, entendida como actividad absolutamente autónoma, intransitiva: escribir algo, no *sobre* algo; más aun, escribir, no escribir *algo*. En este sentido radicalísimo, el texto es el último oasis, la única posibilidad de transgredir lo que Sarduy, siguiendo de cerca a Barthes, llama «la economía burguesa de lo humano». Es contra ese orden, en oposición a aquellos que, dicho con las palabras de Cortázar en el primer capítulo de *Rayuela*, «aprietan desde abajo el tubo del dentífrico», que Sarduy preconiza un «barroco de la revolución».

El contexto de Arenas es, en cambio, la Revolución misma, la revolución en el poder; en vez de esa sociedad tardoburguesa, el régimen castrista, mucho más puritano y represivo. El erotismo, en particular el homoerotismo, aparecen entonces celebrados como reductos de resistencia al orden comunista. La pintura que de la dictadura cubana ofrece Arenas recuerda, en más de un sentido, a *1984*, donde el cuerpo y sus pulsiones se oponen a la frialdad mecánica de la sociedad totalitaria. En el mundo orwelliano, la memoria de las cosas desaparecidas tiene también un efecto desestabilizador, y en consecuencia ha sido abolida por decreto. Otro tanto en Arenas: recordemos aquella escena memorable de *Otra vez el mar*, cuando en una interminable cola una anciana «menciona a voz tronante miles de productos que desde hacía muchos años habíamos olvidado su existencia» (2002: 105), mínimo gesto que desencadena la gran revuelta.

En estos pasajes apocalípticos, donde ya aparecen los «susurradores» y los «contrasusurradores», está la semilla de *El asalto*, penúltima entrega de la pentagonía. En esta obra, que el propio Arenas definió como «suerte de árida fábula sobre el destino del género humano cuando el estado se impone por encima de sus sueños o proyectos», el Reprimerísimo sentencia: «La memoria es diversionista y pena exige» (1991: 20); el solo recuerdo de una guagua se paga con la vida. De ese mundo perfecto se ha abolido también la noche, y desde luego la enfermedad: «¿cómo no pensar también que aún el enfermo enfermo es un traidor pues se ha dejado socavar por la enfermedad habitando sin embargo la sociedad más pura y sana de todas cuantas han existido y existirán?» (1991: 39). *El asalto* viene siendo la contribución cubana a esa serie de distopías del siglo donde destacan obras como *Nosotros*, de Zamiatin y *1984*, de Orwell. Como los habitantes del Único Estado pintado por el escritor ruso, los de la Reprimería habitan en casas de cristal, de manera que todos sus movimientos son vigilados por el estado. Como en la novela de Zamiatin, este regula incluso las relaciones sexuales.

Ese estado persecutor es central en la obra de Arenas. No sólo determina, por oposición, la riesgosa, accidentada escritura de unas obras siempre en peligro, varias de las cuales tuvieron que ser reescritas luego de caer en manos de la Seguridad del Estado, sino que aparece una y otra vez, anecdóticamente, en las propias novelas, como experiencia central de una «pobre generación» sometida a las parametraciones de los años setenta. Así la define Arenas en *Otra vez el mar*: «Llegas, / cuando ya no hay teatro, ni concierto, ni hojas en blanco. / Llegas, / cuando lo único que se supera constantemente son los métodos del estupor» (2002: 281). Nadie como él mostró, hasta la risa y el espanto, no sólo la dimensión policíaca del estado cubano, sino también la miseria material que traía aparejada: lo que pueden valer unos refrescos dispensados, un rollo de papel higiénico o unas patas de rana.

Cortázar y Sarduy se equivocaban; los burgueses no son «los que aprietan desde abajo el tubo del dentífrico»; ellos no lo necesitan, y no se toman por tanto el trabajo de hacerlo; es *acá* donde hay que apretar bien el tubo, e incluso abrirlo con una tijera para aprovechar hasta la última gota de pasta. El «desperdicio», la «superabundancia», para usar los términos de Sarduy, que son los de Bataille, no son antípodas de la sociedad burguesa sino de la sociedad socialista, donde reina la escasez, esa perpetua necesidad que vuelve preciosos los fungibles más elementales. En el caso de un escritor, una simple hoja en blanco. «Yo soñaba con resmas de papeles blancos en los cuales yo podía escribir una novela», es uno de los «sueños imposibles» del protagonista de *El color del verano*. Y no por gusto *El central* está dedicado «a mi querido R., que me regaló 87 hojas en blanco». Que se dé el número exacto es significativo: las cuartillas han sido contadas como pepitas de oro.

Conseguir la hoja en blanco era un problema; una vez que se sentaba frente a ella, Arenas escribía con una facilidad extraordinaria, con algo que no puede llamarse más que inspiración. En uno de sus mejores relatos, «Termina el desfile», leemos: «Me siento, desesperado, feliz, a su lado, frente a ella, paso las manos por su teclado, y, rápidamente, todo se pone en marcha. El ta ta, el tintineo, la música comienza, poco a poco, ya más rápido, a toda velocidad. Piedras, árboles, calles, catedrales, rostros y playas [...] todo acude, todo llega, todos vienen» (2006: 169). Todo, todo, todos: esta sobreabundancia es el reverso de la doble adversidad de la circunstancia del escritor, ese entorno opresivo donde la miseria material y la persecución ideológica van de la mano: «Cientos de hojas robadas al sueño, al terror, al descanso, al miedo, disputadas a puño limpio al calor, al estruendo de la calle» (2006: 171[2]).

---

[2] En su entrevista con Miguel Barnet, decía Arenas: «Me siento a escribir en una silla incomodísima que le falta el espaldar. Escribo utilizando una máquina vieja con cinta gastada, y empleando papeles de cartucho. Escribo además con faltas de ortografía imperdonables, que luego yo mismo corrijo. Escribo en un cuarto sin aire acondicionado y sin muchas ventanas» (Barnet 1967: 21).

En las antípodas, para Sarduy el problema no es conseguir el papel, no es una cuestión material, sino metafísica: la mallarmeana página en blanco. «Sobre ese blanco, sobre esa espuma fractal siempre presta a deshacerse, a desaparecer, mar en el mar, hay que ir, va la frase, en equilibrio, rápida, muy rápida, lo cual implica una lentitud extrema en su ejecución: media página por día, si el día es bueno; seis años por libro» (Sarduy 2000: 231). El extremado formalismo de las novelas de Sarduy, la lentitud con que las iba componiendo, dan fe de ese combate hercúleo contra el vacío de la página, blanco que remite a la nieve, a la cocaína, a la iluminación de los budistas. «La página sintetiza la historia explosiva del universo», señala el escritor a propósito de su poemario *Big Bang*; la página es, para Sarduy, universo en expansión, donde entran los «signos en rotación». Pero ese movimiento parecería entrañar una cierta detención, la fijeza de una escritura que tiende a lo parnasiano, esa frialdad del esteticismo a que Arenas seguramente se refería cuando hablaba de los «congelados arabescos barrocos» de Sarduy.

En este sentido, el contraste entre Arenas y Sarduy recuerda en algo a aquel otro que en la literatura francesa se da entre Balzac y Flaubert. La obra de Arenas es pura *energeia*, un proceso que ofrece, al cabo, la imagen de una plenitud. En Sarduy, como en Flaubert, se percibe la sombra de la esterilidad, predomina la determinación del orfebre. En Arenas, como en Balzac, los personajes van de un lado y otro, se crean ciclos: la «pentagonía» refleja no sólo la agonía de la constante persecución, sino también ese afán orgánico de un autor que, siempre acosado por el estado, se resiste a morir, renaciendo una y otra vez en diversos personajes. Sarduy, en cambio, encarna mejor que nadie en la literatura cubana ese límite de la escritura moderna que Barthes llamó «la muerte del autor». En él, cada libro es un todo cerrado, y los personajes no pueden moverse de uno a otro porque en rigor no hay personajes –Auxilio y Socorro reaparecen en *Pájaros de la playa*, pero esta última novela es una excepción.

Algo de estas diferencias captaba el propio Sarduy en un ensayo escrito algunos años antes de la ruptura de 1987, donde situaba a Arenas en relación con los otros grandes narradores cubanos: Lezama, Carpentier, Cabrera Infante y, significativamente, él mismo. La obra de Arenas es, en palabras de Sarduy, una «larga frase ininterrumpida que forman todos sus libros», y lo que ella ofrece es

una escucha fuerte, un trabajo de oído, y aun más, un habla específica, precisa: la del interior rural de la isla, la palabra de tierra adentro, un *deje*, un acento particular, como una voluptuosidad o un descuido en el manejo riguroso de la fonética estricta del español. Arenas nos invita –como los poetas románticos de la isla– a un disfrute sonoro, a una reconstitución oral. (Sarduy 2000: 194)

En cambio, la suya propia, a quien Sarduy obviamente se refiere aun cuando no la identifica, es una «metamorfosis continua, *un simulacro generalizado* donde todo es *trompel'oeil*».

He aquí, acaso, una curiosa paradoja: esa metamorfosis continua, la fuga de toda identidad, de toda fijeza, se produce en una celebración enfática de la escritura, que en Sarduy se aproxima al caligrama, a la pintura. Un simulacro es necesariamente visual: en Sarduy las palabras parecen dispuestas para ser vistas, admiradas como joyas resplandecientes. Arenas, en cambio, sería, como lo percibe Sarduy, eminentemente oral: el estruendo arrollador de unas voces primigenias; esa música viva –*allegro molto*– con la que compara el acto de escritura el protagonista de «Termina el desfile». Y tal oralidad, en Arenas, está asociada a una cierta noción de origen que la literatura ayudaría a recobrar. Pues «en un principio hubo un árbol, y un pozo, y una mañana» (2001b: 91), y el gran libro será aquel que «nos recupera ese árbol perdido de la infancia, la voz de la familia perdida en la niebla de la infancia, la música que forman las palabras y que nos recuerda otra música que ya creíamos irrecuperable» (2001b: 125).

La literatura es en gran medida para Arenas, como en aquella célebre frase de Bataille, la infancia recuperada. En vano se buscará en Sarduy este afán romántico; él es, desde todo punto de vista, más moderno; Arenas más inculto, más primitivo, más ingenuo. Recordemos la diferencia entre lo barroco y lo neobarroco, tal como la explica el propio Sarduy en su conocido ensayo de 1973: en el barroco clásico, el de la Monarquía Católica, la profusión formal remite, en última instancia, a ese centro que es Dios y el Rey; el neobarroco corresponde, en cambio, a un momento histórico donde tal fundamento trascendente se ha perdido. Mundo de la metamorfosis, el de Sarduy, más que propiamente barroco, se diría idealmente pagano; se han retirado los misterios cristianos que dan «realidad» al mundo; desencarnado, este se compone de sombras chinescas, formas que van transformándose incesantemente. No hay en él Padre ni Hijo, tampoco existe la maternidad. En Sarduy ha desaparecido, en cierto sentido, la humanidad misma de los personajes –aquí *Pájaros de la playa*, y en parte *Cocuyo*, es, de nuevo, la excepción. A fuerza de seguir aquel consejo de La Matrona del Teatro Lírico de Muñecas –«sean brechtianos»–, es imposible identificarse con Auxilio y Socorro. Cobra tiene los pies grandes, como la Flora de Piñera, pero le falta la verosimilitud de esta; la humilde planchadora nos conmueve; el esfuerzo infructuoso del travestí por reducirse los pies provoca risa.

A pesar de que ya en su entrevista con Miguel Barnet en *La gaceta de Cuba* a raíz de la publicación de *Celestino antes del alba* Arenas dejó bien clara su desafección a la novela realista –«lo más rigurosamente autobiográfico en esta novela es el estilo, enmarcado bajo una esquizofrenia incontrolable que me impedirá siempre escribir una novela "normal"» (Barnet 1967: 21)– y su reivindicación de las «formidables conquistas formales» de la narrativa de vanguardia, hay en su obra, en comparación al formalismo de Sarduy, un cierto realismo. Alucinante, delirante o como se quiera, pero realismo al fin: los personajes son personas, tienen familia, aunque esta a menudo sea un infierno, una figura de ese otro infierno mayor que es el régimen: la farsa del matrimonio de *Otra vez el mar*, que refleja la gigantesca estafa del régimen revolucionario; la madre autoritaria, castradora, arquetipo del tirano.

Es esta contaminación del romance familiar con la pesadilla política lo que distingue, por cierto, a *El asalto* en la serie de distopías anticomunistas. El de Arenas no es, como los protagonistas de las novelas de Orwell y de Zamiatin, un disidente; no es un héroe problemático que se rebela contra el poder absoluto del estado en nombre de la libertad o de la humanidad, sino más bien lo contrario; eficaz agente de la «contrasusurración», persigue diligente cualquier atisbo de disidencia, con el propósito de ganar el favor del Partido y conseguir su único objetivo, que no es otro que dar con el paradero de su madre y así conseguir matarla. Todo para descubrir con estupor, en la escena final, cuando va a ser condecorado en presencia del Reprimerísimo, que Él es su madre. Entonces, en un acto incestuoso a la vez que homicida, la penetra, destruyéndola, lo cual da inicio a la rebelión del pueblo reunido para escuchar el discurso. El ejemplar colaborador deviene así gran rebelde, y aquí de nuevo Arenas se distancia de Zamiatin y Orwell con un inquietante final feliz, que a pesar de todo trasmina una cierta fe en el destino del género humano.

Podría contrastarse este final con el de *Colibrí*, donde el protagonista, tras ser perseguido por La Regente, regresa para suplantarla, repitiendo el ciclo interminable del poder y el deseo. O contrastar las dos maneras en que estas novelas se alejan del realismo convencional: en *El asalto*, los hombres se han convertido en seres mitad animales –en vez de manos tienen «garfas»– mitad máquinas –la madre, en el momento de morir, suelta tuercas–; Arenas intenta captar por reducción al absurdo la realidad del totalitarismo comunista, un mundo donde la naturaleza se ha perdido inexorablemente. En el mundo de Sarduy no cabe ese tipo de pesadilla; al realismo lo que se opone es, en la mejor tradición del decadentismo modernista, el Arte; así, aunque la novela se inscribe, como señaló el propio Sarduy, en la serie de novelas regionalistas de la selva, la naturaleza que presenta es absolutamente «artizada»; como bañada por una luz de neón, la jungla por la que huye Colibrí tiene la perturbadora irrealidad de ciertos cuadros del aduanero Rousseau.

Pero es en otro lugar donde, en mi opinión, se hace mejor manifiesta la esencial diferencia entre Arenas y Sarduy. Como han explicado muy bien en sus monografías Roberto González Echevarría y Adriana Méndez Ródenas, conceptualmente el marco de la obra extraordinariamente experimental de Sarduy es, por un lado, la crítica del humanismo burgués acometida por los teóricos del *nouveau roman*, con su rechazo del sentido trágico de ese humanismo que acompaña al concepto del «yo», y por el otro el post-estructuralismo; un espacio donde la noción de humanismo ha sido negada, deconstruida, definitivamente asociada a la ideología burguesa. Arenas, en cambio, parece situarse en un debate anterior, el debate sobre la naturaleza humana que recorre buena parte de la literatura disidente del comunismo. Ya en *El mundo alucinante*, hacia el final, el tema aparece cuando Fray Servando medita sobre la disparidad entre las limitaciones humanas y el sueño de la revolución total. En las obras posteriores, la polémica con la ortodoxia comunista es más explícita. El discurso oficial sostiene que el hombre es bueno; el protagonista de *Otra vez el mar* replica en sus impublicables escritos: «El hombre es un engendro deplorable» (2002: 233), «el hombre es de todas las calamidades la más lamentable» (2002: 234).

Variantes del mismo tema se encuentran en otras obras de Arenas, como *El color del verano* y «Adiós a mamá». A propósito de este último relato, la crítica ha llamado la atención sobre el hecho de que mientras todas las hijas, incapaces de liberarse de la tiranía materna, se suicidan, el hijo huye, convirtiéndose en un traidor, y a la vez en un ser liberado, feliz. Pero también vale destacar el discurso triunfal de las moscas, las cucarachas y los ratones que pululan en torno al cadáver de la madre. Las alimañas afirman: «el futuro siempre será nuestro. Siendo lo oscuro, lo sórdido, lo sinuoso nuestra morada predilecta, quién podrá expulsarnos del universo si, precisamente, está hecho a nuestra medida» (2006a: 221). ¿No hay aquí una refutación, otra más, del discurso oficial comunista, según el cual el futuro pertenece por entero al hombre nuevo, y el universo ha de ser rehecho a la medida humana?

Arenas da, aun, otra vuelta de tuerca a este tema en una de sus obras más originales, la novela breve *El portero*. Allí, uno de los variopintos personajes que habitan el edificio neoyorquino es el señor Skirius; este, convencido de la torpeza de los órganos humanos, se ha propuesto suplantarlos por perfectas réplicas mecánicas, cosa que pone a prueba en su propio cuerpo. Skirius, tras animar al portero a cortarse un brazo para sustituirlo por uno mecánico que no sólo no experimentaría dolor sino que le permitiría trabajar mucho más rápido, arenga:

> –En realidad somos burdos animales condenados a la putrefacción –y aquí, al llevarse una mano a un artefacto electrónico colocado en el pecho y que comunicaba con las cuerdas vocales, su voz se hizo trágica, casi desesperada. –Estamos aún remotamente lejos de la absoluta perfección –agregó, y manipulando otro mecanismo, este cercano al cuello, su timbre de voz logró una serenidad absoluta –pero algún día todas esas deficiencias serán superadas, pues, ¿por qué, por ejemplo, tener que servirnos de instrumentos ajenos cuando nosotros mismos podríamos ser esos instrumentos? –y aquí, a una ligera manipulación de la caja de controles de la sensibilidad, la voz del señor Skirius adquirió un tono optimista –¡No! ¿Por qué tener que meternos en una peligrosísima caja para volar cuando podríamos volar, saltar, nadar a velocidades mucho mayores que cualquiera de esos aparatos? (Arenas 1990: 43)

Este discurso coincide sorprendentemente con las reflexiones de Trotski al final de *Literatura y revolución*; esas páginas donde la utopía del hombre nuevo se cruza con la fantasía de la conquista total de la naturaleza. Hay aquí una restitución de lo animado a la técnica que apunta al meollo de esa utopía cuyas dos caras son el hombre nuevo y el desarrollo tecnológico. Acabar con la imperfección de la humanidad, superando esa parte animal, natural, que arrastra al ser humano a la tierra, es, más aun que la igualdad social, el gran sueño del comunismo. El límite último no es la diferencia de clases sino la mortalidad, y sólo se lo puede superar por el camino de la ciencia y la técnica, como si alejándose de la naturaleza se lograra recobrar, dialécticamente, ese reino de salud y armonía anterior a la caída. La divinización comunista de la humanidad equivale, entonces, a la superación de la dicotomía de lo orgánico y lo mecánico. Así como la fábrica se convierte en un «ser viviente[3]», el hombre

---

[3] «Cuando quieres imaginarte el aspecto de la fábrica, pasado ya el septenio, te sorprendes a ti mismo pensando en ella como en un ser viviente; un ser que cambia, crece y se desarrolla.

adquiere algo de la dureza del acero. El hombre nuevo no puede ser sólo piel y huesos, carne de enfermedad y de muerte; tiene que ser un superhombre.

Pero he aquí que Skirius, en uno de sus intentos, se electrocuta, lo cual se deja leer como una alegoría del fracaso de esa fantasía de renovación tecnológica que el extravagante vecino del edificio de Manhattan comparte con los visionarios bolcheviques. *El portero* es una de las últimas obras de Arenas; junto con *El mundo alucinante* y *La loma del Ángel*, es de las novelas que no forman parte de la pentagonía. En las dos últimas entregas de este ciclo Arenas, el furioso, extrema su estilo, lo lleva al límite: la sátira en *El color del verano*, la distopía futurista en *El asalto*. En Sarduy, en cambio, se produce un cierto desvío; después de sucesivas novelas que, de *De donde son los cantantes* hasta *Colibrí*, tocan más o menos la misma cuerda, *Cocuyo* y *Pájaros de la playa* vienen a constituir una solución de continuidad.

En *Cocuyo* el protagonista, huido de hogar y familia, peregrina por una Cuba donde conviven extrañamente la colonia (hay indios, esclavos), la república (el machadato, las casonas degradadas en cuarterías) y la revolución (expertos soviéticos). No hay en ello nada nuevo; esa superposición de estratos históricos, con todo el extrañamiento que comporta, estaba ya en *De donde son los cantantes*. Pero lo que sí parece una novedad de esta novela es cómo Sarduy se acerca, significativamente, al Arenas moralista, crítico de la naturaleza humana. Al final de ese periplo donde ha sentido, incesante, el «trabajo de la carencia» (2002: 73), Cocuyo experimenta una especie de toma de conciencia, como aquellas tan comunes en ciertos personajes de Carpentier: «El género humano le pareció entonces [...] como una deyección irrecuperable, como un resto» (2002: 179). Él, que había querido «des-existir, ser otro» (2002: 53), descubre la persistencia de esa naturaleza humana hecha de doblez, trampa y mezquindad. «El hombre es la mierda del universo» (2002: 205), se dice Cocuyo a sí mismo, y eso bien lo pudo haber escrito el protagonista de *Otra vez el mar*.

En *Pájaros de la playa*, el crítico acérrimo del realismo se reconcilia con la narrativa más convencional. Más o menos como *Fragmentos a su imán*, donde el hermetismo daba paso a una manera algo más conversacional, lo fue del

---

Incluso si se trata sólo de las articulaciones rechinantes, o las ventanillas luminosas, silenciosamente pestañeantes, de los relés de arranque o la cinta transportadora automóvil, no los concebimos sin alma. Toda esa acumulación de metal fabril, todo este frenético remolino eléctrico que acciona mundos automáticos, toda esta "segunda naturaleza", que con tanto acierto denominó así el gran escritor Máximo Gorki, está impregnada hasta los huesos del gozo de la creación» (Pisarzhevski 1962: 45).

sistema poético lezamiano, *Pájaros de la playa* refleja una cierta crisis del sistema sarduyano. Hacia el final, el edificio neobarroco, como el barroco del maestro, se tambalea por el zarpazo de una realidad –la enfermedad, el ostracismo– que amenaza con desmentir la autonomía de las palabras, opacar al arte con su peso de necesidad y horror. La obra de Sarduy termina con ese quiebre de *Pájaros de la playa*; donde en cierto sentido el mundo bizantino, algo opresivo de las novelas anteriores se simplifica y se abre.

Conmovedor, el diario del cosmólogo da cuenta de los estragos de una enfermedad que revela, implacable, la verdad desnuda, intrascendible, del cuerpo, física contra la que ningún budismo o revelación podría hacer ya nada –al final no *acudirían alas*. A Arenas, en cambio, la terrible enfermedad lo impulsó a acometer con ahínco el cierre de su obra: el escrito que aparece en las notas de contraportada de las primeras ediciones de *El color del verano* y *El asalto* da fe de ese propósito cumplido: «Aunque el poeta perezca, el testimonio de la escritura que deja es testimonio de su triunfo ante la represión y el crimen». La autobiografía, escrita contra reloj, fue lógico colofón, y es significativo que, en franco contraste con *Pájaros de la playa*, apenas haya referencias al sida en ese libro póstumo.

Genio y figura hasta la sepultura: en su último escrito, la carta de despedida enviada al director del *Diario de las Américas*, Arenas hace único responsable de todo –incluso de su enfermedad, contraída en el exilio– a Fidel Castro; se impone la furia a toda nostalgia. Sarduy, en cambio, recobra en *Pájaros de la playa*, posiblemente la mejor novela cubana de los años noventa, una Cuba anterior, prerrevolucionaria, o más bien ahistórica, intemporal, eterna: la de la música popular. En la extravagante fiesta que ha preparado para recibir al arquitecto, Sonia, que aún no es Siempreviva porque no ha ocurrido el fatal accidente que la abocará a la locura, escucha cantar a Bola de Nieve. Tras la magistral interpretación de «Drume negrita», Sonia confiesa estar segura de que nunca olvidará esa canción de cuna, «aunque pase mucho tiempo, aunque nunca tenga a quien cantársela» (1993: 87).

Lydia Cabrera o la felicidad

Se ha señalado que en Cuba no hay tradición de escritores de derecha o conservadores, sólo alguna que otra excepción como el injustamente olvidado Alberto Lamar Schweyer. Pienso, por mi parte, que el escritor cubano más propiamente contrarrevolucionario es Lydia Cabrera. Aunque más conocida, la autora de *El monte* está, por cierto, mucho más al margen de cualquier grupo o tradición intelectual cubana que el propio Lamar. Este procede del «minorismo», al que queda vinculado, así sea polémicamente; Lydia Cabrera, en cambio, es ajena a esos debates generacionales, nada tiene que ver las actitudes renovadoras de aquellos años veinte donde surge, al calor de protestas y manifiestos, una cultura cubana de izquierdas. Nada, o poco, con el vanguardismo de la *revista de avance*, pero tampoco con el catolicismo de *Orígenes*.

El monte no parece tener modelos ni antecedentes, tampoco descendencia. Más que a los letrados latinoamericanos posteriores a la independencia, desvelados en la constitución del orden republicano, recuerda a cierto tipo de escritura colonial, la de los cronistas, esa escritura híbrida, con sus glosarios de especies americanas y sus relatos intercalados, sus ilustraciones sorprendentes y sus graciosas estampas, anterior al surgimiento de la autoridad propiamente literaria a fines del siglo XIX, que no por gusto es contemporánea de la cristalización de la ciencia etnológica en los primeros trabajos de Ortiz. Acaso la última gran obra del costumbrismo cubano, *El monte* se publica en los cincuenta, pero da la impresión de que se pudo haber escrito décadas antes.

Si el pasatismo de los origenistas, con su idealización del siglo XIX y su culto a los padres fundadores, es sentimental, se diría que Lydia es más bien ingenua: escribe como fuera del tiempo, como si la historia misma no existiera. Los *Cuentos negros* remiten al mundo intemporal de la fábula y la leyenda, a la eternidad y universalidad de la naturaleza humana: la envidia, la astucia, la avaricia, la enfermedad y la muerte… Son pocas las referencias históricas en esos relatos; cuando las hay, son a la colonia. No a los horrores de la plantación, sino a un mundo más amable, patriarcal. En «La influencia africana en el pueblo de Cuba», Lydia Cabrera apuntaba:

> En las clases altas, a los esclavos domésticos se les quería como a miembros de la familia. Esto en las de más alta alcurnia. Creo que es harto sabido el lugar que la vieja «criandera» ocupaba en el hogar, su autoridad sobre los niños de la casa, sin exceptuar al Niño y a la Niña que eran sus amos. Paternalismo, diríamos despectivamente hoy, pero aquel mutuo afecto que los unía hacía honor al siervo y ahora daría envidia a los nuevos esclavos de un moderno implacable régimen esclavista. (1994: 546)

Desde esa perspectiva conservadora la independencia misma era un cataclismo; la revolución, entonces, venía siendo una segunda hecatombe, una que venía a destruir lo que quedaba del pasado colonial. En sus tres interesantes conferencias sobre la mujer en Hispanoamérica, ofrecidas en Bogotá en 1930, la escritora venezolana Teresa de la Parra idealizaba la colonia, acercándose a esa ficción arcádica cultivada por muchos criollistas latinoamericanos en la segunda mitad del siglo XIX: la colonia como espacio entrañable de la tradición, frente a la violenta irrupción histórica de la independencia[1]. Gregoria, consejera de la autora del *Diario de una señorita que escribió porque se fastidiaba*, venía a representar ese valor en la primera novela de Teresa de la Parra: del todo iletrada, la negra trasmite con graciosa oralidad, mediante sentencias y cuentos, una concepción del mundo y de la vida que encierra una valiosa sabiduría, frente a las nuevas convenciones sociales de una burguesía modernizadora.

---

[1] «Nuestra época colonial hispano-americana, o sea los tres siglos de vida que se extienden entre las guerras de Conquista y las guerras de la Independencia, forman un período de fusión y de amor en el cual impera un régimen de feminismo sentimental a la moda antigua que termina al comenzar las guerras de la Independencia. Por poco que nos acerquemos a esa época, advertimos que dentro de su gracia fraternizamos todos los países de la América Española. Como casi no ha dejado huellas ni en archivos, ni en cartas, ni en libros notables, porque la dulzura del vivir la acostumbró al silencio, su ritmo suave y monótono sólo ha llegado hasta nosotros lleno de encanto por medio de la tradición oral. Para hablar de la Colonia hay que tomar el tono llano y familiar de la conversación y de los cuentos: el tono que toma la abuela de palabra fácil que vivió mucho y leyó muy poco; o el que toma el negro viejo que adherido siempre a la misma casa o a la misma hacienda, confunde entre imágenes sus propios recuerdos con el recuerdo de cosas que otros le contaron. Para hablar pues de la Colonia es preciso narrar, es preciso hablar a menudo de sí mismo, es decir, de las propias impresiones, que al azar aquí y allá hemos ido recogiendo» (Parra 1991: 490).

Algo de esa nostalgia por la colonia, concebida como época fuera del tiempo, de entrañable esclavitud patriarcal, subyace a la empresa literaria de Lydia Cabrera. Cuando en «La influencia africana en el pueblo de Cuba», ensayo escrito en el exilio, Lydia recuerda cómo el son y la rumba cubanas conquistaron París, escribe: «en todas partes se tocaba el Manisero, evocándome la figura escurrida de aquel chino vendedor de maní, que en mi infancia, pregonaba al atardecer cuando empezaban a encenderse los faroles de gas en calles que aún no conocían el rodar de un automóvil» (1994: 544). Desde la *terra aliena* del exilio, la escritora evoca aquellos «brillantes e inolvidables años de entreguerra» que pasó en París, pero es obvio que la fuente primera de su nostalgia está más atrás, en la colonia, suave época que ella, nacida en 1899, no alcanzó a vivir.

En este sentido, Lydia parece más próxima al espíritu del brasileño Gilberto Freyre que al del propio Fernando Ortiz. En *Casa grande y senzala*, reconstrucción nostálgica de la cultura precapitalista del Nordeste brasilero en los tiempos de esplendor del azúcar, Freyre evoca la riqueza del mundo oral de los esclavos domésticos que transmitían cultura a las niñas blancas analfabetas y, particularmente, la figura del ama de leche que mastica la comida antes de dársela al señorito de la casa, como mastica el idioma, y lo suaviza todo. En la obra de Lydia Cabrera es crucial esa figura de la negra criandera, como advirtiera agudamente María Zambrano en su reseña de los *Cuentos negros*:

> La raza de piel oscura es la nodriza verdadera de la blanca, de todos los blancos en sentido legendario. Lo ha sido de hecho desde la esclavitud y verdadera libertad del liberto de esta Isla de Cuba donde las gentes de más clara estirpe fueron criados por la vieja aya de piel reluciente, cuyos dichos, relatos y canciones mecieron, despertando y adurmiendo a un tiempo, su infancia. Y así la venturosa «edad de oro» de la vida de cada uno se confunde en la misma lejanía con «el tiempo aquel» de la fábula, ¡felices los que tuvieron pedagogía fabulosa!
>
> Quizá ese vínculo de amor por la vieja aya, por el mundo que rodeó a su infancia de leyendas sea el secreto que a Lydia le ha permitido adentrarse en el mundo de la metamorfosis que a la par es el de la poesía y el de la primera infancia. Memoria, fiel enamorada que ha proseguido su viaje a través de las zonas diversas en que cosas y seres danzan. (2007: 120-121)

Me parece que es justo esta centralidad de la memoria lo que mantiene a Lydia Cabrera fuera de la antinomia de la civilización y la barbarie, tan medular en la constitución de los estados nacionales en América Latina. En la tradición cubana, ese discurso ilustrado pasa desde Arango y Parreño («¿Quién no tiembla al pensar en el enjambre de africanos que nos surca») y José Antonio Saco a los letrados autonomistas y, ya en la República, a los de *Cuba Contemporánea*, pero sobre todo se realiza en el Ortiz del *Hampa afrocubana*. Aunque más joven que él, se diría que espiritualmente Lydia es anterior; anterior a la dicotomía entre lombrosianismo y negrismo, la criminalización positivista del negro y su idealización vanguardista, el primer Ortiz y el segundo.

Es sabido que el giro en el pensamiento de Ortiz se enmarca en la crisis general de la Cuba de la década del veinte, cuando se redefine la identidad nacional a partir de una cierta aceptación de la marginada población negra. En esta coyuntura, Ortiz saluda a comienzos de los treinta la poesía «mulata» (Nicolás Guillén, Eusebia Cosme) como un anuncio de la liberación del «tesoro escondido por la presión infame de la esclavitud»: la total asimilación nacional de este rico legado, cuyas más notables expresiones son la música y el baile de los negros, implicaría la superación definitiva de una enajenación que, en su opinión, sólo puede ser vencida por la atracción erótica amestizadora. El motivo de las nalgas de la negra (que él llama «la metáfora nalgar»), recurrente en la poesía negrista, es leído por Ortiz como la metonimia de un goce que preside el abandono, simbólico y efectivo, de la opresión esclavista[2].

En el proyecto de nacionalización de lo negro hay, así, una clara conciencia de ese «pecado original» de la nación que fue la esclavitud, y el propósito de redimirlo en el espacio integrador de la música y la poesía. Poco hay en Lydia Cabrera de esa conciencia histórica de los letrados nacionalistas. En su imagen de Cuba como «un país en que la raza blanca dominante convivió armoniosamente con la negra» (1994: 539) se esfuma la violencia del entrepuente y el barracón, por no hablar de la masacre de 1912, mucho más problemática para los intelectuales republicanos en tanto, al producirse ya fuera del orden colonial, no recayó sobre súbditos sino sobre ciudadanos. En *El monte*, Lydia Cabrera reconoce que la influencia africana sobre la población blanca es «hoy más evidente que en los días de la colonia» (Cabrera 2000: 9), pero no emite juicio. «Ha sido mi propósito ofrecer a los especialistas, con toda modestia y

---

[2] En «Más acerca de la poesía mulata. (Continuación)», Ortiz escribe: «Aquel instrumento y aquella metáfora son expresiones póstumas de una esclavitud pasada, hechas ahora por una raza ya liberta y en madurez plebeya, como en revancha de aquella servidumbre vivida al jadeo de ritmos sonados en la piel dura, toda ella una inmensa vibración coriácea de los torsos doblados en las cargas, de las manos encallecidas en las faenas, de los látigos restallantes en los cañaverales, de las nalgas azotadas en los bocabajos y de los tambores percutidos, solaz de piel, en los *bembés* de los cabildos» (1936: 26).

la mayor fidelidad, un material que no ha pasado por el filtro peligroso de la interpretación, y de enfrentarlos con los documentos vivos que he tenido la suerte de encontrar» (2000: 8).

Aunque su concepción del negro como niño, habitante de ese mundo mágico del que el hombre blanco se habría alejado es cónsona con aquella *vogue nègre* que conoció durante su larga estancia en París, Lydia Cabrera no es primitivista. Al menos no en el sentido más vanguardista, ese que informa las aventuras radicales de ciertos surrealistas fascinados por el vudú o los cultos mexicanos. Si ese primitivismo, muy influido por las ideas sobre la «decadencia de Occidente» tan en boga en el período de entreguerras, tiende a celebrar lo irracional de la cultura africana como una fuente de vitalidad, a Lydia Cabrera lo que le fascina del mundo negro es más bien su poesía. Nada que ver con un Artaud persiguiendo en los ancestrales ritos tarahumaras una salida de la cárcel de la subjetividad burguesa. Si semejante primitivismo está ligado a la noción moderna de la literatura como «experiencia de los límites», Lydia parece a salvo de ese tipo de conciencia infeliz.

Lydia Cabrera es el escritor feliz; la que no escribe: oye y apunta. Desconoce la angustia de la página en blanco. Nada que ver, por ejemplo, con los artificios verbales de un Sarduy, esos magníficos triunfos de la voluntad donde la Forma va arrebatando, milímetro a milímetro, espacio al informe vacío. En ella todo se mueve, por el contrario, en sentido inverso: los negros son «los verdaderos autores» (Cabrera 2000: 10). Muy significativo, a propósito, es el episodio de la *nganga* Camposanto Medianoche, que aparece en el prólogo de *El monte*. Resulta que un brujo que, años atrás, se había negado a la petición de la etnógrafa de fotografiar la prenda («hasta la fecha, santeros y paleros son inflexibles»), un día se apareció en su casa con el caldero en un saco, alegando que «el espíritu que en este moraba le había manifestado que quería retratarse y que estaba bien que la "moana mundele" guardase su retrato» (2000: 12). Una buena metáfora para la obra toda de Lydia Cabrera, la delicadeza con que se acerca al mundo de los negros a partir de ese arte de la escucha que de tanta paciencia requiere.

En 1957, Lydia acompaña a Pierre Verger en un viaje a través de Cuba. Para el libro que recoge las fotos realizadas por el etnógrafo francés, publicado en París en 1958, ella escribe una breve introducción, disponible en español, inglés y francés. Allí la geografía física del país ocupa casi todo el espacio, y la brevísima reseña histórica culmina, significativamente, con la etapa colonial: «Tras una intervención de dos años, el 20 de mayo de 1902, se inauguró, regida por una constitución propia, la actual república de Cuba». Cuando se hojea ese volumen editado casi en las vísperas de la revolución de 1959, viene enseguida a la mente el contraste con *The Crime of Cuba*, el reportaje de Carleton Beals ilustrado por las fotos Walker Evans, que denunciaba la penetración norteamericana en la economía y la política de la isla. Si las instantáneas de Evans, tomadas unos meses antes de la revolución del 33, parecen captar algo de la convulsión histórica que estaba en el aire, en las de Verger predomina la belleza calma del paisaje y de la arquitectura; no aparece la «cuestión social» ni la inquietud política; nada se adivina de la tormenta.

Menos aun en la introducción de Lydia Cabrera, donde Cuba aparece como naturaleza arcádica, donde no hay «ni fieras, ni una sola alimaña de las que creó el diablo, que le impida [al hombre cubano] tenderse a dormir confiado en pleno campo solitario, al amor de las estrellas», pero sí tierras que

> además de la mejor caña de azúcar, producen las frutas más dulces y perfumadas del mundo. Bastará con nombrar el mamey de pulpa rosada como el fuego, el anón, la guanábana, los plátanos, nísperos, aguacates y cocos, «que dan de beber y comer en una misma pieza», la piña, según Oviedo coronada por la naturaleza para reinar sobre todas las demás frutas [...]. (1958: 5)

Poco después, esa estampa de paradisíaca felicidad sería destrozada por los demonios de la historia. «La Revolución, la Revolución realiza su trabajo de prisa; la Revolución trabaja rápido y avanza rápido», decía Fidel Castro el 31 de diciembre de 1960, y esa prisa hecha programa era, desde luego, lo opuesto al «tenderse a dormir», la tradicional «indolencia cubana» inseparable de cierto imaginario colonial: *Viaje a La Habana* (1844), de la Condesa de Merlin, «En la hamaca» (1870), de Diego Vicente Tejera, *La siesta* (1888), de Guillermo Collazo. Lo opuesto, asimismo, al «remanso colonial» de la quinta San José, cuyas sus galerías, salones y bibliotecas mostraban, al decir de María Zambrano «en una perfecta continuidad la vida cubana en su más puro estilo, sin desmentirse a través de sus dos centurias» (2007: 157).

Ahora la continuidad tendría su desmentido; a la memoria, se oponía el futuro, el tiempo futuro que con voracidad inaudita había que recobrar. Zambrano sostiene, en su artículo sobre la quinta San José, que al estilo –ese estilo, mezcla de gracia y necesidad, que esta encarna– ha sustituido, en la actualidad de 1945, el lujo, el precio al valor. Con la revolución de 1959 esa dicotomía, que corresponde en rigor a la querella de la aristocracia y la burguesía, será desplazada; a aquellos estilos patricios y burgueses, la revolución opuso otro estilo: el de las masas. Y las masas, como dijera Ortega y Gasset, no tienen memoria.

Un cataclismo, bien lo sabían los griegos, es justo eso: inundación de futuro que amenaza el hilo de la memoria. Carleton Beals estará, por cierto, entre los que saludan a la Revolución (*Cuba: transformación del hombre*, publicado por Casa de las Américas en 1960, incluye un breve testimonio suyo); Lydia Cabrera entre los que experimentan la Revolución como una calamidad. Calamidad: lo que nos cae encima. La «tristeza del destierro» planea como una sombra en sus escritos del exilio, pero el insomnio y la melancolía no acabaron con la felicidad de su escritura. La memoria no es inconsolable sino consuelo y bálsamo en los espléndidos *Itinerarios del insomnio*, donde la arcadia colonial toma forma en la evocación de un entrañable reducto de tradición, a salvo de los cataclismos de la historia y del ruido de los automóviles. De Trinidad de Cuba, dice:

> Adonde siempre me encaminaba el insomnio es a ella, a su tranquilidad inmutable, a su puro silencio lleno de antiguos rumores; y me encuentro en la calle del Lirio, del Rosario, de Jesús María, Real del Jigüe, del Cristo o San Procopio, viendo pasar los burros cargados de maloja o de botijas de leche, las sombras de los vianderos, y a las «dulceritas» de antaño, a Caridad y a Má Merced que llevan en cajas de límpidos cristales cubiertos con una servilleta impecable de largos flecos en los bordes, almíbar en tazas de bola, merengue, jaleas, dulce de coco, de leche, de naranja y de guayaba en cajitas de papel… (Cabrera 1977: 40)

La copa rota de la Revolución

En su artículo «El estilo de la Revolución», escrito en 1934, Jorge Mañach sostenía que el vanguardismo había sido, en los años finales de la década del veinte, una «forma de protesta contra el mundo caduco» que habían establecido los hombres del 95. Portavoz de su generación, Mañach comprendía la renovación literaria de aquellos años convulsos como una suerte de sublimación; si ellos, los jóvenes de la *revista de avance*, se emperraban contra las mayúsculas era porque no les era posible «suprimir a los caudillos, que eran las mayúsculas de la política» (1999: 148). El vanguardismo –revuelta contra la academia, moda afrocubana– había limpiado de tal modo un ambiente viciado, en la literatura como la oratoria, por una retórica de raigambre decimonónica, que cuando «la mutación política vino, emergieron en los periódicos, en los micrófonos y hasta en los muros de la ciudad gentes que manejaban, en crudo, un nuevo estilo, una sintaxis y a veces un gusto insurgente de las minúsculas» (1999: 149). Para Mañach, «la Revolución verdadera, la que sí lleva mayúscula y está todavía por hacer, utilizará como instrumento constructivo, en el orden de la cultura, esos modos nuevos de expresión».

¿Cuál ha sido, podemos preguntarnos ahora, el estilo de la Revolución –de esta otra, la revolución por antonomasia?–. Yo diría que el de la nueva trova; ninguna otra manifestación artística encarnó de manera tan plena el espíritu de la Revolución cubana, llevando su mensaje, a un tiempo político y estético, más allá de las fronteras de la isla. La nueva trova no ha sido, como aquel vanguardismo, «el primer síntoma de la revolución», sino un producto de la misma; ha venido a expresarla, a cantarla *post facto*. Su estilo, sin embargo, es también de vanguardia. «La era está pariendo un corazón / no puede más, se muere de dolor / y hay que acudir corriendo / pues se cae el porvenir»: ¿no es esta una imagen claramente vanguardista, lo que algún teórico de la poesía moderna llamaría «imagen visionaria», como aquellos «peces en el asfalto» imaginados por Oscar, en *Aire frío*, que su hermana Luz Marina rechazaba por absurdos?

En los sesenta, las imágenes al estilo del Vallejo de *Trilce* o el Neruda de *Residencia en la tierra* salen del espacio minoritario de la poesía, para expresar la sensibilidad antiburguesa de una juventud que se proponía nada más y nada menos que la conquista del paraíso. Aquellos años serían «el pasado del cielo», «cuna de nueva raza», difíciles y heroicos tiempos de transición cuyo dramatismo implicaba por fuerza la violencia; y para captar semejante convulsión se necesitaba un lenguaje resplandeciente –pero no con el brillo de joyas como el que fascinaba a los decadentes poetas modernistas, sino con el brillo del machete mambí o de las armas de fuego. «La palabra debe ser manejada como una ametralladora», había proclamado Baragaño (1959: 15), repitiendo a Breton, y Silvio Rodríguez lo cumplió.

La nueva trova vino así a dejar definitivamente atrás la sensibilidad melodramática del bolero, propia de aquel modernismo tardío cultivado por los poetas más populares de la época republicana. Como advertía Cabrera Infante en una nota al pie de su ensayo «Canciones cubanas»,

> La forma literaria [del bolero] viene del movimiento modernista y de la imitación de ciertos poetas cursis pero extrañamente certeros cuando se trata de tocar el corazón del pueblo que los recibe, acoge y conserva en la anónima posteridad del folklore. Cf. Amado Nervo, Juan de Dios Peza y José Ángel Buesa y todos los seguidores populares del Neruda de *Veinte poemas de amor y una canción desesperada*. (1999: 129)

Ciertamente, el bolero populariza los procedimientos de la poesía modernista cuando esta es obsoleta en la serie de la alta literatura, donde ya se ha impuesto una manera que no es la del el Neruda neorromántico sino más bien la del vanguardista y militante de *Residencia en la tierra* y *Canto general*.

En Cuba, muchos son los ejemplos de esta correspondencia entre bolero y modernismo. Sobre todo, Agustín Acosta, algunos de cuyos poemas fueron musicalizados y han llegado hasta nosotros en forma de canción: «Abandonada» en las voces de Panchito Riset y Tito Gómez; «La cleptómana» en la voz diamantina de Barbarito Diez. Esta cleptómana es, por cierto, una de las tantas mujeres del «museo ideal» de los modernistas: roba no por necesidad sino por un «goce de estética emoción»; su inmoral práctica es desde luego trasunto del arte por el arte; como si la aburrida princesa de la «Sonatina» de pronto hubiera encontrado en los hurtos de frasquitos de perfume una aventura con qué matar su hastío. Misteriosa, ambigua, fascinante, poseedora de un «destello de ideal»: todo la lleva a ser cómplice del poeta, que termina enamorándose. Y, aunque el poema no lo cuenta, ese robo final –el del corazón, que aquí no es, como en la canción de Silvio Rodríguez, parte de una imagen visionaria, sino de una absolutamente tradicional– ha de traer su perdición, pues la cleptómana de bellas fruslerías es desde luego una *femme fatal*.

Podríamos recordar también a Gustavo Sánchez Galarraga; en especial el soneto «Flor de pantano», también conocido como «Yo sé de una mujer», musicalizado por el trovador Santiago Gómez, donde se aborda esa otra faceta de la mujer, la caída en la prostitución, que tanto fascinó a los escritores modernistas. Pero es, en mi opinión, el gran compositor Bienvenido Julián Gutiérrez quien escribió, a finales de la década del treinta, lo que habría que considerar uno de los grandes poemas del modernismo cubano: el bolero-son «Convergencia». Aquí tenemos esa otra faceta de la mujer; ni fatal ni perdida, sino totalmente ideal, pureza idílica; «aurora de rosa en amanecer», simple como un rayo de luz o una nota musical. El hombre, en cambio, se define como un ser complejo, conflictivo, angustiado: «piedra rodando sobre sí misma».

¿No aparece, después de todo, dramatizado este contraste de los géneros en *Tres Tristes Tigres*? En esta novela las mujeres, aunque digan frases como «etá bien mi amiga», tienen siempre algo de ideal, aunque también de fatal, y hasta de prostitutas, mientras que los hombres –Arsenio Cué y Silvestre, sobre todo– aparecen, como Horacio Oliveira, inmersos en una búsqueda perenne; los juegos de palabras a que se entregan con tanta fruición no logran escamotear su angustia metafísica, mientras que el habla vulgar e incorrecta de ellas denota su falta de profundidad, justo eso que las hace ingenuas, ligeras como la Maga. Son putas, muy putas, pero en cierto sentido son vírgenes, son todo lo que el hombre, alienado de esa elipse de agua cuyos polos son Eva y María, no puede llegar a ser. El viaje en auto de la «Bachata» es, de cierta manera, la línea recta que no llega a converger. Y Vivien Smith Corona, la única de las ninfas que proviene de alta burguesía, ¿no es una ilustre descendiente de la cleptómana? La princesa de la boca de fresa ya no se dedica a los hurtos sino a calentar calzoncillos en la piscina del Focsa.

Significamente, es sólo cuando ha desaparecido que este mundo de los boleros y las *starlets* de los años cincuenta viene a entrar en la gran literatura con ese monumental réquiem que es *Tres Tristes Tigres*. Cabrera Infante no cultiva lo pop con un propósito meramente vanguardista o lúdico, al modo del *camp* teorizado por Sontag, sino más bien como un acto de reafirmación de aquella cultura borrada por el régimen: «*P.M.* por otros medios». En *TTT*, el mundo promiscuo de la noche habanera, donde a pesar de las luces de neón se disuelven un poco los contornos de las cosas, posibilita el encuentro entre los intelectuales y esa cultura de masas que, con la figura de la Estrella, alcanza su máxima autenticidad, como la vela que brilla más justo antes de apagarse.

Fue justamente en 1958, año en que transcurre la historia de *TTT*, que se hizo conocido «Convergencia», grabado por Miguelito Cuní en un disco compuesto exclusivamente de sones de Bienvenido Julián Gutiérrez. Meses después, otro bolero modernista, «Contigo-Besos salvajes», se convertía en la voz de Ñico Membiela en el tema musical más popular de Cuba en 1959. «En los besos palpita / el amor, la traición y los dolores», reza un verso de aquel poema de Gabriela Mistral que esa canción incorpora, y no hay acaso mejor definición del ámbito sentimental del bolero, ese mundo absolutamente al margen de la política, donde se desenvuelve el drama íntimo de la pasión, la traición y los celos.

Esa intensidad del bolero, rayana en la desmesura, es magistralmente captada en una escena de *La flor de mi secreto* de Almodóvar. La protagonista se derrumba al saber que su esposo la ha abandonado. Tras un fallido intento de suicidio, deambula por las calles, entra en un bar donde pide una copa y se oye el bolero-ranchera «El último trago» en la voz de Chavela Vargas. Luego atraviesa una manifestación de estudiantes de medicina que gritan consignas y en medio de ese bullicio que le es tan ajeno se desmaya. Antes, cuando el marido parte a la guerra de Yugoslavia con una misión de la ONU, reprochándole su egoísmo, Leo le pide que la salve a ella: su dolor es demasiado grande para pensar en nada más. ¿Cómo va a involucrarse en una causa abstracta o colectiva, si su pena de amor la consume? Más adelante, el bolero «Ay amor» de Bola de Nieve: «Lleva en ti todo mi desconsuelo».

No es casual que Leo sea escritora de novelas rosa. El lirismo trasnochado del bolero, ajeno a la gran renovación poética de las vanguardias, lo emparenta con una cultura de masas que, como la radionovela al estilo de Félix B. Caignet, se sitúa absolutamente al margen de la alta literatura. Es la música como «paraíso artificial» o consuelo espiritual, como compensación de las miserias de la vida (la Estrella de *TTT*); como encantamiento de los sentidos –«la música saliendo de las vitrolas como las serpientes del cesto del encantador» (Piñera 1959: 21). «La música fue una forma de huir y encontrarse; de no enloquecer. El cubano no enloqueció de frustración porque tenía la catarsis del baile y la música como una gran experiencia coral», apuntaba Edmundo Desnoes a fines de los sesenta. Según esta perspectiva, la función de la música popular habría cambiado al triunfar la Revolución: «Las energías que se empleaban en huir de la realidad se emplean ahora en transformarla» (Desnoes 1970: 52).

Decía Félix B. Caignet que los transportes definen el tono de la música[1]; los danzones son de la época de los coches de caballos. Los boleros corresponderían a los carros americanos. La nueva trova, a las guaguas Girón que trasladaban a los becados a sus escuelas prefabricadas, los camiones soviéticos que subían reclutas a Minas del Frío, las guarandingas que llevaban a las muchachas habaneras a cultivar fresas en las alturas de Banao. No es un azar que el movimiento surja oficialmente en 1968, el año en que fueron recogidas las victrolas. Erigida en banda sonora de la nueva época, la nueva trova consistirá justo en la integración del tema amoroso con el tema político, y aquí, desde luego, el antecedente es la «nueva poesía cubana» de los sesenta. «Te doy una canción con mis dos manos, / con las mismas de matar. / Te doy una canción, y digo Patria / y sigo hablando para ti. / Te doy una canción como un disparo, / como un libro, una palabra, una guerrilla: / como doy el amor» («Te doy una canción», 1970, de Silvio Rodríguez), versiona el motivo central de «Con las mismas manos» (1961), de Fernández Retamar: «Con las mismas manos de acariciarte estoy construyendo una escuela» (Suardíaz & Chericián 1984: 259).

Que en vez del trabajo productivo hable del combate guerrillero no implica una diferencia significativa, pues ambas actividades estaban identificadas en el ideario revolucionario. De hecho, la nueva trova no sólo confunde los dos temas, el amor y el combate, sino que proyecta uno en el otro: el amor está politizado, pues, como dijera por entonces Cintio Vitier en un conocido poema, «la política está llegando a la raíz del mundo» (1968: 273), al tiempo que la empresa revolucionaria es vista como romance: «Sé que el pasado me odia / y que no va a perdonarme / mi amor con el porvenir» («Nunca he creído que alguien me odie», 1972, también de Silvio Rodríguez). El nuevo estilo consistirá, entonces, en cantarle al futuro como a la amada, y al presente como preámbulo de futuras nupcias.

---

[1] «Tiene mucho que ver el transporte con el estilo de la música popular. En la época de la habanera "Tú", en la época de todas esas canciones románticas, "La Bayamesa": no recuerdas, gentil bayamesa...Todas esas canciones, esa música tan linda, antigua, obedecen al coche, al quitrín, a la calesa. Era todo cadencioso. Era todo suave. Había, también, para mecerse, una hamaca, un ritmo de hamaca movida» (González 2009: 239).

No hay ya «perlas de tu boca» ni «estuches de peluche rojo», sino un romanticismo de nuevo tipo, que vulgariza la retórica de la vanguardia, para un público ilustrado y militante. Como aquellos productos convoyados que se vendían en los mercaditos de los ochenta, la nueva trova ofreció amor y revolución, poesía y conciencia social, enlatadas en canciones inteligentes. Si el bolero, como el melodrama radial, es francamente cursi, las canciones literarias, intelectuales, de Silvio Rodríguez forman parte de eso que el sociólogo norteamericano Dwight MacDonald definiera como «midcult». Oírlas implicaba consumir «cultura» tanto como «revolución».

El tema definitorio de este nuevo *kitsch*, la estetización de la Revolución, estaba también en la poesía escrita a partir de 1959. «No habrá poema sin la violenta música de la libertad» (Suardíaz & Chericián 1984: 247), había proclamado Fayad Jamís, porque esa violenta música, esa «gran sinfonía» o «himno de la historia», para decirlo en palabras de Manuel Díaz Martínez en su «Carta al futuro» (Suardíaz & Chericián 1984: 539), era el poema por excelencia. «Poetizar, poetizar; / ahora es poner junto a Viet Nam / clara la acción. / Movilizar, movilizar / es la obra cumbre, el arte de hoy» («Viet Nam, arte poética», 1979, Silvio Rodríguez). De hecho, el «Hay que dejar la casa y el sillón» de «La era está pariendo un corazón» no hacía sino repetir la recomendación de Fayad Jamís a los insomnes: «Levántate y ayuda al mundo a despertar».

Mientras tanto, «Los buenos burgueses del Casino Español continúan escrutando al mundo desde su sillón. Un altavoz deja escuchar "Cuando se quiere de veras"...» (Otero 1960: 30). Casino, cabaret, bar: el bolero era parte del pasado burgués, decorado que se iba difuminando, condenado como estaba al basurero de la historia. Había que renovarse, volver a nacer: hasta la propia Elena Burke, magistral intérprete del *feeling*, llegó a recomendar la «doctrina martiana». De «Adiós felicidad» se pasaba a la «utilidad de la virtud»; los dogmáticos comunistas que señalaron en 1963 la incorrección política de aquella canción compuesta por Marta Valdés no andaban descaminados. Porque, aunque menos filosófico que el tango, el bolero comparte el pesimismo antropológico de este. Bastaría recordar «La vida es un sueño» de Arsenio Rodríguez, o aquel otro bolero cantado por Membiela donde se impreca a la «detractora y maligna / cruel humanidad». A todo ello vino a replicar Silvio Rodríguez con su reivindicación de la utopía: «Dirán que pasó de moda la locura, / dirán que la gente es mala y no merece, / mas yo seguiré soñando travesuras / acaso multiplicar panes y peces» («El necio»). La gente es mala, tema común del tango y el bolero, encierra, para la izquierda radical, la ideología de la derecha; la gente es buena, o por lo menos susceptible de serlo: tema fundamental de la izquierda, de los que Burke –Edmund, no Elena– llama «aeronautas políticos».

¿Qué ocurre, sin embargo, cuando el futuro que se creía a la vuelta de la esquina no acaba de llegar, los jóvenes se hacen viejos, la utopía se trueca en melancolía? Pareciera que la nueva trova regresa al bolero, como los niños civilizados de *El señor de las moscas* a la horda primitiva. La amada, el Porvenir, se revela gótico fantasma, vana ilusión, mujer fatal; se bebe pues en la copa rota de la revolución. «Lo que yo tanto pretendí / demorará», reconoce Silvio Rodríguez en «Hacia el porvenir» (1993); el desencanto ya era visible en el conjuro de «Venga la esperanza» (1989). Entre aquel hombre nuevo de las canciones dedicadas al «curador de hombres estrechos» («América, te hablo de Ernesto», 1972), y el modesto llamado a ser «un tilín mejores» («Cita con ángeles», 2002), se extiende el fracaso, la ruina de toda una generación que creyó haber nacido en el pasado y estar construyendo el porvenir.

Significativamente, las canciones de la nueva trova brillan por su ausencia en la serie de las Cuatro Estaciones. Es el bolero la música que acompaña las nostalgias, deseos y desilusiones de Mario Conde. El romance que naufraga, en aquel año crucial de 1989 en que el personaje de Padura abandona definitivamente la PNR, no es sólo el de sus amores con Tamara y Karina sino también el idilio revolucionario. En un pasaje de *Pasado perfecto* el Conde entra a darse un trago en un bar de La Víbora donde

> había unos pocos parroquianos, seguramente habituales, que soportaban la desidia del mediodía dominical bebiendo ron en aquellos pomitos de compota que obligaban a echar bien atrás la cabeza para tocar fondo, mientras el cantinero ofrecía en su grabadora particular una selección de boleros para bebedores a la luz del día: Vicentico Valdés, Vallejo, Tejedor y Luis, Contreras, iban narrando una larga crónica de desamores y tragedias que ligaban con el ron mejor que el *ginger-ale* o la Coca Cola. (Padura 2005a: 146)

Así como en las Cuatro Estaciones falta la nueva trova, en esta escena falta algo. Falta la victrola.

Siestas del trópico, pesadilla

En las fotos de Chinolope no había hamacas ni sillones, pero Lezama se las arregló para recordar, en su introducción a ese reportaje gráfico en la revista *Cuba* (noviembre de 1968) aquellos enseres típicos de la colonia:

> En algunos grabados del siglo pasado, aparecen en el ingenio, en el barracón de las primeras calderas con la melaza espumeante, sillones y hamacas para el sueño y la conversación. La cotidianidad volvía a instalarse en la secularidad, en un juego de posibilidades del que sólo los cubanos conocemos el secreto. (1981: 96)

En los pródromos de esa descomunal movilización de hombres y máquinas que fue la Zafra de los Diez Millones, el señalamiento comportaba, ciertamente, alguna disonancia; entonces más que nunca la Revolución equivalía a dejar «la casa y el sillón»; superando de una buena vez ese imaginario de origen colonial que no remitía solamente a la ociosa plutocracia criolla, sino a la vagancia generalizada de un pueblo supuestamente determinado por su medio tropical.

De los sillones y hamacas que pueblan nuestro siglo XIX, ninguno más sugerente que *La siesta* de Guillermo Collazo. En su butacón de mimbre, la mujer lleva vestido largo, las mangas cubren completamente sus brazos, a la usanza de la época. Un arco de medio punto separa la terraza donde está sentada de un patio en que distinguimos un elegante jarrón, más allá una verja de madera y, por fin, el mar. En este cuadro, pintado en Nueva York en 1886, se ha visto una representación de la burguesía cubana del ochocientos. El ambiente es claramente señorial; la alfombra, las macetas con arecas y malangas, la verja, todo apunta a ese espacio interior propiamente burgués, pero aún no típicamente cubano; la que aparece retratada en la obra de Collazo es una burguesía que mira a Europa, faltan los motivos autóctonos que vendrán, ya bien entrado el siglo XX, con Victor Manuel y los demás pintores de la vanguardia.

El tema de *La siesta*, sin embargo, se inserta en un vasto imaginario sobre la indolencia, que ya desde mediados del siglo se había ido consolidando como característica nacional. Cuando en su *Viaje a La Habana* la Condesa de Merlin señala que «la pereza y la negligencia enervan su voluntad» (Santa Cruz y Montalvo 1922: 79), se refiere tanto a las clases altas como a las bajas. En el último capítulo, la autora ofrece una descripción de la siesta no ya como una costumbre sino como imperiosa necesidad a la que nadie escapa:

> Nuestra vida tropical, obligándonos a huir de la tiranía del sol, cambia completamente el empleo ordinario de las horas y produce escenas enteramente originales. Seguidme por las calles de la Habana a la una del día, y no hallaréis ni vida, ni ruido, ni movimiento [...] hasta los presidiarios abandonan su trabajo para dormir un rato bajo el cobertizo. El negro se tiende a la sombra de un carretón, y las vendedoras de ananás se duermen con los brazos cruzados. (1922: 195)

El galeote, el esclavo, las fruteras, todos duermen; pero la mujer de *La siesta* no. Más allá de esta contradicción entre el título y la representación, hay en este cuadro un cierto misterio; algo que lo distingue, en todo caso, de cualquier grabado o ilustración costumbrista. Quizás las hojas desperdigadas por el suelo, o el tono grisáceo del cielo que hace presagiar una tormenta; el aire melancólico que todo lo envuelve. Del mismo modo que Cecilia Valdés, a diferencia de los «tipos» esbozados en las crónicas de costumbres (el petimetre, el negro curro, la mulata rumbera), es un personaje único, totalmente individualizado, la dama retratada aquí tiene algo propio, diríase que novelesco. Es ello, el enigma de su expresión, lo que invita a la interpretación: en sus «Paralelos» sobre la poesía y la pintura en Cuba en los siglos XVIII y XIX Lezama imagina a Casal de visita en casa del pintor, contemplando el cuadro. «Fuerza la mirada: ¿qué es lo que ve? Ya Casal está muerto, pero vuelve a mirar y entonces ve a Juana Borrero pocos días antes de su muerte...» (1970: 179).

Julián del Casal, Juana Borrero, los dos poetas que, con ese otro *moriturus* que es José Martí, dan intensidad al modernismo cubano. Pues este no es sólo *La Habana Elegante* y las champolas de guanábana en La Acera del Louvre; tiene un lado trágico que llega, ya en la República, hasta el suicidio de Esteban Borrero Echevarría. Algo de esa fatalidad descubre Lezama en el cuadro, aparentemente plácido, de Collazo. Curiosamente, al recrear en su ensayo de

1941 la anécdota del lirio entregado a Casal por uno de los hermanos pequeños de Juana, Lezama hace que ocurra justo cuando «hay ese silencio coral del trópico, en que ya –siesta o crepúsculo– no hay nada que decir» (2010: 51). En la página en que Esteban Borrero evoca la tarde en que el poeta visitó por primera vez la casa de Puentes Grandes («El lirio de Salomé», publicada en *El Fígaro* en 1899), está claro que el suceso tuvo lugar una mañana, pero Lezama insiste: «Hay ese silencio coral del trópico, siesta o crepúsculo», como si quisiera rectificar el dato con una suerte de justicia poética. Ese instante «en que ya no hay que nada que decir, pero nadie se atreve a romper, a despedirse» sería, entonces, luz y sombra: el momento de la comunión poética en la quinta de Puentes Grandes, pero también la entrevisión de la muerte de Juana Borrero que habría tenido Casal al escrutar *La siesta* en el estudio de Guillermo Collazo.

La más tétrica descripción de ese instante en que, según la Condesa de Merlin, «el movimiento es la excepción, y el reposo la regla» se la debemos, significativamente, a otra olvidada figura que llevó el afrancesamiento modernista hasta el extremo, el malogrado poeta Augusto de Armas. En su libro *Rymes Bizantines*, que fue elogiado por el mismísimo Theodore de Banville, hay un curioso poema, dedicado a Anatole France, que se titula «Tropicale». De Armas describe allí el trópico como un lugar de sobreabundancia: matas de mangos, iguanas, flores de café, cantos de pájaros, cocoteros. Pero todo se va volviendo sombrío cuando se pasa a narrar el mediodía, y aparece «la indolente cubana» en su hamaca, adormecida en la «calma suprema» del entorno. Mientras el «blanco europeo» admira ese espectáculo, el poeta lo aborrece:

> Oui, j'abhorre, ô midi, ton soleil et ta pompe.
> Car au souffle endormeur de tes baisers brulants
> Je sens languir en moi mon rêve que tout trompe
> Car dans le vaste Ether où l'horizon s'estompe
> Je sens languir aussi l'ardeurs de fiers élans. (Armas 1891: 81)

El trópico es un lugar pintoresco, de fácil idealización por los extranjeros, pero que, como una droga («le Kief ombreux de tes grands bois épais»), consume las voluntades, impidiendo el pensamiento e incluso la humanidad misma. El trópico, en una palabra, animaliza. De Armas, cuyo credo estético era el decadentismo («Je suis un Byzantin des suprêmes défaites»), encuentra en ello el horror mismo. «Oh non! Je veux penser, je veux me sentir homme», exclama, maldiciendo el «absorbente aroma» del trópico, el «filtro ponzoñoso de su paz estúpida». A diferencia de la mayoría de los poemas que componen el libro, este está firmado; así sabemos que ha sido escrito en «La Havane»: antes de su partida definitiva a París en 1888, De Armas habla como nativo de la zona tórrida.

«Tropicale» puede verse, entonces, como el reverso de aquel otro poema, mucho más conocido, que es «En la hamaca» de Diego Vicente Tejera, escrito fuera de Cuba. Aunque lleva un epígrafe de Fray Luis de León, el modelo es aquí más bien Garcilaso de la Vega: se trata de una especie de égloga cubana, donde se cantan las delicias de la vida campestre y no falta el idilio amoroso. «En la hamaca la existencia / dulcemente resbalando / se desliza» (Tejera 1981: 28): en un artículo publicado en *El Fígaro* en 1895 Tejera recuerda el origen de esos versos, así como la extraordinaria popularidad que alcanzaron en Cuba en la década de 1880, lo que le granjeó fama de haragán. Sobre esta cuestión de la vagancia volvió en 1899 en su conferencia «La indolencia cubana», afirmando: «Hay que matar en nosotros al colono, hay que aniquilar al hombre indolente, frívolo y vicioso que en nosotros llevamos, hay en fin que hacer de modo que esos torrentes de sangre que en Cuba se derraman, sean el bautismo de un hombre nuevo, del republicano» (1942: 120). La indolencia cubana era, en buena medida, natural, pues procedía, por un lado, de las razas española y africana, y por el otro, de la tierra misma, que al ser demasiado pródiga no propiciaba la realización de grandes esfuerzos.

Pero la indolencia cubana tenía otra causa histórica: esa «perenne tutela colonial» en que habían vivido los cubanos, sin «campo para el ejercicio de la voluntad». No olvidaba Tejera las guerras de independencia, pero las consideraba como accesos de fiebre, ramalazos de voluntad en medio de un océano de indolencia. Era justo en ellos, sin embargo, donde se encontraba la posibilidad de la salvación. No obstante proceder de «razas perezosas» y ser «hijos de tierra tropical», el «temperamento fácilmente excitable» de los cubanos por fortuna no los dejaba «caer en la incurable pereza física de otros pueblos». He aquí esa idea fundamental del cubano como pueblo cuya vida transcurre dando bandazos, oscilando de un extremo al otro, que encontraremos en muchos letrados y escritores de la República.

En su prólogo a *Entre cubanos. Psicología tropical*, Ortiz repetía en cierta medida los señalamientos de Diego Vicente Tejera. Dedica su libro, una colección de artículos publicados entre 1907 y 1912, «al dormido lector», ese «soñoliento hijo de los trópicos». Pero más que el sueño en sentido literal, tan comúnmente representado en las estampas decimonónicas de la siesta, se trata aquí de una metáfora para figurar el profundo marasmo en que había caído el país tras la independencia. En sus piezas de psicología colectiva, Ortiz diagnostica la «enfermedad del sueño»: «vivimos en el silencio de los cerebros, en la quietud de las voluntades». Pero la etiología del mal no era ya ni el trópico ni tampoco la pereza ingénita de la raza, sino la supervivencia del espíritu colonial:

> Dormimos, no porque las brisas tropicales mezan con embriagadora dulzura nuestra hamaca perezosa, la hamaca donde se amodorran los pueblos fatalistas; sino porque ya, sin negritos que nos abaniquen y fuera del pasado que cerraba nuestros ojos, continúan estos sin luz y nuestras mentes siguen en la somnolencia esclavizadora de los antañeros arrullos. (Ortiz 1987: 2)

El remedio que ofrece Ortiz es el mismo que Diego Vicente Tejera: el trabajo. «El trabajo produce siempre, ruido al menos. Y esto es lo que más necesita hoy el pueblo criollo; ruido que lo despierte a la vida moderna» (Ortiz 1987: 4). «¿Dónde encontrar en este cielo sin nubes el trueno cuyo estampido raje, de arriba abajo, el tímpano de los durmientes?», decía, sin embargo, Piñera en *La isla en peso*, y la pregunta era, como todas las de ese poema, retórica. A pesar de la Revolución del 30, del ruido extraordinario de esos años convulsos que antecedieron y siguieron a la caída de Machado, el pueblo cubano seguía durmiendo. La metáfora del sueño, fundamental entre los letrados de las dos primeras décadas de la República, viene a alcanzar ahora su definición mejor en la poesía. Como para Augusto de Armas, para Piñera el mediodía es la «hora terrible»; la claridad, que amenaza con borrar los contornos del mundo, indefiniéndolo, es «la fulminante droga que puede iniciar un sueño mortal».

No extraña, entonces, que la metáfora reaparezca con fuerza en 1959, ahora como cifra de toda una etapa histórica que ha de quedar definitivamente atrás. La culpa del subdesarrollo, afirmaba rotundamente Sartre, no era ni el clima tropical ni «la indolencia de los habitantes», sino el vínculo neocolonial con Estados Unidos. Porque cortaba la cabeza de esa Gorgona, la revolución equivalía a un despertar: «Una isla dormida, cerrada, sueña en 1958 que vive en 1900. Se despierta para comprobar que el reloj del vecino marcha, y que el vecino vive como se debe vivir en 1958. Casi sesenta años de retraso: ahí está todo. Y el único problema cubano es: ¿cómo recuperar ese tiempo perdido?» (Sartre 1960: 159). La respuesta, la misma de Tejera y Ortiz: el trabajo productivo.

«Si al ruido de nuestras azadas los tropicales despiertan, para todos llegará Germinal y más tarde Fructidor y los días de Vendimiario», había escrito Ortiz (1987: 4), y la referencia al calendario revolucionario no podría haber sido más actual en los años sesenta. Desmesura como la que llevó a la Convención Nacional a imponer neologismos creados por matemáticos, astrónomos y poetas para corregir la arbitrariedad del calendario gregoriano, fue la que se impuso en la isla. Maravillado, Sartre daba testimonio de que para los cubanos dormir no era ya «una necesidad sino una rutina de la cual se han librado más o menos». No era sólo Guevara el que lo evidenciaba, también Fidel Castro. En su artículo «El estilo joven de una revolución», Mario Benedetti cuenta, por ejemplo, una conversación que varios escritores latinoamericanos sostuvieron con el Comandante, «que empezó a las once de la noche y terminó a las siete de la mañana» (1974: 22).

Si el secreto cubano, para Lezama, radicaba en la convivencia de la hamaca y el ingenio, ahora sólo quedaría la segunda posibilidad: se imponía otra cotidianidad muy otra que la molicie tipificada en la hamaca. De Castro, escribía Max Aub:

> Si le dejan conseguirá hacer trabajar a la mayoría de los cubanos que tienen la suerte de vivir en una isla feraz donde, en último caso y remedio, podrán hacer fructificar una especie de paraíso terrenal. Incomparable milagro: llevar a los hombres de la hamaca al tajo con la sola fuerza del convencimiento. (1969: 50-51)

En medio de grandes campañas donde todo un pueblo, sacudido de su letargo, comenzaba a tomar las riendas de su destino, el «hombre de la poltrona», arquetipo del pasado burgués, había sido sustituido por el «hombre a caballo» (Benítez Rojo 1976). Hamacas y sillones eran, literalmente, obscenos.

Pero he aquí que este frenesí comenzaba a percibirse, por algunas cabezas lúcidas, alucinadas, como un nuevo sueño. *Coffea Arábiga*, el más conocido de los documentales didácticos del ICAIC, logra captar esa dimensión onírica de aquella locura colectiva. El movimiento nervioso de la cámara, la yuxtaposición de planos, el quiebre de la narrativa convencional, expresan ese «sueño de la razón» que se llamó Cordón de La Habana. Tres años después, en *Taller de Línea y 18*, ya estamos dentro de la pesadilla, y a la vez afuera, como sus espectadores; la extraña campana, los ruidos de fondo ejercen un extraño efecto de distanciamiento: vemos a esos obreros participando en una típica asamblea socialista o explicando en qué consiste la línea de montaje; los oímos, como si estuvieran del otro lado del cristal de una pecera, o de la pared del manicomio. ¿Está realmente ocurriendo, o es un mal sueño?

Algunos años atrás, *La anunciación*, el gran cuadro de Antonia Eiriz. Entre esta pintura y la más bien académica de Collazo ha pasado un siglo de arte moderno –las dos vanguardias, el abstraccionismo y la vuelta a la figuración que produjo esa maravilla del expresionismo cubano que son las obras de Ángel Acosta León y de la propia Eiriz. La falta de perspectiva de *La anunciación* contrasta notablemente con *La siesta*, donde se distinguen claramente tres planos: la mujer en la terraza, el patio más allá de la arcada, y al fondo el mar, tras la verja de madera. Si este, aun cuando no llega a ser impresionista, es un cuadro diurno, en la obra de Antonia Eiriz predominan los tonos oscuros, amenazantes. El rojo chillón de la máquina de coser, la mueca de horror de la mujer embarazada, la grotesca figura esquelética, entre orgánica y mecánica, del anunciador: todo apunta aquí a lo siniestro de la aparición.

Sin embargo, hay una inquietante semejanza; en ambos la mujer sentada ocupa la misma posición en el lienzo: la esquina izquierda, en diagonal; sólo que el espacio del paisaje que se vislumbra en *La siesta* –amable terraza y fondo marino–, ahora lo llena ese pájaro de mal agüero que es el ángel pintado por Antonia Eiriz. Acá nada es señorial ni aun burgués: se trata de una humilde costurera en su habitación. A pesar de la falta de luz, es posible imaginar que la escena ocurre a la hora de la siesta; parecería que la mujer se ha adormecido y el ángel viene a sacarla de su modorra. ¿O se le aparece en sueños? En todo caso, el bicho no trae buena nueva alguna, lo que anuncia no pueden ser sino desgracias. La siesta enigmática, algo melancólica, del cuadro de Collazo, es franca pesadilla en *La anunciación*.

Decía Borges del peronismo: «la dictadura fue inverosímil y aun increíble, y uno de los alivios, o acaso de los horrores ocasionales, de aquella larga noche era, lo recuerdo muy bien, sentir que era irreal» (1957: 55). Me pregunto si en el caso cubano podríamos decir lo mismo. Se cuenta que, al asilarse en la embajada de Colombia en agosto de 1960, Lino Novás Calvo dejó la televisión encendida, creyendo que el exilio sería breve. Ciertamente, imaginar entonces que el castrismo duraría más de medio siglo estaba más allá de lo razonable; pero lo imposible fue posible. Más que una sensación, la irrealidad de la dictadura es una fantasía; esa fantasía del primer exilio de que todo haya sido un sueño, y de pronto despertarse a la vida interrumpida por el cataclismo.

Con los años, se ha hecho cada vez más evidente la pesantez de ese sueño que empezó como un despertar, un enérgico levantarse del sillón para acometer incontables, hercúleos trabajos. El radical intento de superar la tradicional indolencia ha producido, paradójicamente, el mayor letargo de nuestra historia. No ya una larga noche, como el peronismo visto por Borges, sino más bien un interminable mediodía. Si la Revolución tuvo su apoteosis en aquellas noches de actividad febril, las «noches blancas» que decía Sartre, la dictadura, que es su hermana gemela, su doble siniestro, ha ocurrido, sigue ocurriendo, en ese fatal momento en que el sopor del trópico enajena la voluntad. Las «doce del día» en que «todo un pueblo puede morir de luz como morir de peste» (Piñera 2003: 41).

Bibliografía

Acevedo, Miriam (1960): «Noche de la ramera». En *Lunes de Revolución*, 4 de abril.
Aguilar León, Luis (2003): *Reflexiones sobre Cuba y su futuro*. Miami: Universal.
Aguirre, Mirta (1982): *Un poeta y un continente*. La Habana: Letras Cubanas.
Alba Rico, Santiago (2004): *La ciudad intangible*. La Habana: Editorial de Ciencias Sociales.
— (2005a): «Jiribilla, el fruto del árbol más alto». En *La Jiribilla* 198, 19-25 de febrero: <http://www.lajiribilla.cu/numero/198>.
— (2005b): «Medidas y cálculos: algunas razones para apoyarse en Cuba». En *Rebelión*, 22 de abril: <http://www.rebelion.org/noticia.php?id=13974>.
Antón, Mercedes (1966): «El cataclismo: Memorias del subdesarrollo». En *Unión*, enero-marzo.
Arenas, Reinaldo (1990): *El portero*. Miami: Universal.
— (1991): *El asalto*. Miami: Universal.
— (1991): *El color del verano*. Miami: Universal.
— (2001a): *Poesía completa*. Barcelona: Lumen.
— (2001b): *Necesidad de libertad*. Miami: Universal.
— (2002): *Otra vez el mar*. Barcelona: Tusquets.
— (2006a): *Termina el desfile*. Barcelona: Tusquets.
— (2006b): *Antes que anochezca*. Barcelona: Tusquets.
Armas, Augusto de (1891): *Rimes Byzantines*. Paris: Goupy et Jourda.
Aron, Raymond (2002): «Introducción». En Weber, Max: *El político y el científico*. Madrid: Alianza Editorial.
Aub, Max (1969): *Enero en Cuba*. México D.F.: Joaquín Mortiz.
Ávila, Leopoldo (1968): «Los Condenados de Condado». En *Verde Olivo*, 22 de septiembre.
Bachelard, Gastón (1992): *La llama de una vela*. Caracas: Monte Ávila.
Baragaño, José A (1959): «Una generación: ni dividida ni vencida», *Lunes de Revolución*, 7 de diciembre.

Barnet, Miguel (1967): «Celestino antes y después del alba». En *La Gaceta de Cuba*, julio.
Baroni, Aldo (1944): *Cuba, país de poca memoria*. México D.F.: Ediciones Botas.
Barthes, Roland (1981): *Mitologías*. México D.F.: Siglo xxi.
— (2005): *El grado cero de la escritura*. Madrid: Siglo xxi.
Beauvoir, Simone de (1960): «La revolución cubana vista por Simone de Beauvoir», *Revolución*, 15 de abril.
Benedetti, Mario (1974): *Cuaderno cubano*. Montevideo: Schapire.
Benítez Rojo, Antonio (1968): *El escudo de hojas secas*. La Habana: Unión.
— (1970): «De nuevo la ponzoña». En *Casa de las Américas*, septiembre-octubre.
— (1976): *Heroica*. La Habana: Arte y literatura.
— (1989): *La isla que se repite*. Hanover: Ediciones del Norte.
Benjamin, Walter (1980): *Iluminaciones II*. Barcelona: Taurus.
— (1995): *Para una crítica de la violencia*. Buenos Aires: Leviatán.
— (1996): *Selected Writings I*. Harvard: Harvard University Press.
— (2007): *Obras. Libro I. Volumen 1*. Madrid: Adaba Editores.
Bianchi Ross, Ciro (2009): *Asedio a Lezama Lima y otras entrevistas*. La Habana: Letras cubanas.
— (2013): *Así hablaba Lezama Lima. Entrevistas*. La Habana: Colección Sur.
Borges, Jorge Luis (1957): «Un curioso método». En *Ficción*, marzo-abril.
— (1974): *El Aleph. Obras completas*. Buenos Aires: Emecé.
Buch, Luis M, Reinaldo Suárez (2009): *Gobierno revolucionario cubano. Primeros pasos*. La Habana: Editorial de Ciencias Sociales.
Bulgakov, Mijail (1989): *El Maestro y Margarita*. La Habana: Arte y literatura.
Cabet, Etienne (1948): *Voyage en Icarie*. Paris.
Cabrera, Lydia (1940): *¿Por qué? Cuentos negros de Cuba*. La Habana: La Verónica.
— (1958): «Introducción». En Pierre Verger: *Cuba*. Paris: Hartmann.
— (1977): *Itinerarios del insomnio*. Miami: Peninsular Printing.
— (1994): *Páginas sueltas*. Miami: Universal.
— (2000): *El Monte*. Miami: Universal.
Cabrera Infante, Guillermo (1961): «La marcha de los hombres». En *Lunes de Revolución*, 4 de enero.
— (1999): *Infantería*. México D.F.: Fondo de Cultura Económica.
Camus, Albert (1982): *El hombre rebelde*. Madrid: Alianza Editorial.
Canetti, Elias (1977): *Masa y poder*. Barcelona: Muchnik.
Carbonell, Walterio (1961): *Cómo surgió la cultural nacional*. La Habana: Ediciones Yaka.
Cardenal, Ernesto (1982): *En Cuba*. México D.F.: Ediciones Era.
Carpentier, Alejo (1966): *Tientos y diferencias*. La Habana: Unión.
— (1972): *Los convidados de plata*. Montevideo: Sandino.

CASAL, Julián del (1963): *Crónicas habaneras*. Santa Clara: Universidad Central de las Villas.
CASAL, Lourdes (1971): *El caso Padilla. Literatura y revolución en Cuba. Documentos*. New York: Nueva Atlántida.
CASEY, Calvert (1960): «Preámbulo». En *Cuba: transformación del hombre*. La Habana: Casa de las Américas.
— (1964): *Memorias de una isla*. La Habana: Ediciones R.
CASTRO, Fidel (1959): «Discurso pronunciado por el Comandante Fidel Castro Ruz, en el Parque Céspedes de Santiago de Cuba, el 1ro. de enero de 1959». En *Cubadebate*: s<http://www.cubadebate.cu/opinion/2014/01/01/fidel-castro-el-1-de-enero-de-1959-esta-vez-si-que-es-la-revolucion/#.VFq9gMm0pSE>.
— (1965): «Deber y deporte». En *El Mundo*, 18 de abril.
— (1968): «Discurso pronunciado por el Comandante Fidel Castro Ruz, Primer Secretario del Comité Central del Partido Comunista de Cuba y Primer Ministro del Gobierno Revolucionario, en el resumen de la velada conmemorativa de los Cien Años de Lucha, efectuada en La Demajagua, Monumento Nacional, Manzanillo, Oriente, el 10 de Octubre de 1968»: <http://www.cuba.cu/gobierno/discursos/1968/esp/f101068e.html>.
CÉLINE, Louis-Ferdinand (1936): *Mea culpa*: <http://apegarelcascotazo.blogspot.com/2011/09/mea-culpa.html>.
COOK, John William (1972-1973): «Antes de la invasión». En *Revista de Antropología del Tercer Mundo* 11 y 12.
— (2007): *Acción parlamentaria*. Buenos Aires: Colihue.
CORTÁZAR, Julio (1974): *La vuelta al día en ochenta mundos*. Madrid: Siglo XXI.
— (2000): *Cartas*. Buenos Aires: Alfaguara.
COSSÍO WOODWARD, Miguel (1972): *Sacchario*. La Habana: Instituto Cubano del Libro.
CRUZ, Manuel de la (1926): *Obras. Tomo 6*. Madrid: Editorial Calleja.
— (1967): *Episodios de la Revolución Cubana*. La Habana: Instituto del Libro.
— (1975): *Cromitos cubanos*. La Habana: Arte y literatura.
— (1981): *Sobre la literatura cubana*. La Habana: Letras Cubanas.
CHAVIANO, Daína (2010): «La fantasía y la ciencia ficción como espacios de libertad». En *Cuba: la revolución revis(it)ada*. Tübingen: Narr Francke Atemptto.
CHIANG, Linette (2003): *The Handsomest Man in Cuba: An Escapade*. New York: Bantam Books.
DALTON, Roque (1971): «Literatura e intelectualidad: dos concepciones». En *Literatura y arte nuevo en Cuba*. Barcelona: Laia.
DEBRAY, Régis (1968a): *Ensayos latinoamericanos*. Buenos Aires: La Rosa blindada.
— (1968b): *La frontera*. Buenos Aires: Tiempo Contemporáneo.
DESNOES, Edmundo (1967): *Punto de vista*. La Habana: Instituto del Libro.

— (1970): «Cuba: caña y cultura». En *Casa de las Américas*, septiembre-octubre.
— (1981): *Los dispositivos en la flor*. Hanover: Ediciones del Norte.
— (2003): *Memorias del subdesarrollo*. La Habana: Letras Cubanas.
Díaz de Villegas, Néstor (2007): «Fidel, el desaparecido». En *Letras Libres*, enero.
Diego, Eliseo (1971): «Pequeña historia de Cuba». En *Casa de las Américas*, julio-agosto.
Edwards, Jorge (1982): *Persona non grata*. Barcelona: Tusquets.
Enzensberger, Hans Magnus (1972): *Poesías para los que no leen poesías*. Barcelona: Barral Editores.
Escardó, Rolando (2004): *Obra poética*. La Habana: Unión.
Estévez, Abilio (2004): *Ceremonias para actores desesperados*. Barcelona: Tusquets.
Fanon, Frantz (2003): *Los condenados de la tierra*. México D.F.: Fondo de Cultura Económica.
Fernández Bonilla, Raimundo (1959): «Refutación a Vitier». En *Ciclón*, enero-abril.
Fernández Retamar, Roberto (1967): *Ensayo de otro mundo*. La Habana: Instituto del Libro.
Figueras, Francisco (1898): *Cuba Libre. Anexión o independencia*. New York: A.W. Howe.
— (1959): *Cuba y su evolución colonial*. La Habana: Editorial Isla.
Fornet, Ambrosio (1995): *Las máscaras del tiempo*. La Habana: Letras Cubanas.
Franqui, Carlos (1981): *Retrato de familia con Fidel*. Barcelona: Seix Barral.
Fuentes, Carlos (1972): *La nueva novela hispanoamericana*. México D.F.: Joaquín Mortiz
Fuentes, Norberto (1968): *Condenados de Condado*. La Habana: Casa de las Américas.
— (1986): *Nos impusieron la violencia*. La Habana: Letras Cubanas.
Furet, François (1978): *Penser la Révolution française*. Paris: Gallimard.
— (1995): *Le passé d'une ilussion*. Paris: Robert Laffon.
Gallo, Rubén (2005): «Reinaldo Arenas and Severo Sarduy: Notes Towards a History of a Friendship Gone Awry». En *Princeton University Library Chronicle*, autumn.
Goll, Ivan (1976): «Cuba, canasta de frutas». En *Casa de las Américas*, mayo-junio.
González, Reinaldo (2009): *El más humano de los autores*. La Habana: Unión.
González Echevarría, Roberto (1987): *La ruta de Severo Sarduy*. Hanover: Ediciones del Norte.
Gorki, Maxim (1973): *On Literature*. Seattle: University of Washington Press.
Gossman, Lionel (1980): *Between History and Literature*. Cambridge: Harvard University Press.
Govín, Antonio (1994): «Sobre el Partido Liberal Autonomista». En Bernal, Beatriz (ed): *Cuba: Fundamentos de la democracia. Antología del pensamiento liberal cubano desde fines del siglo XVIII hasta fines del siglo XX*. Madrid: Fundación liberal José Martí.

Guerra, Ramiro (1974): *Mudos testigos. Crónica del ex-cafetal Jesús Nazareno*, prólogo de Manuel Moreno Fraginals. La Habana: Editorial de Ciencias Sociales.
Guevara, Alfredo (2002): *Ese diamantino corazón de la verdad*. Madrid: Iberoautor.
Guevara, Ernesto (1960): «De un central azucarero y otras leyendas populares». En *Verde Olivo*, 14 de agosto.
— (1980): «El socialismo y el hombre en Cuba». En *Revolución, letras, arte*. La Habana: Letras Cubanas.
— (1985): *Obras 1957-1967*. La Habana: Editorial de Ciencias Sociales.
— (2004): *Diarios de motocicleta*. New York: Ocean Press.
— (2006): *Apuntes críticos a la Economía política*. La Habana: Editorial de Ciencias Sociales.
Guiral Moreno, Mario (1914): «Aspectos censurables del carácter cubano». En *Cuba Contemporánea*, febrero.
Guillén, Nicolás (1975): *Prosa de prisa. Tomo II*. La Habana: Letras Cubanas.
Gutiérrez, Pedro Juan (1998): *Trilogía sucia de La Habana*. Barcelona: Anagrama.
Habermas, Jürgen (2007): *Identidades nacionales y posnacionales*. Madrid: Tecnos.
Hart, Celia (2007): «Fidel desde mi balcón». *Rebelión*, 19 de enero: <http://www.rebelion.org/noticia.php?id=45064>.
Heredia, Nicolás (1994): «Sobre el Partido Liberal Autonomista». En Bernal, Beatriz (ed): *Cuba: Fundamentos de la democracia. Antología del pensamiento liberal cubano desde fines del siglo XVIII hasta fines del siglo XX*. Madrid: Fundación liberal José Martí.
Hugo, Victor (2014): *Post-scriptum de ma vie*. Paris: Arvensa Editions.
Ingenieros, José (1956): *Los nuevos tiempos*. Buenos Aires: Editorial Tor.
Julien, Claude (1961): *La revolución cubana*. Montevideo: Marcha.
Klemperer, Victor (2001): *LTI. Apuntes de un filólogo*. Barcelona: Minúscula.
Suardíaz, Luis & Chericián, David (1984): *La generación de los cincuenta. Antología poética*. La Habana: Letras Cubanas.
Leiris, Michel (1976): *La règle du jeu, IV. Frêle bruit*. Paris: Gallimard.
Lezama Lima, José (1968-1969): «Literatura y revolución». En *Casa de las Américas*, noviembre-febrero.
— (1970): *La cantidad hechizada*. La Habana: Casa de las Américas.
— (1981): *Imagen y posibilidad*. La Habana: Letras Cubanas.
— (2002): *Paradiso*. La Habana: Letras Cubanas.
— (2009): *Lezama disperso*. La Habana: Unión.
— (2010): *Analecta del reloj*. La Habana: Letras Cubanas.
Lezama Lima, José & Zambrano, María & Bautista, María Luisa (2006): *Correspondencia entre José Lezama Lima y María Zambrano y entre María Zambrano y María Luisa Bautista*. Sevilla: Ediciones Espuela de Plata.
Lewis, Oscar & Lewis, Ruth M. & Rigdon, Susan M. (1980): *Viviendo la revolución. Una historia oral de Cuba contemporánea. Cuatro hombres*. México D.F.: Joaquín Mortiz.

Mailer, Norman (1998): *The Time of Our Time*. New York: Random House.
Mañach, Jorge (1933): «Presente y futuro». En *Universidad del Aire*. La Habana: Minerva.
— (1939): *Pasado vigente*. La Habana: Trópico.
— (1943): *Miguel Figueroa*. La Habana: Imprenta El Siglo xx.
— (1959): «La revitalización de la fe en Cuba». En *Bohemia*, 15 de marzo.
— (1991): *Indagación del choteo*. Miami: Universal.
— (1999): *Ensayos*. La Habana: Letras Cubanas.
Marcos, Miguel de (1976): *Fotuto*. La Habana: Arte y Literatura.
Marcuse, Herbert (1978): «Political Preface». En *Eros and Civilization*. Boston: Beacon Press.
Marechal, Juan (1978): *Cuatro fases de la historia intelectual latinoamericana 1810-1970*. Madrid: Fundación Juan March.
Martí, José (1963): *Obras completas. Volumen 10*. La Habana: Editorial Nacional.
— (1975): *Obras completa. Volumen 4*. La Habana: Editorial de Ciencias Sociales.
— (1984): *Páginas escogidas*. Madrid: Espasa-Calpe.
— (2003): *Escenas norteamericanas*. Caracas: Biblioteca Ayacucho.
Martínez Estrada, Ezequiel (1965): *Mi experiencia cubana*. Montevideo: Siglo Ilustrado.
Masó, Fausto (1959): «Mañach y la baja cultura». En *Revolución*, 2 de febrero.
Mella, Julio Antonio (1985): «Un comentario en torno a *La zafra*». En *Marxistas de Nuestra América*. La Habana: Arte y literatura.
Méndez Ródenas, Adriana (1983): *Severo Sarduy: el neobarroco de la transgresión*. México D.F.: Universidad Nacional Autónoma de México.
Menéndez, Marina (2005): «La noticia no es solo la olla...». En *Juventud Rebelde*, La Habana, 10 de marzo.
Molina, Alberto (1975): *Los hombres color del silencio*. La Habana: Arte y Literatura.
Montaner, Carlos Alberto (2000): «Cómo y por qué la historia de Cuba desembocó en Fidel Castro». En *Encuentro de la cultura cubana* 19: 65-78.
Montoro, Rafael (1994): «Fragmentos políticos». En Bernal, Beatriz (ed): *Cuba: Fundamentos de la democracia. Antología del pensamiento liberal cubano desde fines del siglo xviii hasta fines del siglo xx*. Madrid: Fundación liberal José Martí.
Morín, Francisco (1998): *Por amor al arte. Memorias de un teatrista cubano*. Madrid: Universal.
Navarro, Osvaldo (1980): *Espejo de conciencia*. La Habana: Unión.
Navarro Luna, Manuel (1961): «A los 106 años María de la Cruz aprendió a leer». En *INRA*, julio.
Neruda, Pablo (1979): *Confieso que he vivido*. Barcelona: Seix Barral.
Novás Calvo, Lino (1935): «El pathos cubano». En *Homenaje a Enrique José Varona en el cincuentenario de su primer curso de filosofía (1880-1930)*. La Habana: Molina y Cia.

— (1961): «Cuba, primer estado bolchevique de América. Etapas de liquidación de una democracia». En *Bohemia Libre*, 2 de julio.
— (2008): *Órbita de Lino Novás Calvo*. La Habana: Unión.
Ortega y Gasset, José (1969): *El espectador*. Madrid: Biblioteca Salvat.
Ortiz, Fernando (1936): «Más acerca de la poesía mulata. (Continuación)». En *Revista Bimestre Cubana*, marzo-abril.
— (1963): *Contrapunteo cubano del tabaco y el azúcar*. Santa Clara: Universidad Central de las Villas.
— (1987): *Entre cubanos. Psicología tropical*. La Habana: Editorial de Ciencias Sociales.
Otero, Lisando (1960): *Cuba: Z.D.A.* La Habana: Ediciones R.
Padilla, Heberto (1961): «Un día de reafirmación revolucionaria». En *Lunes de Revolución*, 4 de enero.
— (1971): «Intervención en la UNEAC el 27 de abril de 1971». En Casal, Lourdes: *El caso Padilla. Literatura y revolución en Cuba. Documentos*. New York: Nueva Atlántida.
— (1992): *La mala memoria*. Madrid: InterMundo.
— (1998): *Fuera del juego*. Miami: Universal.
Padura, Leonardo (2005a): *Pasado perfecto*. La Habana: Unión.
— (2005b): *Vientos de Cuaresma*. La Habana: Unión.
— (2005c): *Paisaje de otoño*. La Habana: Unión.
Parra, Teresa de la (1991): *Obra. (Narrativa, ensayos, cartas)*. Caracas: Biblioteca Ayacucho.
Pedro, Alberto (2009): *Teatro mío*. La Habana: Letras Cubanas.
Pérez, Emma (1960): «Jean Paul Sartre». En *Bohemia*, 28 de febrero.
Pérez Cino, Waldo (2002): «Inferno». En *Revista Hispanocubana* 13.
Piñera, Humberto (1965): «Cultura y revolución en Cuba». En *Sur*, marzo-abril.
Piñera, Virgilio (1959a): «La inundación». En *Ciclón*, mayo.
— (1959b): «Once consejos a un turista ávido». En *Lunes de Revolución*, 21 de diciembre.
— (1960): *Teatro completo*. La Habana: Ediciones R.
— (2003): *La isla en peso*. La Habana: Unión.
Pisarzhevski, O. N. (1962): *La ciencia al servicio del hombre*. La Habana: Editorial Nacional de Cuba.
Ponte, Antonio José (2002): *El libro perdido de los origenistas*. México D.F.: Aldus.
— (2007): *La fiesta vigilada*. Barcelona: Anagrama.
Portuondo, José Antonio (1972): «Julio Cortázar». En *Universidad de La Habana*, enero-marzo.
— (1982): *Martí, escritor revolucionario*. La Habana: Editora Política.
Portela, Ena Lucía (1998): *El pájaro: pincel y tinta china*. La Habana: Unión.
— (2001): *La sombra del caminante*. La Habana: Unión.
Posse, Abel (1998): *Los cuadernos de Praga*. Buenos Aires: Atlántida.

Poveda, José Manuel (1981): *Prosa*. La Habana: Letras Cubanas.
Rama, Ángel (1983): *Literatura y clase social*. México D.F.: Folios Ediciones.
— (1985): *La crítica de la cultura en América Latina*. Caracas: Ayacucho.
Ramos, Julio (1989): *Desencuentros de la modernidad en América Latina*. México D.F.: Fondo de Cultura Económica.
Rigdon, Susan M. (1988): *The Culture Facade*. Champaign: University of Illinois Press.
Risquet Valdés, Jorge (2006): «El "gusano libre"». En *Juventud Rebelde*, 19 de enero.
Rodríguez, Eduardo Luis (2003): «Reflections of a Casual Stroller, or the Dilemma of Architectural Preservation in Cuba». En *Cuba at the Verge. An Island in Transition*. Boston-New York-London: Bulfinch Press.
— (2001): «The Other Havana». En Polidori, Robert. *Havana*. Göttingen: Steidl.
Rodríguez, Luis Felipe (1971): *Marcos Antilla. Relatos del cañaveral*. La Habana: Instituto Cubano del Libro.
Rodríguez, Simón (1990): *Sociedades americanas*. Caracas: Biblioteca Ayacucho.
Rojas, Rafael (1998): *Isla sin fin. Contribución a la crítica del nacionalismo cubano*. Miami: Universal.
Romero, Cira (2010): *Fragmentos de interior. Lino Novás Calvo: su voz entre otras voces*. Santiago de Cuba: Oriente.
Rozitchner, León (1969): *Moral burguesa y revolución*. Buenos Aires: Tiempo Contemporáneo.
— (1999): «Los cuarenta años de Cuba y el hombre nuevo». En *El ojo mocho*, primavera.
— (2001): «Mi Buenos Aires querida». En *Casa de las Américas* 222.
Sábato, Ernesto (1971): *Ernesto Sábato: claves políticas*. Buenos Aires: R. Alonso.
— (1981): *Uno y el universo*. Barcelona: Seix Barral.
Salazar Bondy, Sebastián (2003): «Cuba, nuestra revolución». En *Letras*.
Sánchez, José Miguel (2011): «Generación V». En *Voces*, enero.
Sánchez de Bustamante y Montoro, Antonio (1933): *La ideología autonomista*. La Habana: Imprenta Molina y Cía.
Sánchez Mejías, Rolando (2004): «*Suite Habana*: deudas con la realidad». En *Letras Libres*, enero.
— (2009): «La condición totalitaria». En Carlos Alberto Aguilera (ed): *La utopía vacía*. Barcelona: Linkgua.
Santa Cruz y Montalvo, Mercedes (Condesa de Merlin) (1922): *Viaje a la Habana, precedido de una biografía de esta ilustre cubana*. La Habana: Librería Cervantes.
Sarduy, Severo (1959): «Dos décimas revolucionarias». En *Revolución*, 13 de enero.
— (1981): *Cobra*. Madrid: Edhasa.
— (1993): *Pájaros de la playa*. Barcelona: Tusquets.
— (2000): *Antología*. México D.F.: Fondo de Cultura Económica.
— (2002): *Cocuyo*. Barcelona: Tusquets.
Sarmiento, Domingo F. (1922): *Facundo*. Buenos Aires: Sur.

SARTRE, Jean Paul (1960): *Sartre visita a Cuba*. La Habana: Ediciones R.
SARUSKY, Jaime (1960): «Humor y contrarrevolución». En *Revolución*, 5 de mayo.
SEBALD, W. G. (2003): *Sobre la historia natural de la destrucción*. Barcelona: Anagrama.
SHENTALINSKY, Vitaly (1996): *Arrested Voices. Resurrecting the Disappeared Writers of the Soviet Regime*. New York: Free Press.
SOLER PUIG, José (1960): *Bertillón 166*. La Habana: Casa de las Américas.
SOMMER, Doris (2004): *Ficciones fundacionales. Las novelas nacionales en América Latina*. México D.F.: Fondo de Cultura Económica.
SOREL, Julien B. (1998): *Nacionalismo y revolución en Cuba.1825-1998*. Madrid: Fundación Liberal José Martí.
SUTHERLAND, Elizabeth (1969): *The Youngest Revolution. A Personal Report on Cuba*. New York: The Dial Press.
TEJERA, Diego Vicente (1942): «La indolencia cubana». En *Revista Bimestre Cubana* XLIX (1).
— (1981): *Poesía y prosa*. La Habana: Letras Cubanas.
THOMAS, Hugh (1982): *Historia contemporánea de Cuba. De Batista a nuestros días*. Madrid: Grijalbo.
TRAVIESO, Julio (1969): «El torturado». En Walsh, Rodolfo (ed): *Crónicas de Cuba*. Buenos Aires: Jorge Álvarez.
TROTSKI, León (2005): *Literature and Revolution*. Chicago: Haymarket Books.
UBIETA, Enrique (2003): «Subir más alto». En *Juventud Rebelde*, 30 de marzo.
VALDÉS RODRÍGUEZ, Gilberto (1977): «*Rayuela*: teoría de la ficción, ficción de la teoría». En *Universidad de La Habana*, abril-diciembre.
VARGAS LLOSA, Mario (1967): «Crónica de Cuba». En *Cuba: una revolución en marcha*. París: Suplementos de Ruedo Ibérico.
VICTORIA, Carlos (1997): *La ruta del mago*. Miami: Universal.
VIÑAS, David (1964): *Literatura argentina y realidad política*. Buenos Aires: Jorge Álvarez.
VITIER, Cintio (1968): *Testimonios 1953-1968*. La Habana: Unión.
— (1997): *Obras 1, Poética cubana*. La Habana: Letras Cubanas.
VIVES, Cristina (2001): «Fotografía cubana: una historia... personal». En *Shifting Tides. Cuban Photography after the Revolution*. Los Angeles: Los Angeles County Museum of Art.
ZAMBRANO, María (2007): *Islas*. Madrid: Verbum.
ZIMBARDO, Xavier (2003): *Cuba mi amor*. New York: Rizzoli International Publications.
ŽIŽEK, Slavoj (2000): «Por qué a todos nos encanta odiar a Haider». En *New Left Review* 3.
ZWEIG, Stefan (1969): *El mundo de ayer*. La Habana: Instituto del Libro.

www.ingramcontent.com/pod-product-compliance
Lightning Source LLC
Chambersburg PA
CBHW030438300426
44112CB00009B/1060